대인관계와 의사소통

대인관계와 의사소통

INTERPERSONAL RELATIONSHIP & COMMUNICATION

장성화 저

dm 동문사

머리말

인간은 수없이 많은 사람들과 관계 속에서 삶을 살아가고 있다. 태어나는 순간부터 부모님과의 만남을 시작으로 끊임없는 사회적 관계에서 시간을 소비하여야 한다. 즉, 인간은 사회적 동물이라고 하듯이 우리는 사람과 사람 사이의 관계를 대인관계라고 본다. 한편, 'ㅅㅅㅅㅅㅅ'을 해석하면, '사람이 사람이냐 사람이 사람다워야 사람이지'라는 말이 있듯이 살아가는 동안 친구관계, 부부관계, 형제관계, 사제관계, 이웃관계, 직장관계 등에서 나와 타인 간의 복잡하고 다양한 사회적 관계망에서 대인관계와 의사소통은 매우 중요한 기제로 작용한다. 그러므로 우리는 이 세상을 살아가는 동안 만나는 사람들 간의 좋은 관계를 유지하는 것은 쉽지 않겠지만, 서로를 이해하고 수용하는 만남의 자세가 필요하다. 따라서 가수 노사연의 '만남'이라는 노래가사를 소개한다.

만남

우리 만남은 우연이 아니야 그것은 우리의 바램이었어
잊기엔 너무한 나의 운명이었기에
바랄 수는 없지만 영원을 태우리
돌아보지 말아 후회하지 말아
아 바보같은 눈물 보이지 말아
사랑해 사랑해 너를 너를 사랑해

돌아보지 마라 후회하지 말아
아 바보같은 눈물 보이지 말아
사랑해 사랑해 너를 너를 사랑해
사랑해 사랑해 너를 너를 사랑해

이처럼 대인관계는 두 사람 혹은 그 이상의 인간들 사이에 일어나는 상호관계를 의미한다. 다시 말해서 두 사람 이상의 사람들 사이에 존재하는 관계적 상태를 말하고, 타인과 더 좋은 상태를 유지하기 위한 모든 것을 포함한다. 따라서 한 개인의 삶의 질을 결정하는 중요한 요소로 원만한 대인관계와 의사소통을 형성할 때 정체감 확립, 건전한 성격 발달, 자기효능감, 행복감 등의 자신의 욕구 만족들이 이루어지지만, 대인관계와 의사소통이 충족되지 않으면 불안, 우울, 좌절, 소외 등으로 정서적 어려움을 겪는 경우도 있다. 이러한 대인관계와 의사소통을 극복하기 위해서는 먼저, 자신을 상대방에게 노출하기 전에 자신을 이해하고, 있는 그대로 자신을 받아들이는 수용적인 자세가 필요하다.

이 저서는 대학교에서 교양과목 중 대인관계, 의사소통, 인간관계 등의 수업을 듣는 대학생들에게 기본 교재로 사용되기를 바란다. 그리고 타인들 간의 관계와 의사소통에 초점을 두고 집필하였기에 많은 학생들에게 도움이 될 것으로 사료된다. Part 1은 인간관계와 의사소통의 이해로 4개의 Thema로 구성되어 있다. Thema 1은 인간관계를 이해하는데 역점을 두고 인간관계의 개념, 중요성, 특징, 형성과 발달, 유형, 바람직한 인간관계로 구성하였다. Thema 2는 의사소통의 이해로 의사소통의 개념, 유형, 과정, 문제, 의사소통 방법, 효과적인 대화기술이, Thema 3은 성격발달의 이해로 성격의 의미, 프로이트, 에릭슨, 융, 아들러, 로저스, 건강한 성격형성이, Thema 4는 대인동기유발의 이해로 대인동기의 개념, 종류, 내용 이론, 동기과정에 대하여 구성되어 있다.

Part 2는 친밀한 관계의 이해로 5개의 Thema로 구성되어 있다. Thema 5는 대인관계의 이해로 관계, 중요성, 심리적 과정, 문제점, 분석기법이, Thema 6은 친구관계의 이해로 정의, 특성, 질, 친구관계 요소, 친구관계의 사회성이, Thema 7은 가족관계의 이해로 기능, 개념, 가족에서의 인간관계, 가족구조, 부모의 심리적 과제가, Thema 8은 사랑관계의 이해로 정의, 존 리의 유형, 스텐버그의 유형, 질투와 실연, 성공적인 사랑방법이,

Thema 9는 성역할관계의 이해로 개념, 성역할 발달 이론, 이성교제, 배우자의 관계, 청소년의 성에 대한 태도와 행동으로 구성되어 있다.

Part 3은 인간관계와 의사소통의 개선 이해로 4개의 Thema로 구성되어 있다. Thema 10은 스트레스의 이해로 스트레스의 개념, 원인, 반응, 취업 스트레스, 대처, 방어기제, 직장에서의 인간관계가, Thema 11은 이상심리의 이해로 심리적 장애의 정의, 심리적 장애의 종류가, Thema 12는 대인관계를 위한 심리검사로 특징, 중요성, 목적, 표준화검사, 지적 영역의 평가, 성격검사가, Thema 13은 영화로 만나는 대인관계와 의사소통이라는 주제에 맞는 영화를 학생들이 본 후 자신과 타인 간의 관계를 한 번 살펴보는 데 목적이 있다.

마지막으로 대인관계와 의사소통 수업을 듣는 대학생들의 눈높이에 맞춰 쉽게 집필하였다. 그리고 본 저서가 출판되기 전까지 많은 지원과 시간을 배려해준 사랑하는 아내 이지현, 딸 아이 장예주, 장예원에게도 고마운 마음을 전하며, 꼼꼼한 교정작업과 출판되기 전까지 아낌없는 도움을 주신 동문사 이중수 사장님과 모든 직원분들께 이 자리를 빌려 깊은 감사의 마음을 전한다.

공군사관학교 쌍수리 연구실에서

장성화

차 례

Part 03
인간관계와 의사소통의 개선 이해

Contetns

PART 01

인간관계와 의사소통의 이해

Thema 1

인간관계의 이해

학습목표

* 인간관계의 개념을 이해한다.
* 인간관계의 중요성, 본질, 특징에 대하여 이해한다.
* 인간관계의 형성과 발달을 이해한다.
* 바람직한 인간관계와 대인관계의 유형에 대하여 이해한다.

1 인간관계의 개념

인간관계라는 용어가 하나의 학술적 용어로서 나타나기 시작한 것은 1930년 미국의 벨(Bell)식 전화기 제조회사인 웨스턴 일렉트릭 회사의 호손(Hawthorne) 공장에서 4차례에 걸친 호손 실험에서 유래된 것이며, 이 실험으로부터 전개된 인간관계론적 접근방법(Human Relations Approaches)에서 학문적 전문 용어로 시작되었을 뿐만 아니라 '인간관계론'이라는 새로운 학문의 영역을 형성하게 되었다(류기현, 1982).

인간관계라는 말이 단순히 "인간과 인간 사이" 혹은 "인간과 인간의 사이를 좋게 하는 것"만을 의미하는 것이 아니고, 그것을 조직 내에서 진실한 휴머니즘(humanism)에 시초를 두고 조직의 협동관계를 구축하는 방법 또는 기술이라 할 수 있으며 더 나아가 목표달성을 위한 협동관계와 협동체계를 수립하는 것이다. 이러한 관점에서 하버드대학의 뢰슬리버어그(Roesthlisberger) 교수는 인간관계를 "협동적 인간행위의 사실을 취급하는 적절한 방법론적 기술관점"이라고 정의하였다. 또한 나일즈(Niles)는 "협동(cooperation)"이라고 속단하며, 미이(Mee)는 인간관계를 "종업원과 기업이 고도의 사기를 기초로 하여 보다 향상된 생산성과 효율성을 창출하기 위하여 상호 협동하는 수단"이라고 정의한다.

인간관계라는 개념은 다양한 측면에서 설명되고 있으나, 본서는 일반적

개념과 학문적 개념으로 설명한다.

1) 일반적 개념

일반적 개념의 인간관계는 사회에서 일반적으로 널리 사용되고 있는 의미로 사람과 사람의 심리적 관계, 대인관계, 인화 등의 뜻으로 사용되고 있다. 사람과 사람의 심리적 관계로 쓰여지는 인간관계는 일반적으로 특정 목표의식 없이 자연인 상호 간에 형성되는 일정한 심리적 관계 그 자체만을 의미하고 있다. 한편 대인관계라는 의미로 사용되고 있는 인간관계는 사람과 사람이 대면하는 경우 개인의 언행과 태도에 관심을 갖고 형성되는 상호관계이며, 사람과 사람의 상호관계라고 규정짓는 것보다는 개인과 개인의 개성 수준 정도 및 대인적 교섭과 수용태도에 치중하는 내용으로 이해할 수 있다.

또한 인화라는 의미의 인간관계는 공동의 목표의식이 있는 동일집단에서 인간 상호 간에 형성되는 바람직한 심리상태로 이해한다. 즉, 특정 개인의 대인관계를 형성하는 능력과 잠재능력 및 탁월한 융화성이 지도력의 결과로 목표 지향적인 인간관계와 심리적 태도를 조성하여 집단의 효율과 능률의 극대화를 기대할 수 있다는 의미로 이해한다. 따라서 인간관계는 일반사회에서 무분별한 상태로 사용되고 있어, 학문적인 의미의 인간관계 내용을 명확하게 규명할 필요가 있다.

2) 학문적 개념

학문적 개념의 인간관계는 인간관계의 과학 및 산업상의 인간관계로 나누어 볼 수 있다.

(1) 인간관계의 과학은 광의와 협의로 구분된다

광의의 인간관계 과학은 사회과학과 동의어로 사용되며, 여기에는 경제학, 노동경제학, 정치학 또는 법학까지도 포함하고 있다. 그러나 협의의 인간관계 과학은 심리학을 비롯한 사회심리학, 산업심리학, 사회학을 기초로 하는 사회인류학, 임상심리학 등의 여러 학문을 포괄하고 있다. 즉, 인간관계 과학은 여러 인접과학을 배경으로 인간의 행동과 욕구 그리고 심리상태의 변화과정 등을 구체적으로 분석, 연구하여 진의를 파악하는 기술적인 학문이다.

(2) 산업상의 인간관계로 구분된다

산업상의 인간관계는 조직 내의 경영관리 측면에 존재하는 현실 즉, 기술적인 면이나 비공식적인 면에서 현실 자체의 인간관계 사실을 지정하게 된다. 특히 조직은 상호 간에 상이한 개성을 가진 개개인의 집단이며, 동시에 상이한 개인 차이와 욕구 및 이에 수반하는 행동양상을 보이고 있기 때문에 조직 내 현실 그대로의 인간관계를 의미한다. 현실 그대로의 인간관계 측면에서 보면, 생산 공정상 기술적인 의미에서 상호의존적·협동적 관계를 갖고 있어 기술적인 인간관계, 사회규범과 같이 조직상의 규정이나 제도에 의하여 형성되는 직무관계(공식적 인간관계, 인간 상호 간의 일상적인 인간접촉을 통해서 확립되는 비공식적 인간관계 등)의 형태로 구분된다.

2 인간관계의 중요성

오늘날의 인간소외현상을 극복하기 위해서는 새로운 인간관계의 조성이 불가피한데 인간의 주체성과 독자성을 회복해야 할 시대적인 과제를 해결하기 위해서 먼저 인간을 바르게 이해하는 것으로부터 시작된다. 로저스(Roges)는 인간관계에 관한 그의 소신을 다음과 같이 말한다.

효과적인 인간관계는 개인의 발달에 의해서 가정, 학교 및 사회, 기업체에서도 절실히 요청된다. 그리고 바람직한 인간관계는 인간이 사회생활 속에서 저절로 이루어지는 것이 아니고 대인관계 발달을 위해서 실천해야 하는 여러 가지 태도와 기법을 스스로 터득할 수 있도록 훈련시키는 데 있다(이형득, 1982). 따라서 효과적인 인간관계의 중요성을 5가지 관점으로 설명하면 다음과 같다.

① 한 인간으로 생존하고 정체감을 확립하며 건전한 성격을 발달시키기 위해서는 인간관계가 필요하고 중요시된다.
② 효과적이고 생산적인 인간관계는 개인의 생존과 발달뿐만 아니라 결혼과 가정생활의 발달에도 매우 중요한 역할을 한다.
③ 학교 및 사회의 여러 교육현장에서도 효과적인 인간관계의 필요성이 요청된다.
④ 기업체의 생산성을 높이는 데 있어서도 효과적인 인간관계 발달의 능력은 매우 중요시되고 있다.
⑤ 효과적인 인간관계는 인종적인 갈등, 종교 간 알력, 국가 간의 외교 및 기타 여러 인간들이 관여하는 모든 사회 분야의 문제를 원만히 해결하기 위해서도 절실히 요청된다. 정신적 또는 물질적 생산성을 높이기 위해서 인간관계적 관리 기술이 요청된다. 그러므로 주변의 의미 있는 사람들과 친밀하고 만족스러운 인간관계를 맺을 때 한 인간으로서 바람직한 성장과 발달을 할 수 있게 되며, 반면 인간관계가 불만족스럽고 비효과적일 경우 인간의 성장발달은 방해를 받게 된다는 사실을 통해 인간관계의 중요성을 알 수 있다.

3 인간관계의 특징

1) 독특성

관계하는 두 사람 간의 인간관계는 사람마다 다르다. 즉, 어떠한 인간관계도 사람마다 똑같을 수는 없다. 그러므로 특정한 사람과의 인간관계와 다른 사람들과의 인간관계의 구별되는 차이와 독특성에 따라 인간관계의 유형도 달라진다. 그 예로 가족 간의 인간관계와 친구 간의 인간관계는 서로 다르다. 같은 친구라도 이 친구와의 인간관계와 저 친구와의 인간관계가 서로 다르듯이 어떤 인간관계도 똑같지 않으며, 인간관계에 따라 차이가 있고 독특성이 있다는 사실을 알 수 있다(설기문, 1997).

2) 대체불가능성

특정의 인간관계 자체가 갖는 독특성 때문에 어떠한 인간관계도 다른 인간관계에 의해 대체될 수는 없다. 그렇기 때문에 사랑하는 사람과 헤어졌을 때 겪는 고통과 외로움은 바로 그 사람과의 관계 자체가 회복되지 않는 한 그대로 남아 있게 된다.

3) 상호의존성

인간관계에서는 관계하는 당사자의 운명이 상호 연관되어 있다. 흔히 우리는 친구의 성공 때문에 기뻐하고 그의 실패나 고통 때문에 마음 아파하기도 한다. 또한 친구가 어떤 문제를 경험할 때 그 문제는 결코 그 친구의 문제만으로 생각되지 않고 바로 나의 문제로 여겨지게 되고, 따라서 그 문제의 해결을 위해 함께 노력하게 된다. 마찬가지로 관계를 맺고 있는 상대방의 입장과 처지가 바뀜에 따라 나의 입장과 처지 또한 바뀌는 경우도 경험한다.

4) 노출

인간관계에서는 필연적으로 자기 노출이 수반된다. 관계의 종류 및 깊이에 따라 자기노출의 차원과 깊이는 달라지겠지만, 그럼에도 불구하고 자신의 생각, 감정, 경험에 대한 노출은 자연스럽게 이루어진다.

5) 내적 보상

인간관계가 보다 밀접할수록 그리고 깊이가 있을수록 관계 그 자체가 주는 내적 보상은 크다. 경우에 따라 인간관계를 통하여 사업적인 이익을 추구하려는 경향성도 일어나지만 진정한 인간관계가 심화될수록 그러한 사업적인 이익이라는 외적 보상보다는 관계 그 자체에 의해서 경험되는 기쁨이나 만족, 행복과 같은 내적 보상이 커지게 된다. 그러므로 우리는 그러한 인간관계를 많이 맺을수록 만족스럽고 행복한 인생을 살아갈 수 있을 것이다.

6) 참 만남의 희소성

사람은 평생을 살면서 온갖 종류의 인간관계를 경험하지만 그러한 관계 상황 속에서 진정한 참 만남의 인간관계를 경험하기란 쉽지 않다. 참 만남은 어떤 외적인 목적 때문이 아니라 관계 그 자체가 목적이며 상대방의 성장과 행복을 위하여 그와 함께 행복할 수 있는 경험을 하는 인간관계이다. 그러나 오늘날과 같은 산업사회, 물질문명 사회에서 그런 순수한 참 만남의 인간관계는 그만큼 귀하고 경험하기 어렵다. 그러한 만큼 참 만남의 관계는 더욱 소중한 것이다.

4 인간관계의 형성과 발달

1) 대인 간 매력

우리는 어떻게 다른 사람을 좋아하고 그에게 매력을 느끼고 그와 가까워지기를 바라고 관계를 맺게 될까? 이것은 바로 대인 간 매력의 문제에 해당한다. 인생에 있어서 형식적이고 사무적이며 공식적인 인간관계의 경우를 제외한 비형식적 일반적인 인간관계는 기본적으로 상대방에게 가까이하고 싶은 매력을 느끼는 것으로부터 시작된다.

가까이 있으면 마음도 가까워지는 인접성, 어떠한 특성이 똑같거나 비슷하다는 이유로 좋아하고 매력을 느끼는 동질성, 반대로 전혀 다르다는 이유로 매력을 느끼는 이질성, 자기를 좋아해 주는 사람에게 편안함을 느끼고 가까워지는 상호성, 도움을 받은 사람에게 고마움을 느끼면서 동시에 친근감을 느끼고 좋아하게 되는 호혜성, 자기를 많이 노출하고 개방하는 사람에게 친근감을 느끼고 가까이하게 되는 개방성, 상대방에 대한 지식과 이해 등은 대인 간 매력의 중요한 요소가 된다.

Who am I?(나는 누구인가?)

1. 이름:
2. 소속 학과 및 전공:
3. 가족관계 및 소개:
4. 내가 좋아하는 음식:
5. 내가 좋아하는 색깔:
6. 현재 내가 가장 중요하다고 생각하는 것은:
7. 가장 기억에 남는 선물은:
8. 만약 내가 다시 태어난다면, 어떠한 일을 하고 싶은지:
9. 본인의 희망사항은:
10. 어린 시절의 별명은:

진행방법:
- 서로 모르는 두 사람들이 마주보고 자리에 앉습니다.
- "A"가 "B"에게 궁금한 내용을 질문하고 기록한다.
- "B"가 "A"에게 궁금한 내용을 질문하고 기록한다.
- 서로에 대하여 소개한 후 모든 대학생들 앞에서 "A"는 "B"를 소개하고, "B"는 "A"를 소개한다.

2) 관계의 발달 단계

인간관계의 발달단계 이론 중에서 특히 냅(Knapp)의 관계 형성과정 이론을 중심으로 하여 관계발달의 과정에 대해서 소개한다(배용우, 2004).

시작단계 → 실험단계 → 심화단계 → 통합단계 → 재협상단계 → 동맹관계

(1) 시작단계

관계가 시작되는 단계인데 일단은 상대방에게 매력을 느끼고 관계를 갖고자 마음을 먹는 것으로부터 시작된다. 어떤 사람이 일단 멀리서 상대방을 관찰한 다음 그에게 접근할 것인가를 생각해 보고 최종적인 결정을 내린다면 이미 첫 단계는 시작한 것이다. 처음에 말을 걸고 관계가 시작될 때 다음과 같은 3가지 중의 한 가지 방향으로 앞으로의 관계를 전망하게 된다.

첫째, 이상 관계를 하지 않겠다는 것이다.

둘째, 피상적인 수준에서의 관계를 생각하는 것이다.

셋째, 더 깊은 관계를 하는 방향으로의 결정이다.

인간관계의 시작은 자기노출(개방)이다. 자신의 있는 그대로의 모습을 드러내기란 말처럼 쉬운 일이 아니다. 대부분 이상적인 자신의 모습을 표현하여 다른 사람들이 알아주길 원하지만 다른 사람들은 이것이 거짓되고 위선적이라는 것을 쉽게 알아차리게 된다. 이런 느낌은 사람들과 나를 가깝지 못하게 한다. 지나치게 솔직하여 상대를 당황하게 하는 것도 문제가 있지만, 우리는 상대와의 친분 정도와 만남의 종류에 적절하게 자신을 노출해야 한다. 자기노출은 상대에게 친밀함과 관계의 책임감을 갖게 하고, 상대의 개방을 유도하게 되어 관계의 발전을 만들어 낸다.

(2) 실험단계

실험단계는 잘 모르는 상대방의 특성에 대해서 알아보는 단계이다. 이 단계의 초점은 관계의 가능성을 계속 알아보는 데 있다. 즉, 일단 관계가 시작되었으나 계속적인 관계를 유지할 것인지의 여부를 그에 관한 정보 수집을 통해서 탐색하게 된다. 대개 처음에는 피상적인 관계가 지속되다가 성숙한 관계로 지속되려면 그에 대한 정보를 계속 수집해야 한다.

(3) 심화단계

심화단계는 단순히 아는 관계 수준에서 친한 관계 수준으로 넘어가는 단계이다. 우리가 마음과 시간을 투자하여 관계를 발전시킴에 따라 친밀성과 신뢰수준이 증가하여 두 사람 간의 관계는 심화된다. 이 단계에서는 관계 자체가 즐거운 것으로 인식되어 더 많은 이야기를 나누고 더 오랜 관계를 원한다. 결과적으로 더 많은 시간을 함께 하게 되고 이에 따라 더 깊은 관계를 발전시키게 된다.

(4) 통합단계

심리적으로 하나가 되는 통합단계이다. 관계가 더욱 심화되고 더 많은 것을 공유하게 됨에 따라 서로 간의 차이는 최소화된다. 이 단계에서는 특히 신뢰와 자기노출이 더욱 심화됨으로써 서로의 관계가 최고조로 깊어질 수 있다. 여기서 신뢰와 자기노출의 관계는 상호작용적이고 나선형 이어서 하나가 상승하면 다른 하나가 또 상승하는 결과를 초래한다. 결과적으로 신뢰가 더 깊은 자기노출을 낳고, 또 더 깊은 자기노출이 더 깊은 신뢰를 낳게 된다.

(5) 재협상단계

모든 관계에 있어서 한 번쯤 관계 자체에 대해 의문을 가져보는 것은 자연스러운 일이다. 아무리 관계가 깊고 좋다하더라도 그리고 그것이 이상적이라고 하더라도 영원히 유지되기란 쉽지 않다. 그래서 심화되고 통합된 관계가 지속되는 어느 한 순간에 관계 자체를 되돌아보고 재검토해보게 되는 것이다. 결과적으로 서로의 노력을 통하여 새로운 차원으로 관계를 발전시켜 나가든지 아니면 협상이 제대로 이루어지지 않아 관계를 더 이상 지속시키지 못하는 관계의 단절을 경험할 수밖에 없는 처지에 이르게 될 수도 있다. 그것도 아니라면 그냥 기존의 관계를 지속시켜 나가는 경우도 있다.

(6) 동맹관계

일종의 계약단계이다. 앞의 여러 가지 과정과 단계를 거치고 또 재협상 결과 만족스러운 결론에 이르렀다면 이제 관계를 '공식화' 하고 '계약'하여 공고히 할 필요가 있다. 만약 관계가 이성관계라면 결혼을 하게 되는 단계가 이 단계인데, 일반적인 관계에서는 굳이 공식적인 절차를 밟지는 않더라도 어떠한 모양으로라도 관계를 '형식화' 하는 절차를 거칠 수 있다. 서로는 서로의 파트너로서, 부담으로서의 의무가 아닌 자발적인 의무를 지고 서로의 관계유지와 발전을 위해 기여하게 된다. 그리고 이 동맹을 통해 서로에 대한 무한한 기여와 헌신이 요구되며, 관계에 대한 새로운 규정 및 새로운 행동규율이 정해지기도 한다.

5 대인관계의 유형

1) 키슬러(Kiesler) 유형

리어리(Leary)의 인간관계 이론을 받아들여서 키슬러(Kiesler)는 대인관계 유형을 서로 직교하는 지배-복종 차원과 친애-냉담 차원으로 구분하였다. 그리고 이 양축의 교차점을 중심으로 하는 원을 그릴 수 있으며, 이런 원상에 다양한 인간관계 유형을 상징한다. 이러한 유형에 비추어 내가 어떤 인간관계 양식을 지니고 있는지 알아보기 위해서 8가지의 인간관계 유형은 다음과 같다(원호택 외, 1999).

인간관계의 문제해결

여러분들은 지금까지 삶을 살아오면서 가족, 친구, 선생님, 직장동료들 간에 심각한 문제로 인하여 부딪쳤던 관계를 한 가지만 생각해 보세요. 이러한 문제가 왜, 어떠한 문제로 일어났으며, 이 문제를 해결하기 위해 어떠한 노력을 하였는지, 그리고 문제가 어떻게 해결되었는지 생각해 봅시다.

-문제 상황:

-문제 발생 경위:

-문제해결을 위해 노력한 결과:

-문제해결을 위한 과정:

-문제해결 후 인간관계는:

-기타 의견:

* 우리는 친하게 지내는 사람들 간의 거리를 두고 설명하는 경우가 있다. 심리학자인 홀(Hall, 1966)은 개인공간(personal space)이라는 개념을 제안하였다. 개인공간은 대화나 상거래와 같은 사회적 관계를 맺을 때 두 사람 간의 정서적 친밀도를 반영하는 공간적 거리로 설명했다. 개인공간에는 두 사람의 정서적 친밀도에 따라 공공의 공간(3m 이상), 사회적 공간(1.5m~3m), 개인적 공간(50cm~1.5m), 친밀한 공간(50cm)으로 구분될 수 있다고 주장했다. 이처럼 인간관계는 사람들 간의 거리를 두고 얼마나 친밀한 관계가 유지되는지 알 수 있다.

(1) 지배형(domineering)

지배적인 특성이 강한 사람은 타인에 대하여 주도권을 행사하며, 강압적이고, 타인에게 정보를 주거나 지시하는 것을 좋아한다. 또한 자기의 성취를 자랑하기를 좋아하며, 다른 사람의 도움이 필요해도 요청하는 일이 거의 없으며, 거만하고 자신만만해 하는 것이 특징이다.

(2) 보복변명형(vindictive)

다른 사람의 의도가 악의적이지 않은지에 대해 늘 경계하고, 불공평한 대우에 민감하고, 자신의 이익을 최우선으로 생각하며, 이기기 위하여 애쓰고, 타인에게 탓을 돌리고 비난하는 경향이 높은 것이 특징이다.

(3) 냉정형(cold)

다른 사람의 흠을 잘 잡으며, 타인의 사과와 변명을 잘 받아들이지 않는다. 냉정하여 다른 사람의 감정에 무관심할 뿐 아니라, 다른 사람에게 상처를 쉽게 주며 반박을 잘 하는 성향의 특징이다.

(4) 사회회피형(socially avoidance)

다른 사람과 잘 어울리지 않으며 혼자 하는 일을 선호하고, 우유부단하며 감정을 억제하려는 성향을 가지고 있는 특징이다.

(5) 비주장형(nonassertive)

자신감이 없으며, 남의 주목을 받는 것을 피하고 다른 사람에게 잘 의지한다. 상급자로서의 역할을 잘 하지 못하며, 다른 사람의 의견에 잘 따르고 양보를 잘하는 성향의 특징이다.

(6) 이용당하는 형(exploitable)

다른 사람을 잘 믿고, 나에게 무례하게 행동하는 것에 대하여 너그러우며, 현재 자기 자신에게 만족하지만 남에게 잘 설득 당하는 성향의 특징이다.

(7) 과잉친절형(overly nurser)

다른 사람에게 요구하거나 비난을 잘 하지 못하고, 지나치게 관대하며, 다른 사람을 배려하는 마음이 많아 잘 도와준다. 다른 사람이 못마땅한 일을 해도 항의하지 못하며, 자기희생적인 태도를 보이는 성향이 특징이다.

(8) 참견형(intrusive)

사람들과 함께 하기를 좋아하여 다른 사람의 활동에 관심이 많으며, 수다 떨기를 좋아하고, 참견하지 않고는 못 베기는 형이다. 흥분을 잘하고 충동적인 성향이 강한 특징이다.

6 바람직한 인간관계

인간관계를 잘하기 위해서는 가장 먼저 자신과 타인 간의 상호작용을 이해하며, 서로가 타인에게 적절히 표현할 수 있고 타인의 애정과 신뢰를 있는 그대로 받아드릴 수 있는 정신건강이 필요하다. 또한 어떠한 행정적인 명령이나 계통을 통해서 맺어지는 형식적인 인간관계와 비공식적인 인간관계를 바람직하게 맺을 수 있는 방법은 의사소통에서 중요한 역할을 하며, 크게 3가지로 나눈다.

1) 대화를 해야 한다

모든 조직에서 구성원 사이에 대화가 단절될 때 비공식적인 인간관계는 형성되지 못한다. 따라서 대화할 기회를 될 수 있는 대로 많이 만들어야 한다. 대화를 할 때는 서로 말을 자연스럽게 할 수 있는 분위기를 조성하며, 상대방이 말을 할 때는 열심히 들어주고 그의 말에 동조하면서 듣는 태도를 가져야 하는데 이것은 지도자들에게 요구되는 기본적인 자질이다.

상대방의 말을 진정으로 들어주는 태도에 상대방은 감동을 하게 되고, 마침내는 두 사람 사이에 신뢰감이 형성되고 서로가 도와주려고 하는 감정을 느끼게 되어 새로운 인간관계로 발전된다.

2) 공감하는 태도를 가진다

상대방과 더불어 생각하고, 더불어 걱정하며, 문제해결을 위해 함께 노력하는 태도이다. 함께 생각하고 느끼면서 문제를 해결해 나가는 태도는 단순히 상대방에게 자비를 베풀거나 상대방을 동정하는 것이 아니라 어떤 문제가 야기되었을 때, 그것이 어떤 것이든 함께 나누고자 하는 마음이다. 이러한 관계가 맺어질 때 서로 공감하는 진정한 인간관계가 형성된다.

3) 일관성의 원리이다

인간이란 무서운 적응력을 가진 존재로 어떠한 상황에서도 적응해 가는 힘을 가지고 있으므로, 사실 지도자에게는 성격 자체가 문제가 되는 것이 아니라 그가 얼마나 일관된 태도를 가지느냐가 문제가 되는 것이다. 지도자로서 능력을 충분히 발휘하기 위해서는 일관성 있는 태도를 취해야 한다. 언제, 어디서, 누구에게나 같은 문제에 대해서 같은 태도를 가져야 한다. 일관성의 원리를 상기하며 공평하고 일률적인 태도를 가질 때, 우리는 비로소 많은 사람들과 진정한 인간관계를 형성할 수 있다.

[대인관계의 자가진단]

다음은 여러분이 요즘 자신의 대인관계에 대해서 어떻게 느끼고 있는지를 알아보기 위한 질문들입니다. 한 문항씩 잘 읽은 다음 자신이 얼마나 자주 그와 같이 느끼는지 아래와 같이 적절한 번호에 V표 해주세요.

내 용	거의 그렇지 않다	가끔 그렇다	종종 그렇다	자주 그렇다
1. 나에겐 친한 친구가 없다고 느껴진다.	0	1	2	3
2. 다른 사람을 믿는 것이 두렵다.	0	1	2	3
3. 나에겐 이성친구가 없다고 느껴진다.	0	1	2	3
4. 내 고민을 얘기하면 가까운 사람들이 부담스럽게 느껴진다.	0	1	2	3
5. 나는 다른 사람에게 필요하지도 중요하지도 않은 사람이라고 느껴진다.	0	1	2	3
6. 나는 누구와도 개인적인 생각을 나누기 어렵다고 느껴진다.	0	1	2	3
7. 나는 다른 사람들로부터 이해받지 못하고 있다고 느껴진다.	0	1	2	3
8. 나는 다른 사람에게 다가가는 것이 편안하지 않다.	0	1	2	3
9. 나는 외로움이 느껴진다.	0	1	2	3
10. 나는 어떤 친목집단이나 조직에도 소속감을 느낄 수 없다.	0	1	2	3
11. 나는 오늘 다른 사람과 교류를 가졌다는 느낌이 들지 않는다.	0	1	2	3
12. 나는 다른 사람에게 할 말이 별로 없다고 느껴진다.	0	1	2	3
13. 나는 다른 사람과 함께 있으면 평소의 내 모습과 달라지는 것 같다.	0	1	2	3
14. 나는 다른 사람 앞에서 당황할까 봐 두려워한다.	0	1	2	3
15. 나는 재미있는 사람이 아니라고 생각한다.	0	1	2	3

◎ 자가진단의 채점 및 해석

1번부터 15번까지 점수를 모두 합하여 총점을 구한다. 총점의 점수대에 따라서 다음과 같이 해석을 할 수 있다.

첫째 ; 0~10점인 경우는 고독감을 거의 느끼지 않는 것 같다.

둘째 ; 11~20점인 경우는 보통 사람들이 느끼는 평균적인 수준의 고독감을 느끼고 있다.

셋째 ; 21~28점인 경우는 보통 사람들보다 높은 수준의 고독감을 느끼고 있다.

넷째 ; 29점 이상인 경우는 상당히 심한 고독감을 느끼고 있다.

인간관계를 좋게 하는 방법

미국의 카네기 공대 졸업생을
추적 조사한 결과,
그들은 한결같이 이구동성으로

"성공하는 데 전문적인 지식이나 기술은
15퍼센트밖에 영향을 주지 않았으며,
나머지 85퍼센트가 인간관계였다."고 말했습니다.

우리 주위의 성공한 사람들을 보면
하찮다고 생각할 만한 작은 일에도
소홀히 하지 않고 잘 챙겨서,
여러 사람과 좋은 관계를
맺어온 것을 봅니다.

그들은 특히 '세 가지 방문'을 잘 했는데
'입의 방문', **'손의 방문'** 그리고 **'발의 방문'**
그 세 가지입니다.

입의 방문은 전화나 말로써
사람을 부드럽게 하며
칭찬하는 것이고
용기를 주는 방문입니다.

손의 방문은 편지를 써서 사랑하는
진솔한 마음을 전달하는 것이고,

발의 방문은 상대가 병들거나
어려움이 있을 때
찾아가는 것을 의미하는데
바로 이런 것을 잘 하는 사람이
성공할 수 있고,

큰일을 할 수 있습니다.

고기는 씹어야 맛이고,
말은 해야 맛입니다.

칭찬은 할수록 늘고,
편지는 쓸수록 감동을 주며,
어려운 이는 찾아갈수록 친근해집니다.

인간관계에 감동을 주는 사람은
오랫동안 기억에 남을 것입니다.

– 좋은 글 중에서

Thema 2

의사소통의 이해

01 의사소통의 개념

02 의사소통의 유형

03 의사소통의 과정

04 의사소통의 문제

05 효과적인 의사소통의 방법

06 효과적인 대화기술

학습목표

* 의사소통의 개념과 유형에 대하여 이해한다.
* 의사소통의 과정과 문제점에 대하여 이해한다.
* 의사소통을 위한 기본적인 기술과 효과적인 의사소통 방법에 대하여 이해한다.
* 의사소통을 잘 못하는 사람과 효과적인 대화기술에 대하여 이해한다.

1 의사소통의 개념

현대에 들어와 광범위하게 사용되고 있는 의사소통(communication)의 어원은 '공통' 또는 '공유'를 의미하는 라틴어의 'Communis'로 상징적 매개물을 사용하여 정보와 의사를 교환하고 서로의 행동에 영향을 미치는 과정을 의미한다. 또한 의사소통을 보는 관점을 어떤 요소에 비중을 두느냐에 따라 다르게 정의된다(차배근, 1988).

① 의사소통 과정을 정보 또는 메시지의 단순한 송·수신 과정으로 보고 그 구조 자체(송신자 - 메시지 - 수신자)에 비중을 두는 구조적 관점으로, 의사소통을 메시지를 보내고 받는 과정으로 정의한다.

② 의사소통을 인간들의 기호사용 행동 자체로 보고 그 기호화 및 해독과정에 비중을 두는 기능적 관점으로 의사소통을 어떤 자극에 대한 유기체의 분별적 반응이라고 정의한다. 이것은 단어, 몸짓의 의미 부여와 이러한 의미에 대한 집단 성원 간의 일치 여부의 의미론적 문제에 초점을 둔다. 따라서 어떻게 사람들이 기호를 사용하여 서로 의미를 창출하고 공동의미를 수립하는가 하는 기능적인 면에 중점을 두고 있다.

③ 의도적 관점에 비중을 두는 경우로 의사소통을 한 개인이 다른 사람

에게 영향을 미치기 위해 의도적으로 계획한 행동으로 간주하여 의사소통 과정을 한 개인이 다른 사람들의 행동을 변화시키기 위하여 자극을 보내는 과정이다. 따라서 송신자와 수신자의 대화 결과 그들의 태도와 행동이 변화되는가 하는 효과성의 문제에 초점을 둔다.

이 3가지 관점을 종합하여 의사소통을 '유기체(사람, 동물 등)들이 기호를 통하여 서로 메시지를 보내고 받아서 공통된 의미를 수립하고, 나아가서는 서로의 행동에 영향을 미치는 다양한 과정 및 행동'이라고 정의한다.

의사소통은 서로 관계를 맺고 있는 두 사람 사이에 올바른 지식과 이해를 위하여 필요한 기술은 의사소통의 기술이다. 여기에는 언어적(verbal) · 비언어적(non-verbal) 의사소통이 모두 포함된다. 또한 의사소통의 종류에는 언어적 의사소통과 비언어적 의사소통이 있다.

① 언어적 의사소통이란 음성이나 부호를 상징화하여 언어나 문자로 의사를 교환하는 것을 말한다. 언어적 의사소통 시에는 사용하는 언어의 개념을 정확히 파악하고 적합한 단어를 선택하여 모순되지 않는 문장 구성으로 전달될 때 의사소통은 원활하게 이루어진다.

② 비언어적 의사소통이란 언어나 문자가 아닌 행동과 느낌에 의해 의사소통하는 것을 말한다. 인간은 살아 있는 한 계속 자신의 느낌 상태를 알리는 신호를 외부로 나타내고 있다. 따라서 표정과 태도 또는 분위기로 자신의 의사를 전달할 수 있고 타인의 의사를 확인할 수도 있다.

언어적 소통 기술	비언어적 소통 기술
-질문을 한다. -동의하는 부분, 공통적 경험을 지적한다. -다양한 응수를 한다. -분명한 말로 반응을 보인다. -평가적 반응보다 긍정적 반응을 한다. -확인하는 표현을 한다. -침묵을 삼간다. -상대방에게 말할 기회를 준다. -상대방이 한 말을 반복해서 한다.	-신체를 반응한다. -앞쪽으로 몸을 기울인다. -상대방 쪽으로 향한다. -편안하지만, 약간 긴장하는 자세를 취한다. -열린 자세를 취한다. -긍정적인 반응의 얼굴표정과 머리를 움직인다. -눈맞춤을 한다. -목소리에 변화를 준다. -상대방과 가까이 앉는다.

현대인들의 의사소통에 있어서 지적되어야 할 문제는 너무 언어에만 의존하여 의사소통을 하려고 하며 비언어적 의사소통, 특히 느낌(feeling)을 소홀히 다룬다는 데 있다. 사실 느낌이란 조작이 어려우므로 언어적 의사소통보다 더 진실한 자신의 표현이며 더 신뢰성이 높은 것이다. 그런데 비언어적 의사소통의 경우 한 가지 주의해야 할 점은 비언어적으로 표현하는 몸짓이나 표정 등을 그가 뜻하는 의미와는 다르게 자기 본위적으로 해석하여 반응함으로써 서로 오해가 생기고 인간관계가 악화되는 경우도 있다.

우리가 흔히 쓰는 비언어적 의사소통의 유형에는 자세(body posture), 접촉(touch), 몸짓(gesture), 어조(tone of voice), 인상 씀(frowning), 팔짱낌(crossing our arms), 시선(looking at the floors or clock as we speak), 얼굴 붉힘(blushing), 손짓(beckoning with a hand), 비명, 신음, 한숨 등의 하류언어들(sub-vocals)이 있다.

이처럼 신체를 통한 비언어적 의사소통은 상황에 따라 다양한 의미를 전달하게 된다. 상대방의 관심을 기울일 때 사용할 수 있는 기술은 SOLER라는 말과 같이 요약할 수 있다.

첫째, S(정면: Square)는 상대방을 바라본다. 상대방에게 관여하고 있다는 자세를 취하는 것으로 '나는 당신과 함께 있다. 나는 당신과 함께 있고 싶다'라는 뜻이다. 즉, 문자 그대로 해석하면 당신에게 관심이 있다는 사실을 전해 준다.

둘째, O(개방: Open)는 개방적인 자세를 뜻한다. 상대방의 말에 마음을 열고 있다는 증거이며, '내가 지금 취하고 있는 자세는 내가 개방적이고 만나고 싶은 태도를 갖추고 있다는 사실을 상대방에게 얼마나 잘 전달하고 있는가?'하고 질문해 볼 필요가 있다.

셋째, L(기대다: Lean)은 상대방에게 몸을 기울인다. 즉 상대방 쪽으로 몸을 기울이는 것은 의사소통을 촉진시키는 신체적 반응성을 가리킨다.

넷째, E(눈맞춤: Eye contact)는 상대방과 눈맞춤을 유지한다. 상대방과의 좋은 눈맞춤은 '당신에게 관심이 있다. 혹은 당신이 하는 말을 듣고 싶다'는 뜻을 전달한다.

다섯째, R(관대한: Relaxed)은 편안하고 자연스러운 자세를 뜻한다. 이는 두 가지의 의미를 지니는데, 먼저 조바심내거나 주의를 흩뜨리는 표정을 짓지 않는 것이다. 또 다른 하나는 개인적인 접촉과 표현의 도구인 몸짓을 편안하고 자연스럽게 하는 것이다.

2 의사소통의 유형

의사소통 유형은 의사소통의 과정에서 일어나는 메시지의 선택, 전달, 피드백 요소 등으로 쌍방 통행, 일방 통행, 일방 차단, 쌍방 차단으로 구분한다. 또는 자유롭게 생각과 감정을 표현하며, 효과적인 문제해결 기술을 지닌 개방적 의사소통과 모순된 메시지와 부정적, 이중속박 및 빈약한 문제해결 기술을 지닌 역기능적 의사소통으로 구분한다.

사티어(Satir, 1972)는 체계론적 관점에서 의사소통의 유형을 논하고 있는데, 상호 분명한 의사소통을 통해 긍정적인 피드백을 주고받으며 관계를 유지하는 기능적 의사소통과 상대방의 의견을 경청하거나 긍정적인 반응을 하지 않고 새로운 상황에서 적절한 의사소통이 부족한 역기능적 의사소통을 구분하였다. 즉, 역기능적 의사소통의 원인을 자부심의 결여라고 보고 'pot level'이 낮다고 표현했다(서미례, 2007).

사티어(Satir, 1972)

역기능적 의사소통을 하는 사람은 자신의 생각과 감정을 기초로 추측하고 가정에서 행동하기 때문에 오해받기 쉽고 목적이나 결과에 도달하기 힘들다고 하였다. 역기능적 의사소통의 유형은 회유형, 비난형, 초이성형, 산만형, 기능적 의사소통 유형인 일치형의 의사소통 유형에 대해서 알아보면 다음과 같다.

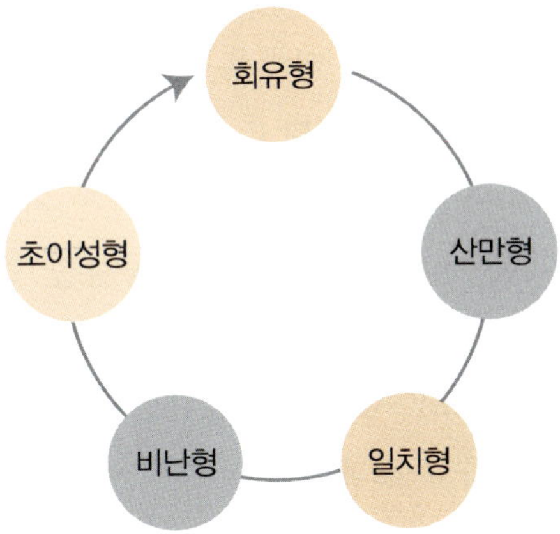

1) 회유형(placating stance)

회유형(아첨형)의 사람들은 자신에 대한 존중감을 가치 없게 여기고 다른 사람들의 기분을 맞추려고 하고 반대하는 말을 하지 않으며 비위를 맞추면서 말하고 남이 요구하는 대부분의 것에 동의한다.

이 유형의 사람들은 자신의 가치를 부정하고 스스로는 정말로 중요하지 않다는 메시지를 자신에게 보내며, 마치 삶의 유일한 목적이 다른 사람의 문제를 덜어 주기 위한 것처럼 행동한다. 회유형의 사람들은 자신이 살아남고 안정을 유지하려는 방법으로 자신이 느끼는 감정보다 상대방에게 긍정적으로 대답하는 것이 중요하다고 생각하면서 자신의 스트레스를 다루려고 하는 것이다. 따라서 회유형을 극복하려면 자기 자신을 돌보아 자기 가치와 동등한 감정을 갖도록 해야 한다. 예를 들어, 나는 항상 행복한 사람이어야 한다. 어느 누구에게나 짜증이나 화내면 안 된다. 또한 나는 가치가 없다라고 생각하는 유형이다.

2) 비난형(blaming stance)

비난형은 회유형과는 정반대의 유형이다. 비난형의 사람은 자기주장이 강하고 독선적이며 명령적이고 지시적이다. 자신을 보호하기 위해서 남의 잘못을 찾고 우월하게 행동하며 타인을 무시한다. 겉으로 강한 것처럼 보이나 내적으로는 자신이 가치 없다고 생각하기 때문에 누군가 자신에게 복종할만한 사람이 옆에 있으면 자신이 중요하게 되었다고 느끼며 비난을 시작한다. 이들은 깊은 내면의 낮은 자아존중감을 털어놓으면 죽을 것으로 생각할 정도로 실패감에 빠져 있으며, 타인을 비난하기 위하여 다른 사람의 가치를 격하시키고 자신과 상황에만 가치를 둔다. 비난형의 사람은 내면적으로는 외롭고 실패감을 느끼며 실제 자신의 욕구를 숨기려고 한다.

3) 초이성형(super-reasonable stance)

초이성형의 사람은 의사소통에 있어 자신이나 다른 사람을 과소평가하는 경향을 갖으며 다른 사람의 감정을 부정한다. 지나치게 합리적인 상황만을 중요시하며 기능적인 것만을 말하고 대부분 객관적인 자료나 논리에 근거해서 의사소통을 한다. 또한 이들은 심리적인 자세는 경직되어 있고,

공격적이며 항상 올바른 것을 추구하는 것으로 묘사된다. 일반적으로 조용하고, 차갑고, 감정적이지 않으며 고립적인 성향을 띠고 있다. 대인관계에서 융통성이 없고, 원칙중심이며, 많은 사람들에게 초이성형이 이상적인 목표로 보여지기도 한다. 초이성형을 변화시키려면 자신과 타인에 대한 애정, 감정, 지적인 것을 통합하도록 노력해야 한다. 이 유형에 속한 사람은 지적이지만 감정 표현이 어렵고 강박증상을 갖기 쉬운점이 있다.

4) 산만형(irrelevant stance)

산만형(혼란형)은 일반적으로 즐거워하는 것이나 익살맞은 것과 혼합된 것으로 혼돈스러운 것을 말한다. 산만형은 초이성형과는 정반대의 유형이며, 산만한 유형을 사용할 때 사람들은 계속적으로 움직임이나 토론하고자 하는 주제에 대한 사람들의 관심을 분산시킨다. 산만형의 사람들은 생각이 자주 바뀌고 동시에 혼란스러운 행동을 보이며 어떤 하나의 특별한 주제에 초점을 집중할 수가 없다. 생각 없이 책임 없는 말을 하거나 다른 사람의 말과 맞지 않는 내용으로 의사소통을 하고 주의집중을 잘 못한다. 위협을 무시하고 마치 위협이 존재하지 않는 것과 같이 행동하여 주위를 혼란시킨다. 따라서 산만형을 변화시키려면 자신이 이러한 유형을 사용하고 있다는 것을 인식하여 적절한 상황에서 변화를 위해 융통성 있고, 창의적이며 개방적이 되도록 도와야 한다.

역기능적인 의사소통은 대부분이 낮은 자기가치의 감정으로부터 일어난다. 이것은 자신의 진정한 감정을 숨기거나, 제대로 그것을 인식하지 못하거나 이러한 역기능적인 형태가 다른 사람들과 어울리는 방법이라고 생각한다. 역기능적인 의사소통은 상황에 따라 누구에게나 나타날 수 있으며 한 가지 혹은 두 가지 이상이 혼합되어 나타난다.

그러므로 4가지의 역기능적 의사소통에 대한 치료의 표적인 기능적 의사소통 유형인 일치형을 알아본다.

5) 일치형(congruent stance)

일치형에서는 메시지의 모든 부분들이 같은 방향을 향하여 목소리와 얼굴표정, 몸의 자세, 음정 등이 일치된 메시지를 전한다. 따라서 일치형의 의사소통은 다음과 같은 속성을 가지고 있다. 자신의 독자성을 존중하며, 개인의 에너지와 사람과 사람 사이의 에너지가 자유롭게 교류된다. 개인적인 특징을 존중하고, 자신과 다른 사람을 신뢰하고 사랑하며, 때론 모험을 하기도 하고 상처를 입기도 하여 변화에 대하여 융통성이 있고 개방적이다. 또한 자신의 내적·외적 자원들을 사용하여 타인과 교류하며, 친교가 개방적이고 자신에게 자유롭고 다른 사람을 수용하는 데 있어서도 자유롭다(고정민, 2003).

사티어(Satir)는 가족치료사이며, 5가지 의사소통 유형은 사티어가 오랜 시간에 걸쳐 수많은 가족을 상담하는 과정에서 가족구성원 간 의사소통의 여러 유형들을 분석한 결과로서 분류한 유형이다. 본래 이러한 기능적·역기능적 의사소통 유형을 구분하고 각 유형들의 특징을 관찰하고 분석한 것은 가족 내에서 의사소통의 유형에 따라 나타날 수 있는 여러 문제들을 정확히 알고 해결하는 데에 그 목적이 있다. 따라서 의사소통의 중요성이 가족 내부로만 국한되는 것이 아니고, 오히려 의사소통은 사람들의 일생동안의 삶을 통해서 맺게 되는 모든 대인관계를 위한 가장 기본적이면서도 필수적인 행동 양식이라는 점에서 사티어의 의사소통 유형은 일반적인 대인관계 속에서의 의사소통 유형까지 확대적용 된다.

사티어 의사소통 검사지

* 다음 문항들을 읽고 현재 자신에게 적절하다고 생각되는 문항에 체크하세요.

1. 나는 상대방이 불편하게 보이면 비위를 맞추려고 한다.( )
2. 나는 일이 잘못되었을 때 자주 상대방의 탓으로 돌린다.( )
3. 나는 무슨 일이든지 조목조목 따지는 편이다.( )
4. 나는 생각이 자주 바뀌고 동시에 여러 가지 행동을 하는 편이다.( )
5. 나는 타인의 평가에 구애받지 않고 내 의견을 말한다.( )
6. 나는 관계나 일이 잘못되었을 때 자주 내 탓으로 돌린다.( )
7. 나는 다른 사람들의 의견을 무시하고 내 의견을 주장하는 편이다.( )
8. 나는 이성적이고 차분하며 냉정하게 생각한다.( )
9. 나는 다른 사람들로부터 정신이 없거나 산만하다는 소리를 듣는다.( )
10. 나는 부정적인 감정도 솔직하게 표현한다.( )
11. 나는 지나치게 남을 의식해서 나의 생각이나 감정을 표현하는 것을 두려워한다.( )
12. 나는 내 의견이 받아들여지지 않으면 화가 나서 언성을 높인다.( )
13. 나는 나의 견해를 분명하게 표현하기 위해 객관적인 자료를 자주 인용한다.( )
14. 나는 상황에 적절하지 못한 말이나 행동을 자주하고 딴전을 피우는 편이다.( )
15. 나는 다른 사람이 내게 부탁을 할 때 내가 원하지 않으면 거절한다.( )
16. 나는 사람들의 얼굴 표정, 감정, 말투에 신경을 많이 쓴다.( )
17. 나는 타인의 결점이나 잘못을 잘 찾아내어 비판한다.( )
18. 나는 실수하지 않으려고 애를 쓰는 편이다.( )
19. 나는 곤란하거나 난처할 때는 농담이나 유머로 그 상황을 바꾸려 하는 편이다.( )
20. 나는 나 자신에 대해 편안하게 느낀다.( )
21. 나는 타인을 배려하고 잘 돌보아주는 편이다.( )
22. 나는 명령적이고 지시적인 말투를 자주 사용하기 때문에 상대가 공격받았다는 느낌을 받을 때가 있다.( )
23. 나는 불편한 상황을 그대로 넘기지 못하고 시시비비를 따지는 편이다.( )
24. 나는 불편한 상황에서는 안절부절못하거나 가만히 있지를 못한다.( )
25. 나는 모험하는 것을 두려워하지 않는다.( )
26. 나는 다른 사람들이 나를 싫어할까 두려워서 위축되거나 불안을 느낄 때가 많다.( )
27. 나는 사소한 일에도 잘 흥분하거나 화를 낸다.( )
28. 나는 현명하고 침착하지만 냉정하다는 말을 자주 듣는다.( )
29. 나는 한 주제에 집중하기보다는 화제를 자주 바꾼다.( )
30. 나는 다양한 경험에 개방적이다.( )
31. 나는 타인의 요청을 거절하지 못하는 편이다.( )
32. 나는 자주 근육이 긴장되고 목이 뻣뻣하며 혈압이 오르는 것을 느끼곤 한다.( )

33. 나는 나의 감정을 표현하는 것이 힘들고, 혼자인 느낌이 들 때가 많다.( )
34. 나는 분위기가 침체되거나 지루해지면 분위기를 바꾸려한다.( )
35. 나는 나만의 독특한 개성을 존중한다.( )
36. 나는 나 자신이 가치가 없는 것 같아 우울하게 느껴질 때가 많다.( )
37. 나는 타인으로부터 비판적이거나 융통성이 없다는 말을 자주 듣기도 한다.( )
38. 나는 목소리가 단조롭고 무표정하며 경직된 자세를 취하는 편이다.( )
39. 나는 불안하면 호흡이 고르지 못하고 머리가 어지러운 경험을 하기도 한다.( )
40. 나는 누가 나의 의견에 반대해도 감정이 상하지 않는다.( )

각 번호별로 개수를 합하였을 때 가장 많은 문항이 자신의 의사소통 유형이 된다.

1,6,11,16,21, 26,31,36번	2,7,12,17,22, 27,32,37번	3,8,13,18,23, 28,33,38번	4,9,14,19,24, 29,34,39번	5,10,15,20,25, 30,35,40번
회유형	비난형	초이성형	산만형	일치형

3 의사소통의 과정

의사소통 과정에 있어서 중요한 역할을 하는 요소는 그림 2-1과 같다. 따라서 몇 가지 연구를 인용하여 소개한다(설기문, 1997).

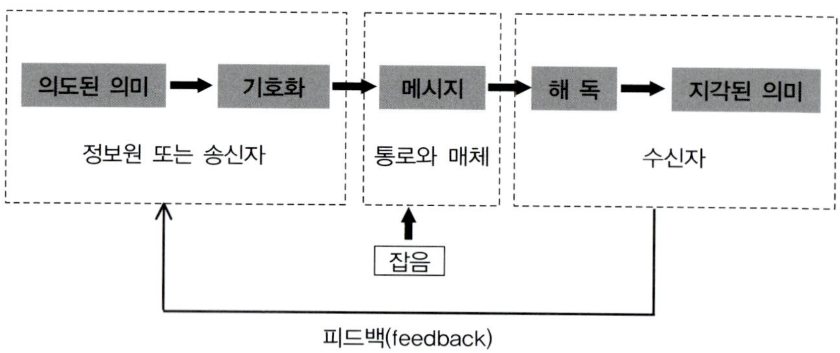

그림 2-1 의사소통의 과정

1) 정보원 및 송신사(communicator)

생각, 감정, 정보 등의 메시지를 언어적·비언어적 수단을 동원해서 상대방에게 전달하고자 시도하는 자를 말한다. 말로써 정확하게 의사소통하기는 쉽지 않다. 내용이 길고 복잡한 메시지는 서면으로 전달하는 것이 명확하며 필요하다. 따라서 의사소통에 영향을 미치는 요소 3가지를 볼 수 있다.

(1) 음성

음성을 통해서 상대방의 감정 상태와 현재의 상황을 알 수 있다. 예를 들어, 음성의 크기, 고저, 속도, 리듬, 음절 등은 전달되는 메시지에 영향을 준다. 즉, 패턴(pattern)과 음성강조의 변화는 메시지의 문자상의 의미를 바꿔놓을 수 있는 중요한 변인으로 본다.

(2) 감정상태

자신과 타인을 이해하려는 열망이 클수록 의사소통의 내용을 잘 이해하게 된다고 보는 연구자들도 있다는 연구가 이루어지고 있다. 타인의 말을 잘 이해하기 위해서는 그만큼 하고자 하는 열망을 가져야 한다. 예를 들어, 어떤 사람이 화가 났다면 전달자의 의사소통 내용을 화난 감정 상태에서 이해하게 됨을 알 수 있다. 만약 우울한 감정상태하에 있다면 모든 내용을 우울한 감정 상태에서 이해하고 반응을 하는 것으로, 즉 감정상태가 결정적인 영향을 가지고 있다는 것을 잘 보여준다.

(3) 타인에 대한 감수성

타인의 사고방식과 가치관을 바로 이해하고자 하는 열망으로 나타난다는 것이다.

2) 통로와 매체

통로는 메시지가 흘러다니는 송신로라고 설명한다. 이 통로는 수직적 통로와 수평적 통로가 있을 수 있고, 공식적 통로와 비공식적 통로가 있다. 또 매체는 메시지를 운반하는 수단이다. 메시지는 구두매체, 문서매체 등을 포함하는 언어매체나 전화, 텔레비전, 라디오 등의 전파 매체를 통해서 전달된다.

① 메시지는 기호화 과정의 결과로서 전달하고자 하는 내용이다. 이 메시지는 송신자(정보원)와 수신자에게 교신하기 원하는 아이디어라고 볼 수 있다. 왜냐하면 메시지의 형태를 통해 이를 실어 나르는 통로와 매체가 무엇이냐에 따라 크게 좌우된다.

3) 수신자

클락(Clark, 1985)은 수신자는 정보가 전달되기를 바라는 표적 대상이다. 전달자의 메시지를 받아들이는 데 영향을 미치게 될 사람이다. 의사소통은 전달자의 메시지가 수신자에게 최종적으로 전달되는 과정이다. 두 사람 간의 상호작용에서 두 사람의 각기 다른 성장환경을 가지고 있으며, 의사소통 과정이 영향을 미칠 수 있는 신념과 기대 또는 감정상태 역시 다를 수 있다. 효율적인 수신자가 되기 위해서는 적극적인 경청(active listening)이 대단히 중요하다. 왜냐하면, 적극적인 청자가 화자에게 관심과 주의를 기울이는 형태로서 단순히 듣는 것 이상을 포함하는 적극적인 과정이라고 단정되기도 한다. 의사소통 전문가의 연구에 의하면 사람들은 자기가 듣는 것에 무게를 두게 될 것이다. 이러한 경청능력은 타고 나는 것이 후천적으로 개발되는 기술을 밝힌다. 따라서 적극적인 경청을 위해서 표 2-1과 같은 요소들이 필요하다.

표 2-1 적극적인 경청을 위한 요소

- 청취는 소리를 물리적으로 받아들이는 것이다.
- 이해는 메시지의 해석과 포괄적인 이해이다.
- 기억은 청취한 것을 차지하는 능력이다.
- 반응은 반응해 보이기다.

4) 피드백

의사소통 과정의 타인과 요소들에 영향을 미치고 이들을 연결시키는 중요한 기능이다. 결국 전달자가 기능을 수행할 수 있도록 역할을 하는 것이라는 설명도 가능하다. 의사소통에서 전달자와 수신자는 서로 피드백을 교류한다. 즉, 고개 끄덕, 얼굴 찡그림, 미소 등의 비언어적인 방법과 직접적으로 말을 하는 언어적인 방법이다. 화자에게 긍정, 시인, 인정으로 인식되는 반응을 보이는 긍정적인 피드백과 부정, 무시, 무관심으로 인식되는 반응을 보이는 부정적 피드백이 있다.

정확한 의사소통을 위한 효과적인 피드백의 요소는 적시성(immediacy), 적절한 빈도(often), 정확성(preise) 등 3가지로 설명한다.

① 적시성은 피드백이 시간적으로 적절하게 이루어져야 한다는 뜻이다. 피드백을 너무 빨리 주어도 안 되고 너무 늦게 주어져도 안 된다고 주장한다.

② 적절한 빈도란 청자와 화자가 정확한 의사소통을 계속할 수 있도록 피드백은 적절한 빈도로 이루어져야 한다. 상대방으로부터 적절한 빈도의 반응을 계속 얻을 때 의사소통은 더욱 순조롭게 잘 촉진된다.

③ 정확성은 피드백이 정확하게 이루어져야 한다는 의미이다. 정확한 피드백에 의해서만 효과적인 의사소통이 이루어질 수 있고, 정확한 피드백이 아닐 때에는 부정적 결과를 초래할 수도 있을 것이다.

또한 피드백의 한 형태로 침묵(silence)을 제시하고 있다. 침묵은 상대방의 메시지에 대한 부정의 표시일 수도 있고, 또는 신중하게 고려하고 있다는 표현으로 생각된다. 효과적인 의사소통에 있어서 침묵 양식에 관하여 이해의 필요를 권장한다.

5) 잡음

잡음은 정보를 송신하거나 수신하는 과정에서 의사소통이 제대로 전달되지 않도록 방해하는 요소이다. 이러한 잡음으로 의사소통을 방해하는 것은 물리적 잡음, 개인적 잡음, 상황적 잡음 등 3가지로 구분된다.

① 물리적 잡음은 수업시간에 뒷좌석에 앉은 학생들이 선생님의 수업을 듣기 어렵거나 교실 밖에서 들려오는 시끄러운 공사장 소리, 차량통행 소리, 비행기 소리 등으로 방해를 받을 때 이러한 것을 물리적 잡음이라고 한다.

② 개인적 잡음은 각 개인이 가지고 있는 고정관념 및 편견이 의사소통하는 과정에서 다양한 잡음들이 작용하여 소통되는 메시지를 왜곡시킨다. 따라서 개인적 잡음은 선입견을 가지고 메시지를 해독하는 데 영향을 준다.

③ 상황적 잡음은 다양한 상황들 속에서 일어난다. 폐쇄적인 조직풍토, 관료적인 구조, 권위적 리더, 상사와 부하 간의 구조, 구성원들 상호 간에 불신과 억압적인 상황은 의사소통 과정에서 잡음을 일으킨다.

4 의사소통의 문제

현대인들의 의사소통에 있어서 지적되어야 할 문제는, 너무 언어에만 의존하여 의사소통을 하려고 하며 비언어적 의사소통, 특히 느낌(feeling)을 소홀히 다룬다는 데 있다(한국청소년연맹, 2001).

① 언어는 주로 지적 작용에 의하여 표현되고 받아들여진다는 사실이다. 그런데 오늘날 우리의 사회생활은 조직적이며 복잡하게 얽혀 있을 뿐만 아니라 이익관계에 얽매여 있어 당장 사소한 일에 솔직히 표현했다가는 뒤에 막대한 피해를 입는 경우가 있다. 그러므로 지적 작용인 언어표현이 항상 진실하게 나타나지도 않고 의사를 표현하는 그 자체도 피하게 되는 가능성이 있다.

② 우리 인간의 신체구조는 몇 개의 감각기관을 통하여 타인이 보내는 신호를 받아들이고 있다. 시각, 청각, 후각, 미각, 촉각이다. 그런데 언어만 사용하는 경우 극히 일부의 감각기관만 의사소통에 이용하는 셈이다. 그러나 대인관계를 위한 효과적 의사소통에서는 본인의 감각기관을 총동원해서 상대방이 보내는 의식적 신호뿐만 아니라 무의식적 신호도 모두 받아들일 수 있는 것이다. 살아 있는 인간은 계속 자기의 느낌 상태를 알리는 신호를 외부로 나타내고 있기 때문이다.

느낌을 의사소통의 기초로 중요하게 다루어야 된다는 주장은 이것이 일반적으로 지적 작용에 의하여 조작되지 않기 때문이다. 물론, 배우와 같이 특수하게 훈련받은 사람들은 일시적으로 느낌을 조작할 수도 있지만 대부분의 사람들은 느낌을 어떻게 처리하는가에 달려 있다. 대인관계에서 느낌에 대한 태도를 검토하면 그 관계의 심각도를 측정할 수 있다.

그 태도는 표 2-2와 같이 구분된다.

표 2-2 대인관계의 심각도 태도

① 타인이 과거에 가졌던 느낌을 다룬다.	② 현재의 타인의 느낌을 다룬다.
③ 과거의 나의 느낌을 다룬다.	④ 현재의 나의 느낌을 다룬다.

대인관계에서 가장 심리적 부담이 없이 나의 느낌을 처리하는 방법은 ①항이고, 가장 심리적 부담이 큰 것은 ④항이다. 그러나 쉬운 방법에 의한 관계는 피상적인 것에 지나지 않을 것이며 가장 심리적 투자가 주어진 관계는 의미 있고 진지한 관계로 유지되거나 발전된다고 하겠다. 즉, 가장 가까운 대인관계에서는 현재 이곳에서의 나의 느낌이 중요한 것이다.

5 효과적인 의사소통의 방법

엘렌슨(Ellenson)은 효과적인 의사소통은 쌍방적인 과정이며, 쌍방으로 통로를 개방하기 위해서는 양쪽의 참여자가 협동할 필요가 있다고 전제한다(주삼환 외, 1990; Ellenson, 1982). 따라서 효과적인 의사소통을 위해서는 다음과 같은 태도와 방법이 있다.

1) 감정이입을 하라

자신이 타인의 입장에서 서로 타인에게 자기 자신의 온정과 이해를 전달하는 능력을 갖는다는 것은 아주 중요하다. 우리가 감정이입을 한다고 함은 타인의 관점에서 세상을 보려고 하는 것을 의미한다. 그렇게 함으로써 타인의 슬픔을 내면화할 수 있고, 동반자 의식을 느낄 수 있으며, 타인과의 관계를 강화할 수 있게 된다.

2) 장애물을 의식하라

바람직한 의사소통을 방해할지도 모르는 고정화된 장벽을 가능한 한 제거하고 개방한 상태에서 선입견적인 판단을 갖고 의사소통의 과정에 참여하지 말고 타인의 관점에서 상황을 보도록 노력해야 한다.

3) 피드백을 주고받아라

타인의 권하고자 하는 의도나 의미를 이해했다는 확신을 갖지 못했다면 다시 확인하여 양쪽 사람 모두가 공통된 이해를 갖도록 한다.

4) 타인의 말을 경청하라

상대방이 하는 말뿐만 아니라 그 사람의 사상과 감정을 알아차린 후 자신의 지각을 피드백 해 주는 것을 말한다. 이럴 때 상대방은 자신의 말을 진정으로 듣고 있음을 알고 인간관계를 가까이 하려고 대화의 문을 열게 된다.

5) 권력과 조작에 의한 전달을 피하라

권력을 갖고 있는 사람들이 자신의 지위에 의하여 하고자 원하는 어떤 방식로든 자신의 권력을 이용하려는 경우를 억제하려는 것으로, 이러한 의사소통은 승패의 시각에서 보게 된다. 그러나 효과적인 의사소통을 위해서는 어느 누구도 권력 싸움에 전적으로 이기지는 못한다.

6) 일대일로 의사소통을 하라

1:1의 관계는 이해와 존경이 포함된다. 우리는 개인차를 인정해야 되고, 타인을 언어적·비언어적 메시지로 수용하고 이해하고 있다는 사실을 전달해야 한다.

7) 타인을 수용하려고 노력하라

타인과 타인의 견해에 대하여 존중과 배려를 하는 것, 타인의 감정을 격려해 주고 강화시키는 것, 타인과 함께 하고자 하는 개방적이고 자발적인 태도, 상호존중 등은 의사소통이 효과적으로 이루어질 수 있도록 한다. 이러한 수용적인 태도는 상대방으로 하여금 서로 진실하고 솔직하게 접근하게 하는 요인이다.

8) 자신과 타인을 신뢰하는 입장에서 의사소통을 해야 한다

자기 자신과 타인을 신뢰하기 위해서는 개방적인 자세로 토론을 하여 신뢰하고 있음을 정직하게 전달해야 한다. 여기에는 여러 가지 위험이 있을 수 있지만 상대방과 깊고 의미 있는 관계를 이룰 수 있다는 가능성도 있다. 사람들은 자기 자신과 타인을 믿을 경우라야만 성장과 문제해결을 위한 의사소통에서 모험을 하려 할 것이다.

의사소통을 통해 꿈을 이루기 위한 'Plan-Ahead(계획 먼저)' 공식

하나, 소망하기(Pray): 해야 할 일, 하고 싶은 일을 간절히 소망한다.
둘, 목록 만들기(List): 성취해야 할 일에 대한 목록을 작성한다.
셋, 정보수집(Acquire): 자신이 목표한 일에 필요한 정보와 자료들을 수집한다.
넷, 살펴보기(Notice): 비슷한 상황에서 다른 사람들의 대처법을 살펴본다.
다섯, 자문 구하기(Ask): 때로는 전문가에게 자문을 구해 본다.
여섯, 내면의 소리듣기(Heed): 자신의 내면 소리에 귀를 기울여 본다.
일곱, 역경 예측하기(Expect): 역경이나 시련을 예측해야 한다.
여덟, 행동하기(Act): 일단 결심이 섰다면 과감하게 밀고 나가야 한다.
아홉, 최선을 다하기(Do): 최선을 다하고, 나머지는 하늘의 뜻에 맡긴다.

6 효과적인 대화기술

1) 경청

경청은 효율적이고 촉진적인 의사소통을 위한 태도인 동시에 기술이라고 할 수 있다. 경청이란 상대방의 말을 잘 듣는다는 것인데, 이것은 상대방에게 관심을 집중하고서 상대방의 언어적인 말뿐만 아니라 표정이나 행동과 같은 비언어적인 메시지에도 민감하게 주의를 기울이는 것을 말한다.

의사소통을 할 때에 사람들은 많은 경우에 비언어적인 메시지를 통하여 전달한다. 효율적인 의사소통을 하기 위해서는 상대방의 얼굴표정이나 메시지가 그의 감정이나 생각을 훨씬 더 정확하게 나타내기 때문이다. 또한 상대방의 표현된 말을 경청할 때에도 표면적인 내용뿐만 아니라 그 이면에 감추어진 생각이나 느낌까지도 알아채는 것을 뜻한다.

예를 들어, "지금 몇 시야?" 같은 표현은 그 맥락에 따라 여러 가지 의미로 표현될 수 있다. 이를 테면 '상대방이 약속시간에 늦어서 기분이 나쁘다'라든지, '지금 배고픈데 밥 먹으러 갈 때가 되지 않았느냐', '강의가 재미없으니 빨리 끝났으면 좋겠다'라든지 상황에 따라 여러 가지 의미로 해석될 수 있다.

우리는 상대방이 내 말을 잘 경청하고 있음을 여러 가지 경로를 통해서 느낀다. 상대방의 표정이나 몸가짐, 고개의 끄덕거림, 적절한 반응 등을 통하여 '내 말을 잘 듣고 있구나' 혹은 '건성으로 듣고 있구나' 하는 것을 감지하게 된다. 우선 무엇보다도 중요한 것은 경청 그 자체이다. 경청하지 않으면 아무리 경청하는 듯한 표정과 반응을 보인다 한들 소용없다. 상대방의 말을 경청한 다음에는 상대방으로 하여금 '경청받는다'는 느낌을 갖도록 나의 관심을 전달하는 방법 또한 중요하다. 전달 방법으로는 적절한 고개의 끄덕임, "아하, 응, 그랬구나." 등의 단순한 음성 반응, 관심 어린 질문, 상대방의 말의 반복, 요약, 환원 등이 있다.

사람은 누군가 상대방의 말에 진심으로 귀를 기울여줄 때에 그가 경험할 수 있는 최고의 돌봄을 체험하게 된다. 따라서 경청은 말하는 사람의 자존감을 고양해 주며 자기개방과 노출을 증진시키므로 자기 탐색을 촉진시킨다.

2) 공감적 이해

공감 혹은 공감적 이해란 조력관계에서 핵심적인 것이다. 이것은 자신이 직접 경험하지 않고는 다른 사람의 감정을 그와 거의 같은 내용과 수준으로 이해하는 것이다. 우리가 쓰는 말에는 사건이나 생각, 감정 또는 정서의 3가지 내용이 들어 있는데 '공감적'이라는 것은 사실이나 사건뿐만이 아니라 말하는 사람의 감정이나 생각, 태도, 신념까지도 이해한다는 것이다. 이를 가리켜 로저스(Rogers)는 상담자가 내담자의 내적 준거체계를 이해하는 것이라고 한다. 상대방을 공감적으로 이해하기 위해서는 상대방의 입장에서 느끼려고 노력해야 하며, 이때 듣는 사람은 말하는 사람 자신이 아니기에 상대방의 생각이나 감정 등을 아는 것만으로는 충분치 않고 자신이 이해한 바를 상대방에게 전달하는 것이 보다 중요하다. 따라서 상담자의 공감적 이해능력에는 2가지 기초적인 요소를 포함하는데, 첫째, 상담자와 내담자의 말속에 깔려 있는 핵심적인 감정을 포착하는 것으로 이것은 감수성의 차원이다. 둘째, 상담자가 이해한 바를 내담자에게 전달하는 의사소통의 차원이다.

내담자를 공감적으로 이해하고 있음이 전달되면 내담자는 자신이 이해받고 있다고 느끼며, 상담자를 보다 신뢰하여 자신을 깊이 드러내 보이게 된다. 공감적 이해의 수준은 가장 낮은 단계인 자기 입장에서의 이해로부터 상대방에 대한 피상적 이해, 보다 깊은 수준인 상대방에 대한 심층적인 이해의 수준에 이르기까지 여러 단계가 있다. 여기서 우리는 상담자가 반응하는 공감적 이해 수준이 조력관계의 질을 좌우하는 주된 요소임을 알 수 있다.

공감적 이해와 관련하여 또 한 가지 유의해야 할 점은 우리가 상대방을 공감하는 것이 반드시 그의 생각에 동의하여야 한다는 것이 아니라는 사실이다. 우리는 상대방과 다른 생각이나 의견을 가지고 있더라도 상대방의 생각이나 느낌을 공감할 수 있다. 이렇게 될 때에 우리는 의사소통에서 상대방에게 나의 생각이나 의견을 고집하지 않고서도 또 상대방의 의견에 동조하지 않고서도 상대방에 대한 공감적 이해를 할 수 있다. 즉, 공감과 동의는 다른 차원임을 확실히 이해시켜야 한다.

3) 자기감정을 명확하게 표현하기

우리는 흔히 일상적인 대화에서는 감정이나 느낌을 교환하기보다는 사실이나 사건, 조금 더 나아가 생각까지도 나눈다. 그렇지만 우리가 상대방의 말이나 행동에 대해 느끼는 감정이나 정서를 적절하게 표현하고 나눌 수 있을 때 우리의 대화는 촉진되며, 더욱 깊은 마음의 대화를 할 수 있는 단계에 이르게 된다. 따라서 효과적인 조력관계를 유지하기 위해서는 느낌이나 정서를 나누는 정의적인 수준에서의 의사소통이 이루어져야 한다. 정의적인 수준에서 의사소통을 촉진시키는 기술로는 I-Message(나 - 전달법) 기법이 있다. 나-전달법이란 나를 주어로 사용해서 나의 느낌이나 감정을 진솔하게 표현하는 방법을 말한다.

이것은 상대방을 비난하지 않고 문제가 되는 상대방의 행동과 그 행동의 결과를 구체적이고 객관적으로 기술함으로써, 그 행동이 나에게 미친 영향이나 감정을 솔직하게 말하는 방법이다. 또한 나-전달법은 부정적인 가정뿐만 아니라 상대방에 대한 긍정적인 가정을 전달하는 데도 효과적이다. 나-전달법을 사용하면 진솔하고 심층적인 의사소통이 이루어지고 새로운 통찰이 일어나게 된다.

인간관계는 삶의 본질이며, 의사소통은 관계를 맺는 본질적 수단이라는 것을 알았다. 우리는 서로를 이해하고 세상에 관해 아는 것들을 서로 나누며, 공감적인 유대관계를 가지고 살아가기 위해서는 바람직한 의사소통법을 알아야 한다. 우리는 인간이 의사소통 수단을 통해 다른 사람과 관계를 맺는다는 것과, 의사소통에 대한 지식을 바탕으로 일상생활에 적용하려는 훈련과 노력이 뒷받침될 때 바람직한 결과를 얻을 수 있다. 따라서 우리는 상대가 누구든 내가 더 우월하다거나 못났다는 생각보다 상대방과 나는 대등한 인격체임을 알고 자신과 상대방을 존중할 줄 알아야 한다.

Thema 3

성격발달의 이해

학습목표

* 성격의 의미에 대하여 이해한다.
* Freud, Erikson, Jung, Adler, Rogers 등에 대한 성격 이론에 대하여 이해한다.
* 건강한 성격 형성에 대하여 이해한다.

1 성격의 의미

성격(personality)의 어원은 라틴어 페르소나(persona)에서 유래되었다. 페르소나는 per(~을 통하여)라는 뜻과 sonare(말하다, 나타내다)라는 뜻의 합성어로 가면이라는 의미이다. 또한 사전을 살펴보면 '각 개인이 가지고 있는 독특한 성질' 혹은 '각 개인을 특정 지을 수 있는 지속적이며 안정적인 일관된 행동 양식'이라고 정의한다.

성격은 특징적 행동과 감추어진 행동을 결정하며 한 개인을 다른 개인으로부터 구별짓는 개인의 독특한 심리적 특징으로 보고 있다. 즉, 성격에 대해 정의내릴 때는 독특성, 안정성 및 내용의 3가지 특징이 있다(추정선, 2003).

① 성격 이론가들은 사고와 감정 그리고 행동 패턴의 개인차를 주장하면서 개인의 고유하고 독특한 성질을 강조한다.
② 성격 이론가들이 공통적으로 주장하는 것은 성격 특성이 어떠한 상황에서도 높은 안정성을 유지해야 한다는 것이다. 완벽한 일관성을 요구하는 것은 아니지만 개인이 독특하다면 상황에 관계없이 같은 방식으로 행동해야 할 것이다.
③ 성격의 여러 측면, 즉 내용에 의해서 각 개인의 행동양식의 독특성과 안정성을 설명하고 있다. 따라서 성격이란 개인이 환경에 따라

반응하는 특징적인 양식으로써 타인과 구별되게 하는 독특하고 일관성 있는 사고, 감정 및 행동방식의 총체라고 본다.

현대에 이르러서는 성격의 구성이나 발달에 관한 관점이 학자에 따라 다르게 정의된다(임승권, 1991; 조수환, 2001).

올포트(Allport)는 성격은 환경에 대한 개인의 독특한 적응양식을 결정하는 정신물리적 제 조직의 역동적 체제이며, 프롬(Fromm)은 한 개인의 특징이 되며, 독자성을 꾸며주는 선천적 및 획득적인 정신적 특질의 총체이다. 또한 설리반(Sullivan)은 성격이란 인간 상호 간의 상황에서 나타난 그의 행동을 특징지어 주는 비교적 지속적인 유형이며, 힐가드(Hilgard)는 환경에 독자적으로 적응하도록 하게 하는 개인의 특성이나 행동 양식의 전체적 통합체로 정의하고 있다.

각 학자마다 견해 차이는 있지만, 성격의 의미에 대한 5가지 공통점은 다음과 같다.

① 사람마다 각각 생리적·환경적 요소가 다르기 때문에 성격에 있어서도 차이가 있다.
② 성격은 일관성과 지속성이 있어 성격적 특성에 따라 고유하고 일관된 반응양식을 나타낸다.
③ 성격적 특징은 대인관계에서 나타나는 개인의 인상이다.
④ 성격은 환경에 적응하는 반응양식을 결정해 주는 생리적·정신적 측면이 있다.
⑤ 성격은 성장함에 따라서 형성되며, 환경이나 학습 등의 조건에 따라 변화될 수 있다.

2 프로이트의 성격발달

정신분석적 접근방법은 프로이트(Freud, 1856~1939)의 인간 정신세계의 구조와 작용에 관한 이론에 인간 심층심리의 이해에 초점을 두며, 심리학보다는 정신의학 분야에 뿌리를 두고 있다. 그는 인간의 정신구조를 바다 가운데 떠 있는 빙산과 같다고 보았다. 따라서 인간의 정신을 크게 나누어 수면 위에 뜬 부분에 해당하는 10%의 의식의 세계와 물속에 잠긴 부분에 해당하는 90%의 무의식의 세계로 되어 있다. 이렇게 볼 때 인간의 대부분의 행동은 무의식 세계의 지배를 받는다고 할 수 있다. 따라서 인간의 마음(빙산)은 그림 3-1과 같다.

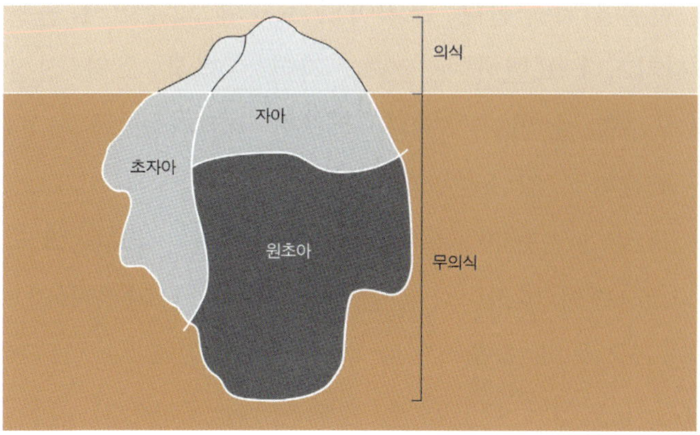

그림 3-1 인간의 마음(빙산)

삶의 본능은 우리에게 정신적·성적 에너지로 간주되는 리비도(libido)에 의한 역동 이론의 전개를 들 수 있다. 여기서 무의식의 힘, 특히 성적인 본능의 힘이 가중되는데, 무의식적인 과정은 평소 사람들이 잘 인식하지 못하는 정신의 심층에 속해 있다는 사실에 주목해야 한다. 의식(conscious)은 '현실주의'를 따르며, 무의식(unconscious)은 '쾌락주의'의 지배를 받는다.

정신분석적 접근방법은 정신의 구조에 영향을 주는 세 가지 개념인 원초아(id), 자아(ego), 초자아(superego)이다.

① 원초아(id: 원초적인 본능의 지배하에 있는 나)는 인간의 생물학적인 토대에 기초하고 있으며 모든 욕구의 에너지 근원으로 작용한다. 결과를 고려하지 않고 즉각적으로 에너지를 방출시켜 긴장을 감소시키고 욕구를 만족시키려는 경향이 있다(쾌락원리, pleasure principle). 때로는 현실과 무관하게 만족을 추구하기 때문에 실제 행동이 아니라 환상이나 상상을 통해서 욕구만족을 추구하기도 한다(일차과정, primary process). 예를 들면, 음식이나 물에 대한 욕구, 성적 욕구, 공격적 욕구이다.

② 자아(ego: 현실적인 나)는 원초아의 쾌락 추구, 초자아의 완벽 추구와는 달리 현실을 추구한다. 초자아의 요구에 맞추어서 원초아의 욕구를 만족시키거나 표현하며(현실원리), 자아는 환상·소원·상상으로부터 현실을 구분할 줄 안다. 자아는 복잡한 인지기능, 즉 사고나 판단의 능력을 보유하고 있다(이차과정, secondary process).

③ 초자아(superego: 도덕적인 나)는 우리가 추구하는 사회의 도덕이나 윤리규범이다. 사회적 법칙이나 관습에 따라 사람들이 행동하도록 하며, 현실적인 조건들과 효율적으로 타협하고 조절하는 것보다는 절대 기준을 가진 도덕성에 더 비중을 둔다. 또한 초자아가 강한 사람은 흑백논리식 판단이나 완벽함을 추구한다. 원초아, 자아, 초자아의 상호관계는 표 3-1과 같다.

표 3-1 원초아, 자아, 초자아의 상호관계

단 계	내 용
원초아	건널목은 너무 멀어. 그냥 무단횡단을 하면 더 빨리 갈 수 있을 거야! 그래 그렇게 하는 것이 좋겠어!
자 아	얘들아 싸우지 마! 교통질서는 사람의 안전을 위해 존재하는 것 아니겠어? 내가 생각할 때는 교통질서를 지키는 것도 중요하지만 지금 여기는 차도 없어서 안전하고 지금은 시간도 별로 없으니까 그냥 건너가는 것이 좋겠어. 다들 나를 따라와!
초자아	절대로 안 돼!!! 문화시민으로서 교통질서를 잘 지켜야지! 좀 시간이 걸리고 힘들더라도 건널목으로 건너야 해!

심리적 성적 발달단계 이론은 리비도가 연령에 따라 신체의 일정한 부위에 집중되는 시기를 다섯 단계(구강기, 항문기, 남근기, 잠복기, 성기기)로 설명하고 있다.

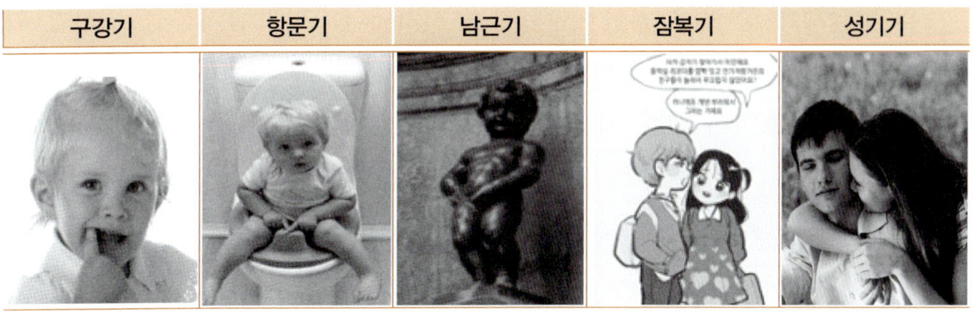

그림 3-2 심리성적 발달단계

출처: https://softthinker.tistory.com/4

표 3-2 프로이트의 발달단계

발달 단계	주된 발달 특징	성격 특징
구강기(0~1.6세) Oral stage	깨물기, 빨기, 삼키는 행위를 통해 성욕을 충족	수동적, 의타심, 논쟁적, 냉소적, 험담
항문기(1.6~3세) Anal stage	배설물의 보유와 배설을 통해 성적 충족, 사회적 통제 습득	고집 셈, 인색함, 복종적, 결벽증, 지저분함, 잔인함, 파괴적, 난폭함, 적개심
남근기(3~4세) Phallic stage	성기에 관심, 이성부모를 사랑, 동성부모의 동일시, 초자아 발생	남성: 경솔, 야심, 과장적 여성: 난잡, 경박, 유혹적
잠복기(5~12세) Latent stage	성욕이 잠재, 지적 관심, 동성 친구와의 우정 중시	리비도가 잠재되어 성격 유형이 발생하지 않음
성기기(13세부터) Genital stage	이성에 관심, 2차 성징, 성행위 추구	의존적, 반사회적

1) 구강기(oral stage)

출생 때부터 1.5세까지를 말한다. 이때의 주된 성감대는 구강이며, 성격의 발달체계 중 원초아(id)가 발달하는 시기이다. 이때 즐거움을 느끼기 위해 빨기, 깨물기, 삼키기 등 입술을 움직인다. 특히 유아는 구강을 통하여 엄마 젖을 포함한 모든 사물을 빠는 데에서 성적 욕구를 충족하며, 자신에게 만족과 쾌감을 주는 인물이나 대상에 대하여 애착관계를 형성한다.

구강기는 초기(oral passive)와 후기(oral active)로 나뉜다. 초기는 생후 6개월까지이며 이는 주로 빠는 데 쾌감을 느끼고, 후기는 이가 나기 시작한 후이며 깨무는 데서 쾌감을 느낀다. 모유에 의한 수유가 유아의 신체적 및 심리적 발달에 긍정적인 영향을 주는데, 유아로 하여금 어머니의 따뜻한 피부와의 접촉을 통하여 안정감과 포근함을 느끼게 하는 데 도움을 준다. 만일 구강기에 강압적인 인공수유를 한다든가, 혹은 수유시간을 너무 엄격히 통제함으로써 젖을 먹는 데 있어서 욕구불만을 느끼게 되면, 먹기를 거부하는 구강기적 분노를 보이는 성격적 특성을 보이며, 유아는 이에 고착되어 훗날에도 이러한 성격이 지속된다. 또한 젖을 너무 오래 먹거나 손가락 빨기에 탐닉하게 되는 경우에도 고착현상이 일어난다.

2) 항문기(anal stage)

1.5세에서 3세까지이며, 이 시기에는 원초아와 자아가 발달한다. 배설물을 보유하거나 배출하는 데에서 만족이나 쾌감을 얻기 때문에 이때 대소변 가리기 훈련이 이루어지는데, 이로써 유아는 처음으로 그의 본능적 충동을 외부로부터 통제받는 경험을 하게 된다. 이 시기에 배설에 탐닉하게 되면 난폭한 성격을 띠게 되고 배설이 지나치게 억압당하면 인색하거나 결벽증 성격을 가진다. 따라서 자율적인 배변훈련이 필요하다.

배변훈련(toilet training)에 의해 배변 보유의 경험을 갖는데, 너무 엄하면 유아는 이에 대한 보복 표출의 방법인 고의로 더럽게 배변을 하는 행동을 한다. 이런 아이가 성인이 되면 권위에 대한 불만이나 보복의 수단으로써 불결, 무책임, 무질서, 낭비의 행위를 하게 된다. 또한 엄격한 배변훈련은 지나친 결벽성이나 인색한 성격이 형성되기도 한다. 항문기 때 대소변 가리기 훈련은 매우 중요한 의미를 가지고 있다. 부모가 대소변 가리기 훈련을 적절하게 해 주면 유아는 스스로 자신의 의지와 노력을 통하여 무엇인가를 잘 할 수 있다는 생각을 갖게 되어, 생산성과 창의성을 발달시킬 수 있다. 이와 같이 유아기의 대소변 가리기 훈련의 실제는 인간의 생산성과 창의성 발달에 유의한 영향을 미친다.

3) 남근기(phallic stage)

3세에서 4세경이며, 이 시기에는 성기에 관심을 갖고 성기를 만짐으로써 쾌감을 얻는다. 남자 아이는 구강기 때부터 어머니를 애정의 대상으로 생각하고, 남근기에 이르러 이 애정은 더욱 근친상간 적으로 되어 지금까지 동일시하여 오던 아버지가 어머니를 독점하려는 방해물이나 연적으로 변하게 되어 아버지에 대한 적의를 품게 되는 오이디푸스 콤플렉스(근친상간, oedipus complex)를 경험하게 된다. 어머니에 대한 이러한 욕망과 아버지에 대한 적개심은 아버지와의 삼각관계로 형성되며, 이때 아이는 자신의 경쟁자인 아버지가 자기를 해칠 것이라고 생각한다. 이러한 상상은 자신의 성기가 제거당할 것이라는 거세불안(castration anxiety)을 일으킨다.

유아는 어머니가 인정하는 아버지의 남성다움을 갖기 위한 기제로서 아버지에 대한 모방을 통하여 오이디푸스 콤플렉스를 극복한다. 여자 아이에게도 남자 아이와 마찬가지로 아버지에 대한 성적 애착이 일어나는데 그것을 엘렉트라 콤플렉스(electra complex)라고 한다. 그러나 남자 아이에게서와 같이 콤플렉스가 강하지는 않으며, 여자 아이는 남근선망(penis envy)을 갖는다.

이와 같이 오이디푸스 콤플렉스나 엘렉트라 콤플렉스가 동성의 부모를 동일시함으로써 잘 해결되지 않으면 계속적인 갈등이 무의식 속에 남게 되어, 앞으로의 성격에 결함을 주게 된다. 따라서 성 정체감이 제대로 형성되지 못하면, 나중에 동성연애자가 되는 경우가 있다.

4) 잠복기(latent stage)

5세경에서 12세까지이며, 신체적 영역에서 성에 대한 흥미가 적어지고 사회성의 발달이 현저하게 나타나는 시기이다.

프로이트에 의하면 이 시기의 아이는 앞에 있었던 3단계의 욕구를 거의 잊게 되며, 위험한 충동이나 환상이 잠재되어 버리기 때문에 비교적 조용한 시기가 되며, 원초아, 자아, 초자아에 의해서 지배가 된다. 이 시기의 어린이들은 스포츠, 놀이, 게임, 지적활동을 통하여 여러 가지 사회적으로 받아들일 만한 일에 에너지를 쏟을 수 있을 정도로 자유롭다.

5) 성기기(생식기: genital stage)

13세 이후부터 사춘기에 해당하며, 이 시기에는 성적 에너지가 다시 분출된다. 이성에 대한 관심을 가지고 성숙한 사랑을 하게 되며, 자신의 신체에서 성적 쾌감을 추구하는 자기 애정 경험을 보인다. 이 시기에는 이성과 성적접촉을 통해 성적 쾌감을 얻으려고 한다.

초기에는 에너지가 동성 친구에게 향하지만 시간이 지날수록 이성 관계, 구애, 결혼, 직업 등으로 관심이 옮겨간다. 따라서 프로이트의 발달단계는 표 3-2와 같다.

3 에릭슨의 성격발달

프로이트(Freud)의 관점을 이어 받은 에릭슨(Erikson, 1902~1994)의 발달 이론을 단계별로 살펴본다. 특히, 에릭슨은 프로이트가 강조한 초기 결정론적인 입장과 무의식에 내재된 성적 욕구에 의견을 달리했다. 프로이트는 인간의 성적 욕구인 리비도가 신체의 특정 부위에 집중적으로 투여되는 시기에 따라 인성발달이 구강기, 항문기, 남근기, 잠복기, 성기기의 5단계로 나누었으며, 사춘기 이전에 아동의 성격이 결정된다고 보았다. 한편, 에릭슨은 인간의 출생과 거의 동시에 사회적 존재가 되며, 만나는 사람들과 겪어야 하는 일들에 따라서 그 사람의 됨됨이가 변해간다고 보았다. 특히, 에릭슨은 유아기에서부터 성년기, 중년기, 노년기에 이르기까지 8단계로 세분화시켰다(Erickson, 1963).

1) 제1단계: 기본적 신뢰감 대 불신감(Trust vs Mistrust)

발달시기로서 출생부터 약 1세에 해당한다. 욕구가 일관되게 충족되면 신뢰감을, 그렇지 못하면 불신감을 발달시킨다. 신뢰감만을 강조하고 불신감의 효용을 무시한 것이 아니라는 점이다. 그는 인간의 참된 성장을 위해서는 어느 정도 불신감의 경험도 필요하다고 주장한다. 그러나 긍정적인 성격 발달을 위해서는 불신감보다는 기본적으로 신뢰감을 많이 경험해야 한다는 것이 그의 핵심적인 주장이다.

2) 제2단계: 자율성 대 수치심 및 회의감(Autonomy vs Shame and Doubt)

발달시기로서 1세 이후부터 3세까지에 해당한다. 스스로 하는 것이 허용되면 자율성을, 그렇지 못하면 수치심을 발달시킨다. 그러나 사회적 기대에 적합한 행동을 원활하게 수행하지 못하면 수치심과 회의감을 갖게 되는 것이다. 수치심이란 자신이 타인들의 눈에 좋게 보이지 않는다고 생각할 때 갖는 느낌이다. 회의감은 자신이 강한 존재가 아니며 결국은 타인들에 의해서 자기가 통제받는다는 것을 느끼게 되면서 나타나게 된다.

3) 제3단계: 주도성 대 죄책감(Initiative vs Guilt)

발달시기로서 3세 이후부터 6세까지에 해당한다. 성취기회가 허용되면 주도성을, 그렇지 못하면 죄책감을 발달시킨다. 목적물에 대한 적극적, 공격적인 시도는 자기의 능력을 벗어나 실패함이 예사이나 그때마다 그는 죄책감이나 외부 주시에 대한 불안감을 갖게 된다. 이런 경우 과잉 보상 행위나 히스테리로 이상성격이 형성될 우려도 있게 된다. 프로이트의 남근기의 단계와 상통한다.

4) 제4단계: 근면성 대 열등감(Industry vs Inferiority)

발달시기로서 6세 이후부터 11세까지에 해당한다. 성취감을 느끼면 근면성을, 그렇지 못하면 열등감을 발달시킨다. 처음 학교생활을 시작하는 시기로서 학교에서의 성취를 통해 성공감을 맛보아 근면성을 갖는 것은 이후의 학교생활의 적응에 기초가 되기에 학교교육의 결정기라고 한다. 근면성이 결핍되는 경우는 여러 가지 실패와 실수를 경험하게 되며, 이로 인하여 열등감이나 부적절감이 형성되는 것으로 보았다.

5) 제5단계: 자아정체감 대 정체감 혼미(Identity vs Identity Confusion)

혼란 발달시기로서 청소년기(12~19세)에 해당한다. 자신에 대하여 일관성 있게 지각하면 자아정체감을, 그렇지 못하면 정체감 혼란을 발달시킨다.

에릭슨은 이 시기를 기본 신뢰감이 형성되는 시기인 제1단계에 못지않을 만큼 중요한 시기라고 주장했다. 그 이유는 이 시기에 긍정적인 자아동일감을 확립하면 이후의 단계에서 부딪히는 심리적 위기를 무난히 넘길 수 있게 되지만, 그렇지 못하면 다음 단계에서도 방황이 계속되고 때로는 부정적인 동일감을 형성하게 되기 때문이다.

6) 제6단계는: 친밀감 대 고립감(Intimacy vs Isolation)

발달시기로서 성인초기(20~34세)에 해당한다. 친밀감 대 고립감은 타인에 대하여 관심을 가지면 친밀감을, 그렇지 못하면 고립감을 발달시킨다. 즉, 사회적으로 성숙한 사람들은 다른 사람과 효율적으로 의사소통을 할 수 있는 능력을 가지고 있으며, 다른 사람의 욕구에 민감함과 인간에 대한 포용력이 있다.

친밀감 대 고립감의 긍정적인 결과는 성적 친밀감이나 진정한 우정, 안정된 사랑, 결혼의 지속을 포함하는 것이며, 부정적인 결과는 고립과 고독인데, 만일 친밀감이 확고한 정체감에 기초한 것이 아니라면 이혼이나 별거를 초래할 수 있다(정옥분, 2006). 청소년기에서 성인기로 접어들 즈음, 대인관계와 이성교제가 원만한 경우는 친밀감과 그렇지 못한 경우의 소외감이 바로 이 단계의 특성이다. 에릭슨은 많은 서술을 하지 않고 있지만 이 단계의 대인관계란 성교 등의 남녀 간의 묘한 심리교류가 주로 주류를 이루게 된다.

7) 제7단계: 생산성 대 침체감(Generativity vs Stagnation)

발달시기로 장년기(34~60세)에 해당한다. 생산성을 발휘하였으면 생산성을, 그렇지 못하면 침체감을 발달시킨다. 먼저, 생산성이란 성숙한 성인이 다음 세대를 구축하고 이끄는 데 관심을 기울이는 것을 말한다. 침체성은 다음 세대를 위해서 자신이 한 일이 아무 것도 없다는 것을 깨닫는 것이다. 인생을 지루하고 따분하다고 생각하는 사람, 불평불만을 일삼는 사람, 매사에 비판적인 사람들이 침체성의 전형이다.

일단 배우자를 선택하여 두 사람 간의 친밀성이 확립되고 나면, 그들의 관심은 두 사람만의 관계를 넘어서 그밖의 사람들에게로 확대되기 시작한다. 가정적으로는 자녀를 낳아 키우고 교육하게 되며, 사회적으로는 다음 세대를 양성하는 데 관심과 노력을 기울이게 된다. 또 직업적인 성취나 학문적 성취, 예술적 업적을 통해서도 생산성을 발휘한다. 그러나 지나친 침체는 결국 방종으로 흐르거나 심지어 신체적으로 또는 심리적으로 나약해진다.

8) 제8단계: 통합감 대 절망감(Integrity vs Despair)

발달시기로서 노년기(60세 이후)에 해당한다. 지난 삶이 보람이 있었으면 통합감을, 그렇지 못하면 절망감을 발달시킨다. 노년기에 들어서면 자신이 지금까지 살아온 삶을 의미 있고 만족스러운 것으로 인식하는가 하면(통합감), 어떤 노인들은 원망과 씁쓸함, 불만족스런 마음으로 자신의 삶을 보게 된다.

통합감을 이룬 사람은 노년을 동요 없이 평온하게 보낼 수 있으며, 다가오는 죽음에 대해서도 의연하게 대처할 수 있다. 반면에 통합감을 이루지 못하게 되면 인생을 낭비했다는 느낌을 받는다.

이제 모든 것이 다 끝났다는 절망감을 경험하며, 죽음의 공포에서 벗어나지 못한 채 불안한 죽음을 맞이하게 된다. 이러한 절망 속에서도 자신은 그때 그럴 수밖에 없었다고 생각하면서 자기 나름대로 인생의 의미를 찾고 보람을 느끼게 되면, 인생에 대한 참다운 지혜를 획득하게 한다.

에릭슨(Erikson)에 의한 지혜는 어떻게 살아야 하는지를 안다는 것뿐만 아니라, 열심히 살아온 인생에 대한 피할 수 없는 종말로 죽음을 받아들인다는 것을 의미한다. 지혜는 자기 자신, 자신의 부모, 자신의 인생의 불완전함을 인정하는 것을 의미한다. 따라서 에릭슨의 인성발달 이론은 표 3-3과 같다.

표 3-3 에릭슨의 8단계

발달단계(영향요인)	연 령	특 징
신뢰감 대 불신감 (어머니 영향)	0~1	경험의 일관성, 계속성, 동일성이 신뢰감을 형성한다.
자율성 대 수치심 (부모, 모방)	1~3	자기 나름대로 기능을 발휘할 수 있도록 하면 자율성이 길러진다. 또는 과보호나 도움의 결핍은 자기 능력에 대한 회의감이나 수치감으로 이어진다.
주도성 대 죄책감 (부모, 동일시)	3~6	활동에 적극 참여하고 탐구할 수 있는 기회 제공, 질문에 충실히 답해 주면 주도성이 길러진다.
근면성(성취감) 대 열등감 (이웃, 학교, 교사)	6~11	아동의 활동을 격려하고 노력을 칭찬하면 근면성이 나타난다.
자아정체감 대 정체감 혼미 (친구, 연인, 또래)	12~19	서로 다른 상황에서 역할을 통합하여 자기 자신의 동일성을 인정받음으로써 정체감을 가지게 된다.
친밀감 대 고립감 (배우자, 동료, 사회)	20~34	타인과의 관계에서 친밀성을 형성해 나간다.
생산성 대 침체감 (자녀, 친구, 지역사회, 배우자)	34~60세	배우자와의 관계를 친밀성을 넘어서서 그 밖의 관계에 관심을 두게 된다.
통합감 대 절망감 (가족, 친구, 친척, 종교, 지역사회)	60세 이후	인생을 되돌아보며 더 차원이 높은 인생철학으로 통합을 이루어 나간다.

4 융의 분석심리 이론

스위스의 정신분석자 융(Jung, 1875~1961)은 분석심리학(Analytical Psychology)의 이론을 발전시킨 20세기의 위대한 심리학자이다. 사실 융은 1911년 프로이트의 후원을 받아 국제정신분석학회장이 되었다. 하지만, 정신분석, 무의식, 리비도에 대한 융의 해석과 프로이트의 입장은 달랐다. 이후 프로이트와 불화가 생겨 몇 년 뒤에 결별한 후, 융의 이론과 실제는 분석심리학으로 알려지게 되었다. 프로이트는 리비도를 성적 에너지라고 주장했고, 융은 일반적인 생활에너지로 간주했다. 또한 프로이트는 어린 시절의 영향에 대해서 결정론적 목적론의 견해를 가지고 있었으며, 융은 생활 속에서 후천적으로 변할 수 있고 미래의 목표와 열망에 의해 형성된다고 하였다.

융은 성격 혹은 정신은 분화되어 있으나 이들은 상호작용하는 다수로 보았다. 그것은 의식(conscious)과 개인 무의식(personal unconscious) 및 집단 무의식(collective unconscious)으로 구성된다고 보았다. 그의 분석심리학은 집단 무의식과 그것의 내용인 원형(archetypes)을 성격의 중요로 보고 있다. 집단 무의식은 개인의 삶 속에서 한 번도 의식적이었던 일이 없었던 것으로서 인류 이전의 선행인류, 동물의 조상도 포함해서 조상 대대로의 과거에서 물려받고 있는 원시적 이미지이다. 예를 들면, 어둠, 뱀, 불에 대한 공포 등이다.

집단 무의식의 내용인 원형에는 페르소나(persona), 아니마(anima), 아니무스(animus), 그림자(shadow), 자기(self)로 구성된다.

1) 의식(conscious)

의식의 주인인 자아가 갖는 정신적 에너지의 방향이다. 능동적인 태도를 외향성(extraversion)이라고 하며, 외향성은 의식을 외적 세계 및 타인에게 향하게 하는 성격태도이다. 내향성(introversion)은 의식을 자신의 내적 주관적 세계로 향하게 하는 성격태도이다.

융이 외향성과 내향성 두 가지 성격태도를 모두 가지고 있으며 둘 중 어느 태도가 지배적이냐에 따라 달라진다고 본다. 후에 사고, 감정, 감각, 직관이 태도와 기능을 조합하여 16가지 심리적 유형으로 결정되었다. 현재 많이 사용하는 성인과 아동을 위한 성격 유형 검사인 MBTI(Myers-Briggs Type Indicator)와 MMTIC(Murphy-Meisgeier Type Indicator for Children)로 만들어졌다.

2) 개인무의식(personal unconscious)

프로이트의 전의식과 유사한 개념이지만 무의식까지 포함한 개념이라고 할 수 있다. 즉, 개인 무의식은 의식되었지만 그 내용이 중요하지 않거나 고통스러운 것이기 때문에 망각되었거나 억제된 자료의 저장소이다.

3) 집단 무의식(collective unconscious)

개인적 경험이 아니라 사람들이 역사와 문화를 통해 공유해 온 모든 정신적 자료의 저장소이다. 따라서 집단 무의식은 인류역사를 통해 선조로부터 물려받은 우리의 행동에 영향을 주는 정신적 요인인 수없이 많은 원형으로 구성되어 있다.

4) 페르소나(persona)

페르소나는 가면을 뜻하는 희랍어로 개인이 사회적 요구들에 대한 반응으로서 밖으로 내놓은 공적 얼굴이다. 즉, 페르소나를 통해 다른 사람과 관계를 맺으면서 좋은 인상을 주거나 자신을 은폐시킨다.

겉으로 표현된 페르소나와 내면의 자기가 상당히 불일치하게 되면 표리부동한 이중적인 성격으로 사회적응에 어려움이 있다.

5) 아니마(anima), 아니무스(animus)

남성 내부에 있는 여성성을 아니마라고 하고, 여성 내부에 있는 남성성을 아니무스라고 한다(Jung, 1945). 즉, 남성성의 속성은 이성이고, 여성성의 속성은 사랑이다. 따라서 성숙된 인간이 되기 위해서 남자는 내부에 잠재해 있는 여성성인 사랑을 이해하고 개발해야 하며, 여자는 내부에 있는 남성성인 이성을 이해하고 개발하는 것이 필요하다. 이러한 양면성으로 상대방의 성을 이해할 수 있다.

6) 그림자(shadow)

그림자는 인간의 어둡고 사악한 측면을 나타내는 원형이다. 즉, 그림자는 인간의 양면성, 밝고 긍정적인 면과 어둡고 부정적인 면을 반영한 원형이다.

7) 자기(self)

자기는 모든 의식과 무의식의 주인이다. 즉, 자기는 정신의 중심인 의식과 무의식의 양극성 사이의 평행점이다. 자기는 다른 정신 체계가 충분히 발달할 때까지 나타나지 않는다. 개인의 자기실현은 자신에 대한 정확한 지각과 미래의 계획 및 목표를 수반한다.

5 아들러의 개인심리학

아들러(Adler, 1870~1937)는 프로이트 정신분석 이론의 핵심 개념인 성충동(sex drive)을 남성성 추구(masculine protest)로 대체하고 프로이트의 생물학적, 외적, 객관적인 원인 설명을 심리적, 내적, 주관적 원인 설명으로 대체시켰다(Ansbacher & Ansbacher, 1956). 또한 인간은 사회적이며, 목적론적인 존재로 보고 이해하려고 시도하였다. 이런 점에서 사회적 관심을 강조하였으며, 인간의 모든 행동은 목적이 있다고 하였다.

아들러는 자신의 개념 중 가장 중요한 우월성 추구와 열등감이라는 개념을 정신건강에 도입하기 시작했다. 이 열등감을 극복하려는 시도는 성격을 결정하는 중요한 요인으로 초기에 약한 기관을 가진 사람은 그 기관을 강화시키기 위해 특별한 노력을 하거나 다른 기관을 발달시킨다. 특히 아동기 때 말을 더듬던 사람이 성인이 되어서 웅변가가 되려고 시도하는 것이 그 예이다. 후에 이러한 열등감으로부터 심리적 열등감을 감소시키기 위해 보상을 추구하는 것으로 관심을 옮긴다.

아들러의 성격발달은 부모와 아동 간에 주고받는 사랑과 가족 및 형제 관계, 출생순위 등에 영향을 받으며, 부모로부터 지나치게 사랑을 받은 아동은 좌절을 극복할 수 있는 능력을 습득하지 못한다고 보았다. 그래서 요구하거나 바라기만 하는 성격이 되고 책임감이나 협동심이 부족하며 자기중심적이고 미숙한 성격을 갖게 된다고 생각하였다(김정희 외, 1998).

1) 생활양식(life style)

생활양식은 생을 영위하는 근거가 되는 기본적 전제와 가정을 의미한다. 사람들은 자신에게 의미를 주는 삶의 목표를 추구하기 위해 각기 독특한 생활양식을 발달시킨다. 아들러는 생활양식이 대부분 4세부터 5세 때 형성되며, 이 시기 이후에 개인의 생활양식은 거의 변하지 않는다고 본다. 이러한 생활양식은 사회적 관심(social interest)과 활동 수준(degree of activity)으로 구분된다. 아들러는 사회적 관심과 활동 수준에 따른 생활양식을 4가지로 구분했다(노안영 외, 2003).

(1) 지배형(the ruling type)

부모가 지배하고 통제하는 독재형으로 자녀를 양육할 때 나타나는 생활양식이다(가부장적인 가정).

(2) 기생형(the getting type)

부모가 자식 사랑이란 미명 아래 자녀를 지나치게 보호하여 독립심을 길러주지 못할 때 생기는 생활태도이다.

(3) 회피형(the avoiding type)

매사에 소극적이며 부정적인 태도를 가진다. 이러한 생활양식을 가진 사람은 자신감이 없기 때문에 적극적으로 직면하는 것을 피한다.

(4) 사회적 유용형(the socially useful type)

이 유형의 사람은 긍정적 태도를 가진 성숙한 사람으로서 심리적으로 건강한 사람의 표본이 된다. 즉, 사회적 관심과 높은 활동성을 가지고 있다.

2) 허구적 최종목적론(fictional finalism)

아들러는 인간의 행동을 유도하는 상상된 중심 목표를 설명하기 위해 허구적 최종목적론이라고 하였다. 즉, 허구 또는 이상이 현실을 보다 더 효과적으로 움직인다는 바이힝거(Hans Vaihinger)의 말에서 영향을 받은 개념이다.

아들러는 허구적 최종목적론은 미래에 실재하는 것이기보다 주관적으로 또는 정신적으로 현재의 행동에 영향을 주는 이상으로 여기-현재에 존재하는 것을 의미한다.

3) 열등감(inferiority)

개인이 열등감을 극복하고 완성에 도달하기 위해 우월성 추구를 하면 건설적 생활양식을 갖게 되어 심리적 건강을 달성한다. 이러한 사람은 자신의 부족한 점을 스스로 인정하고 그것을 극복하려는 의지와 노력을 통해 자기완성을 이루기 위해 매진한다. 즉, 심리적 건강을 위해 열등감을 지배하는 것이 필요하다. 열등감 콤플렉스는 기관열등감, 과잉보호, 양육태만을 야기한다.

(1) 기관열등감(organ inferiority)

개인이 부모에게서 물려받은 자신의 신체에 대하여 어떻게 생각하는가와 관련된 것이다.

(2) 과잉보호(spoiling)

부모의 과잉보호로 인해 부모 없이 아동 스스로 아무 것도 결정할 수 없다는 것을 비꼬는 말이다.

(3) 양육태만(neglect)

부모가 자녀에 대한 최소한의 도리를 하지 않는 것과 관련된다. 즉, 이러한 아이들은 자신의 능력을 인정받고 애정을 얻거나 남으로부터 존경을 받을 수 있다는 자신감을 잃고 세상을 살아간다.

Thema 03 성격발달의 이해

4) 우월성 추구(striving for superiority)

완벽을 향해 우리를 밀고 가는 선천적 추동이다. 우월을 향한 노력은 열등감을 보상하려는 욕구에서 나오며, 환경을 보다 잘 통제할 수 있도록 권력 혹은 힘을 성취하려는 노력으로 나타난다. 또한 삶의 기초적인 사실로 모든 인간이 문제에 직면하였을 때 부족한 것은 보충하며, 낮은 것은 높이고, 미완성의 것은 완성하며, 무능한 것은 유능한 것으로 만드는 경향성이다. 따라서 우월성 추구는 다음과 같다(노안영 외, 2003).

① 우월성의 추구는 유아기의 무능과 열등에 뿌리를 두고 있는 기초적 동기이다.
② 이 동기는 정상인과 비정상인에게 공통적으로 존재한다.
③ 추구의 목표는 긍정적 또는 부정적 방향이 있다.
④ 우월성의 추구는 많은 힘과 노력을 소모하는 것이므로 긴장이 해소되기보다는 오히려 증가한다.
⑤ 우월성의 추구는 개인 및 사회 수준에서 동시에 일어난다.

5) 가족구도(family constellation) / 출생순위(birth order)

가정에서 부모를 중심으로 자녀와의 가족관계가 어떠한 가족구도를 형성하고 있는가는 자녀의 생활양식을 형성하는 데 중요하다. 즉, 출생순위와 가족 내 위치에 대한 해석은 어른이 되었을 때 세상과 상호작용하는 방식에 큰 영향을 미친다. 아동기에 타인과 관계하는 독특한 스타일을 배워서 익히게 되며, 그들은 성인이 되었을 때도 그 상호작용 양식을 답습한다.

6 로저스의 인간중심 이론

로저스(Rogers, 1902~1987)는 인간중심 이론가 중의 한 사람으로서 사람이 갖추고 있는 성격의 발달과 변화에 초점을 두었다. 성격 이론을 이해하는 데 중요한 구성개념은 유기체, 자아, 경향성, 가치의 조건화 등으로 구분하였다. 또한 로저스의 이론에서는 지각된 자아와 유기체의 일치 문제를 중요시 하였다. 주관적 현실과 외적 현실 사이에 존재하는 일치와 불일치 문제 그리고 자아와 이상적 자아 사이의 불일치로 인해 발달과정 중 왜곡이 생기면 정신병리의 원인이 된다(장연집, 1997).

1) 유기체(현상학: phenomenology)

유기체는 개인의 모든 경험의 소재지로 인간을 말한다. 로저스가 '경험은 나에게 최고의 권위이다(experience for me is the highest authority)'라고 말한 것처럼 그는 유기체의 경험을 중요시 했다. 이러한 경험의 전체가 현상적 장(phenomenal field)을 구성한다. 어떠한 주어진 순간에 현상적 장은 잠재적인 의식적 및 무의식적으로 경험한 것으로 구성한다.

2) 자아(self)

로저스의 성격 이론에서 핵심적인 부분이 자아이다. 즉, 개인의 지각과 의미의 전체적 체계는 그로 하여금 자신의 현상적 장을 구성하게 된다. 현상적 장 내에 자아가 있다. 특정한 지각과 의미는 우리 자신에게 관련되어 있다. 자아와 관련된 구조적 개념은 이상적 자아이다. 이상적 자아는 개인이 가장 소유하고픈 자아개념이며, 잠재적으로 자아와 관련되고 개인이 높게 가치를 부여하는 지각과 의미를 포함한다.

3) 실현화 경향성(actualization tendency)

실현화란 유기체가 단순한 실체에서 복잡한 실체로 성장해 나가고, 의존성에서 독립성으로, 고정성과 경직성에서 유연성과 융통성으로 변화하고자 하며, 자유롭게 표현하고자 하는 유기체의 경향성을 나타낸다(Rogers, 1951).

4) 가치의 조건화(conditions of worth)

로저스는 성격 형성을 이해하는 데 있어 가치의 조건화를 보았다. 즉 연약한 존재에 있는 아동은 그에게 가장 영향력 있는 부모의 양육태도에 따라 가치의 조건화를 형성한다. 다시 말하면 부모로부터 긍정적 자기 존중을 받기 위해 자기가 하는 경험에 폐쇄적이 되어 실현화 경향성을 방해하게 된다는 것이다.

7 건강한 성격 형성

건강한 성격을 소유하기 위해 어떻게 해야 하는가이다. 이러한 문제는 나이가 들고 가정을 이루게 되면 더욱 더 중요해진다(안영진, 2007; 조수환, 2001).

여러 학자들의 성격 이론을 살펴보면, 프로이트(Freud)는 자녀를 기를 때 적절히 다루지 않으면 결코 건전한 성격을 얻기 어렵다고 보았다. 즉, 행동을 지나치게 억제하거나 어른스럽게 행동하기를 강요할 때 신경증적이 된다고 하며, 수유경험의 경우 시간을 엄격하게 정해서 수유를 한다거나 너무 빨리 이유를 하기보다는 아이가 젖을 원할 때 주고, 이유는 점진적으로 하는 것이 좋다. 또한 배변도 중요한데 이 역시 처벌을 사용하지 않도록 하고 가능한 한 서서히 진행하는 것이 좋다.

설리반(Sullivan)은 초기의 가정에서의 영향을 중요시했다. 아이들은 가족구성원 간에 감정표현에 매우 민감하게 반응한다고 하며, 어린 시절에 일어나는 사회적 상호작용을 특히 강조한다. 수용과 따뜻한 감정에 의해서 행해지는가 혹은 거절과 거친 감정에 의해서 행해지는가에 따라 건강한 성격이 형성되느냐 그렇지 못하느냐에 영향을 준다.

일반적으로 좋은 성격을 형성하기 위한 방법은 다음과 같다.

❶ 좋은 습관을 길러주는 일이 필요하다

어릴 때 버릇이 일생 동안 영향을 주게 되므로 식사, 청결, 착의 등에 신경을 써야 한다. 특히 좋지 않은 습관을 버리려고 하기보다 좋은 습관을 갖도록 하는 것이 좋다.

❷ 긍정적인 자아개념을 갖도록 하는 것이 중요하다

가족구성원으로서의 지위를 보장해 주며, 칭찬과 배려를 아끼지 말아야 한다. 또한 숭배하는 인물을 갖도록 하며, 현실을 올바로 이해하며, 현실에 맞는 자아 수준을 갖도록 한다.

❸ 욕구를 적절히 충족시켜 주는 일이 중요하다

욕구충족이 번번이 좌절되는 것도 문제지만 요구하는 것을 금방 들어주는 것도 좋지 않다. 적절한 욕구불만을 경험해 보지 못하면 인내력이 부족하여 소심한 일에도 절망한다.

❹ 기본적인 신뢰감을 갖게 하는 일이다

신뢰감 형성은 성격 발달에 있어서 매우 중요하다. 신뢰감이 근면성, 친밀성, 나아가서는 정체성 발달에 관련되어 있기 때문이다. 그 외에도 안정되고 평온한 가정 분위기 조성 등이 필요하다.

감사체질의 사람

동양의학에서는 인간의 체질을 크게 4가지로 분류한다. 체질이란 본래 가지고 태어난 신체적 특성과 정신적 특성 그리고 여러 가지 다른 특성을 합쳐 분류한 포괄적인 개념이다. 여러 체질분류 이론 가운데, 1894년 '동의수세보원'을 통해 발표한 이제마의 사상체질이론이 가장 체계적이고 탄탄한 것으로 평가받고 있다.

이제마에 따른 4가지 체질을 간단히 소개하면 다음과 같다. 태양인은 상체 중에 뒷목부근이 발달했고 머리가 크며 눈에 광채가 있는데 몸은 다소 날씬한 편이다. 성격은 직선적이고 남성적인 성격으로 독선적인 부분이 강하다. 소양인은 가슴부근이 발달했고 신경질적인 인상을 지녔다. 의협심이나 봉사정신이 강해 의리의 사나이형이라고 할 수 있는데, 지구력이 부족해 싫증을 잘 내고 체념을 잘한다. 태음인은 키가 크고 골격이 튼튼하며 특히 배가 발달했다. 성격은 느긋하지만 겁이 많고 말이 적은 편인데, 보수적이어서 변화를 싫어하나 맡은 일은 끝까지 해내는 끈기가 있다. 소음인은 상체보다 하체가 발달했고 체격은 마른편이며 키가 작다. 성격은 내성적이고 수줍음이 많아 자기의견을 잘 표현하지 않고, 사색하기를 좋아한다. 질투심이나 시기심은 많지만 유순하고 침착한 편이다. 동양의학에서는 이렇게 체질을 4가지로 나누는데 타고난 체질을 완전히 변화시키기는 불가능하다고 본다. 단지, 후천적인 노력에 의해 체질을 개선할 뿐이라고 말한다.

신체적 · 성격적으로 인간을 구분할 때 한의학에서 이와 같이 4가지 체질로 나누듯이, 영적으로도 사람들을 구분하면 3가지 체질로 나눌 수 있다. 감사체질과 불평체질, 그리고 조건체질이다. 의학적으로는 인간의 체질이 타고나기 때문에 다른 체질로의 전환이 불가능하지만 영적인 체질은 얼마든지 변화가 가능하다. 하나님의 은혜와 본인의 노력에 의해서 좋은 영적 체질로 거듭날 수가 있다. 먼저, 불평체질은 감사해야 될 상황에서도 불평을 한다. 탕자의 비유에 나오는 둘째 아들이 그렇다. 좋은 아버지 밑에서 부러울 것 없을 정도로 풍족한 삶을 살면서도 감사할 줄 모르고 불평을 했다. 불평체질의 사람들에겐 감사를 찾아보기 어렵다. 다음으로 조건체질의 사람들이 있다. 감사할 만한 조건이면 감사하지만, 그렇지 않으면 불평하고 원망한다. 대표적인 예가 광야생활을 하던 이스라엘 백성들이다. 만나와 메추라기를 먹고 전쟁에서 승리했을 때에는 하나님께 감사했지만, 가나안 땅 거주민들의 장대함을 듣거나 마실 물이 없고, 고기가 없을 때는 불평과 원망을 쏟아내었다. 대부분의 사람들이 이러한 조건체질이라고 할 수 있겠다. 마지막으로 감사체질은 어떠한 상황 가운데서도 하나님께 감사하는 사람들이다. 욥이 대표자라고 할 수 있다. 욥은 사랑하던 10남매가 하루아침에 죽고, 전 재산을 다 잃어버렸지만 욥기 1장 21절에서 이렇게 고백을 한다. “가로되 내가 모태에서 적신이 나왔사온즉 또한 적신이 그리고 돌아가올지라 주신 자도 여호와시오 취하신 자도 여호와시오니 여호와의 이름이 찬송을 받으실지니이다” 욥은 감사체질이었기에 인간적으로 절망해야 될 상황에서도 감사할 수 있었다. 요한 웨슬레는 ‘감사는 하나님의 자녀의 증거’라고 했고, 성경은 “범사에 하나님께 감사하라”(엡 5:18)고 말한다. 하나님께서는 신실하시기에 자녀들에게 언제나 좋은 것을 주시는 분임을 믿고 감사하라는 것이다. 내가 이해할 수 없고 받아들일 수 없을 정도의 고통과 시련의 상황이라도 하나님에 대한 절대 신앙을 가진 사람은 감사한다. 그 사람이 바로 감사 체질의 사람이다.

– 크리스천투데이 최요한 칼럼

Thema 4

대인동기유발의 이해

학습목표

* 동기의 개념에 대하여 이해한다.
* 동기의 종류에 대하여 이해한다.
* 동기의 내용과 학자들에 대하여 이해한다.
* 동기과정 이론에 대하여 이해한다.

1 대인동기의 개념

동기(motivation)란 단어는 라틴어의 'movers'에서 온 것으로 움직인다(move)를 뜻한다. 따라서 동기란 움직임(movement)을 가져오는 과정이며, 이 움직임은 맹목적인 것이 아닌 방향이 있는 것이다. 동기는 행동에 활력을 주며 어떤 목표를 향하도록 방향을 제시할 뿐만 아니라 목표 달성을 위해 효과적인 행동을 하도록 강화한다. 즉, 동기는 행동을 유발하고, 방향을 제시하고, 유지하는 신체적, 심리적 상태이다. 따라서 동기라는 개념은 흥미, 욕구, 가치, 태도, 포부, 유인가 등과 함께 쓰인다.

① 흥미(interest): 어떤 사물이나 사건 혹은 견해를 선택하여 주의를 기울이는 것이다.

② 욕구(need): 어떤 특정한 활동이나 결과가 제공해 줄 수 있는 무엇인가가 결핍된 상태이다.

③ 가치(value): 자신의 삶에서 중요하다고 여기는 모든 종류의 목표에 대한 지향이다.

④ 태도(attitude): 정서·대상 인지적 요소(학생이 대상을 무엇이라고 지각하느냐)를 포함하고 있는 것으로 개인이 현재 지각하고 있는 것에 대한 호의적 혹은 비호의적 감정이다.

⑤ 포부(aspiration): 어떤 종류의 성취에 대한 개인의 희망이나 열망이다.

⑥ 유인가(incentive): 각성된 동기를 만족시키는 힘을 가진 것으로 개인에 의해 지각되는 것이다.

게이지와 벌리너(Gage & Berliner, 1991)는 동기의 개념을 이해하면 행동과 학습의 흥미 있는 사실들을 좀 더 잘 이해하고 설명하는 데 도움을 준다고 보았다. 행동을 지속시키기 위한 적절한 강화물을 결정하기 위해, 목표지향적인 행동을 설명하기 위해, 다양한 과제를 하는 데 걸리는 시간의 양을 설명하기 위해 동기의 개념이 사용된다. 예를 들어, 배가 고프면 먹을 음식을 찾고, 목이 마르면 갈증이 해소될 만한 마실 것을 찾는다. 그리고 매력적인 이성을 보면 매력적인 흥분을 하는 것은 이렇게 반응하는 미지적 심리원인인 동기가 있기 때문이다. 그러므로 동기의 개념은 어떤 자극이 강화인자의 기능을 갖게 되는 이유, 행동의 목표지향, 그리고 어떤 과제에 투입하는 시간의 양을 설명하기 위해서 필요한 것이다.

2 대인동기의 종류

1) 일차적 동기와 이차적 동기

(1) 일차적 동기(primatial motives): 생득적 성향

신체적·생리적 평형상태를 유지하고, 유기체가 생체를 유지하는 데 필요한 동기이다. 따라서 일차적 동기는 유기체의 선천적이고 본능적인 것과 관련이 있는 것으로 기아, 갈증, 체온 유지, 수면, 목마름, 배설 등이다. 즉, 일차적 동기의 예는 '성 동기와 공격성(aggressiveness)'이 있다. 사회가 발전하고 복잡해질수록 인간행동의 동기에서 생득적인 일차적 동기보다는 학습된 이차적 동기가 더욱 중요한 역할을 한다. 특히, 환경적 요인이나 상황적 요인에 따라 학습한 동기, 대인관계 속에서 형성하는 사회적 동기는 모두 이차적 동기의 범주에 속한다.

(2) 이차적 동기(secondary motive)

이차적 동기는 생득적인 일차적 동기를 제외한 후천적 학습 및 경험으로서의 동기를 말한다. 즉, 경쟁, 우월, 독립, 상벌, 소속감, 권력, 성취, 야망, 사회적 인정, 자아실현 등이다. 이차적 동기의 예는 '권력동기와 성취동기'이다. 권력동기는 타인으로부터 인정을 받고 집단 속에서 지위를 확보하고자 하는 욕구를 의미하고, 성취동기는 도전적이고 어려운 과제를 성취함으로써 만족을 얻으려는 의욕 또는 성취하려는 욕구이다.

2) 내재적 동기와 외재적 동기

수업목표를 성취하고자 하는 학생들의 내재적 동기나 외재적 동기의 수준은 다르다. 예를 들어, 한 학교의 교실 수업에서 교사는 학생들이 그들의 학습과제를 완전히 수행할 수 있도록 학생들의 내재적 보상을 이용하거나 혹은 외재적 보상을 통하여 동기를 유발시켜 준다.

(1) 내재적 동기(intrinsic motivation)

욕구, 흥미, 호기심, 즐거움 등 내적이고 개인적인 요인들에 유발되며,

학습자가 외적 요인들과는 관계없이 능동적으로 학습에 참여할 때 형성한다. 즉, 주어진 과제 자체나 그것이 가져다주는 성취감을 즐긴다. 학습과 관련하여 내재적으로 동기화된 사람은 학습활동 자체를 좋아하기 때문에 아무도 학습을 강요하지 않는 상황에서도 자발적으로 학습활동에 몰입한다. 따라서 교사의 동기유발이나 흥미를 유발시키기 위한 노력은 필요로 하지 않는다.

(2) 외재적 동기(extrinsic motivation)

외적이고 환경적인 요인을 설명한다. 자기 자신이 목적을 향해 움직이는 것에 대한 보상, 사회적 압력, 처벌, 성적 등에서 의미를 찾는다. 에겐과 카우착(Eggen & Kauchak, 1992)은 외재적 동기가 학습자의 내면적인 면에 긍정적인 영향을 줄 수도 있으나 대체로 학습자 내부의 동기를 감소시키거나 학습자에게 낮은 자기 인식과 편협한 초점을 향상시킬 수 있다는 점에서 비판을 받을 수 있다. 외재적 동기는 학습자가 주로 보상을 받기 위해서, 교사의 관심을 사기 위해서, 그리고 책망이나 벌을 피해서 활동하는 것으로써, 과제 자체에 관심이 있는 것보다는 활동한 결과로써 얻을 수 있는 것에 더 많은 관심을 가진다.

결과적으로 내재적 보상(intrinsic rewards)이란 성공적인 학습활동의 동경이 그 활동 자체에서의 만족감, 성공감, 성취에 대한 자부심, 자아존중감의 향상 및 그 활동의 성취감 등을 의미한다. 외재적 보상(extrinsic rewards)이란 학습활동 그 자체와는 관계가 없는 만족감을 제공하는 것으로써, 이는 학생 스스로부터가 아니라 타인에 의하여 통제되는 것이다. 즉, 돈, 맛있는 음식, 어떤 특권, 학점, 승진, 인정 등을 의미한다.

3) 일반 동기와 특수 동기

(1) 일반 동기(general motivation)

학습상황에서 지식의 습득, 기능의 숙달을 위해 노력하는 지속적이고 폭넓은 경향을 말한다. 일반 동기는 형성이 되면 초등학교, 중학교, 고등학교, 대학교, 직장 그 밖의 사회생활까지 계속 유지된다. 즉, 일반 동기는 과목에 따라 약간의 차이가 있을 수는 있지만 긍정적인 동기 유발은 특정 과목이나 주제 영역을 뛰어넘어 광범위한 영향을 준다.

(2) 특수 동기(specific motivation)

특정 영역이나 특정 내용의 학습에 관해서만 동기화된다. 학습에 있어서의 특수 동기는 특정 과목, 특정 영역, 특정 내용 수업시간의 학습에서만 학생들의 학습을 촉진시키게 된다. 따라서 교사의 통제 범위 안에 있다고 볼 수 있고, 특정 전략에 의해 변화될 수 있다.

3 대인동기의 내용 이론

1) 매슬로우 욕구위계

매슬로우(Maslow, 1954)는 인간이 특정한 목적의식을 가지고 어떠한 행동을 하는 것은 단순히 인간이 지니고 있는 논리적인 사고의 결과가 아니라 그 내면에 잠재해 있는 욕구충족의 필요성 때문이다. 인간이 가지고 있는 욕구라는 측면과 관련된 인본주의 심리학자 매슬로우(Maslow)의 대표적인 저서 'Motivation and Personality'에서 다양한 욕구를 설

명하였다. 특히 그의 대표적인 이론은 그림 4-1에 욕구의 위계(Hierarchy of need theory)인데, 이것은 5가지 욕구로 볼 수 있다.

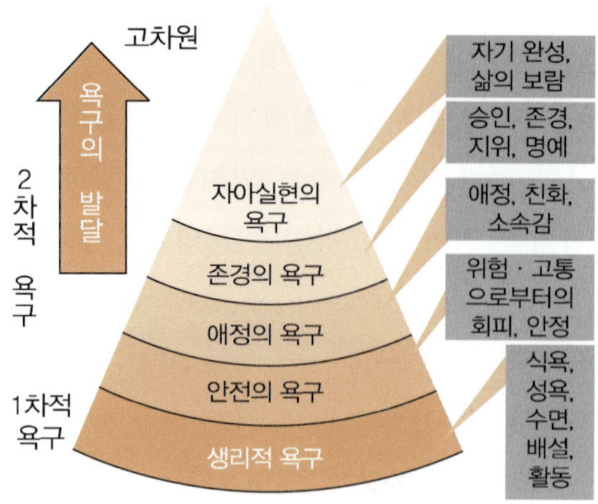

그림 4-1 매슬로우의 욕구의 위계

(1) 생리적 욕구(physiological need)

생리적 욕구는 인간의 욕구 중에서 가장 기본적으로 음식, 물, 공기, 수면, 성, 추위, 더위, 휴식 등과 같이 생존에 필수적인 것들을 충분히 충족시키려 하는 욕구이다. 따라서 생리적 욕구가 만족되어야만 더 높은 차원의 사회적 욕구와 목표 지향적 행동이 발생한다.

(2) 안전 욕구(safety need)

안전 욕구는 아동들이 부조화보다는 하던 일을 지속하는 것과 리듬을 선호하는 경향, 위험스러운 상황을 피하려고 하는 경향이다. 즉, 외부로부터 자신을 보호, 보장받고 싶은 욕구이다. 신체적, 심리적 위협, 사회적 지위에 대한 위협에서 벗어나고 싶은 욕구 이론이다. 예를 들어, 전쟁, 질병, 상해, 천재지변 등의 위기에서 어떻게 하면 그것에서 해방되는지 적극적으로 노력하는 데 잘 나타난다.

(3) 소속 및 사랑 욕구(need for belonging and love)

소속 및 사랑 욕구는 타인과의 애정관계를 맺으려고 하거나 어떤 집단에서 소속감을 가지려고 하는 소망을 말한다. 즉, 어디엔가 소속하여 타인들과 사귀고 사랑하고 사랑받고 싶어 하는 욕구이다.

(4) 자존 욕구(self-esteem need: 결손 욕구, 기본 욕구)

자존 욕구는 자기 자신이 다른 사람으로부터 존경과 가치 있는 사람으로 인정받기를 원하는 욕구이다. 즉, 자존 욕구는 능력, 신뢰감, 개인적인 힘, 적합성, 성취, 독립, 자유, 유용감, 자신감, 가치감을 갖게 되며, 타인으로부터 존경과 명예, 인식, 수용, 지위, 평판 등을 포함하는 것으로 타인으로부터 좋은 평가를 받기 원한다. 만약에 충족되지 못하면 열등감, 무력감, 허탈감에 빠지게 된다.

(5) 자아실현 욕구(self-actualization need)

자아실현 욕구(지적욕구, 심미욕구 혹은 고등욕구, 성장(실존)욕구)는 자기 자신이 잠재적으로 실현 가능한 자신이 되는 것이다. 즉, 자신의 잠재적 역량을 최고로 발휘하여 자신의 일에서 최고가 되고 싶은 욕구이다. 따라서 자아실현 욕구가 충족되면 교사, 운동, 정치, 음악 등을 위한 개인적 갈망이 자아실현을 활성화할 수 있는 잠재적 능력으로 실현된다. 생리적 욕구부터 존경의 욕구까지는 욕구가 충족이 될 경우 더 이상 동기로서 작용하지 않지만, 자아실현의 욕구는 완전한 만족이란 있을 수 없고 지속적으로 자기 성장과 실현을 위해 노력하게 만드는 욕구이다.

2) 알더퍼 ERG 이론

알더퍼(Alderfer)는 매슬로우의 5단계의 욕구를 3단계의 핵심적 욕구로 통합했는데 생존 욕구(existence needs: E), 관계 욕구(relatedness needs: R), 성장 욕구(Growth needs: G)이며, 이들의 첫 글자를 따서 ERG이다.

(1) 생존의 욕구

인간이 생존하기 위하여 기본적으로 필요로 하는 욕구이다. 이는 신체적 생존을 위한 음식, 물, 수면 등에 관한 욕구와 조직에서의 보수, 직업 안정성, 근무조건 등에 관한 욕구가 포함된다. 생존의 욕구는 대체로 매슬로우가 제시한 생리적 욕구와 안전의 욕구가 포함된다.

(2) 관계 욕구

관계 욕구는 의미 있고 만족스러운 사회적 관계에 대한 욕구이다. 인간이 사회적 동물로서 다른 사람과 만족스러운 인간관계를 맺으려는 욕구이다. 상사, 동료, 부하, 친구, 가족 등과 인간관계를 맺으려는 욕구이다. 관계의 욕구는 매슬로우가 제시한 안전의 욕구 중 대인관계에 관련된 일부의 소속과 애정의 욕구, 그리고 자존심 등이 포함된다.

(3) 성장 욕구

최고 수준의 욕구로서 자존과 자아실현의 욕구를 포함한다. 인간이 성장·발전하며, 자신의 특성이나 잠재력을 최대한 발휘하려는 욕구이다. 자기성취감이나 성장감을 느끼고자 하는 욕구, 새로운 기술이나 지식을 추구하고 개발하고자 하는 욕구이다. 성장의 욕구에는 매슬로우가 제시한 존경의 욕구와 자아실현 욕구가 포함된다.

이는 개인적 발전을 위한 고유의 욕망이다. ERG 이론은 욕구좌절, 좌절역행, 만족향상을 기초로 하며(윤기현, 1991), 이 3가지 부분의 ERG 이론과 매슬로우 이론과의 가장 뚜렷한 차이점이라고 할 수 있다.

ERG 이론은 매슬로우의 이론에 비해 적어도 두 가지 면에서 더 융통성이 있다고 핸슨(Hanson)은 언급하고 있다. 실존, 관계성 및 성장의 세 수준의 욕구는 어느 정도 동시적으로 작용할 수 있다. 또한 좌절-퇴행 과정을 인정하고 있다. 만약 한 단계 높은 수준의 욕구가 좌절되면 개인은 바로 아래 단계의 욕구에서 더 큰 만족을 얻으려고 노력한다는 것이다. 예를 들어, 어떤 이유로 해서 지적 성장의 욕구가 만족되지 않으면 사회적 관계에서 더 큰 만족을 추구하려 한다.

알더퍼는 매슬로우와 같이 개인의 욕구가 생존 욕구, 관계 욕구, 성장 욕구로 진행해 간다고 보았다. 따라서 알더퍼는 이 욕구들이 단계를 이룬다기보다 연속적인 것으로 보이며, 동일한 시간에 하나 이상의 욕구가 활성화된다.

3) 허즈버그 2 요인설

허즈버그(Herzberg)는 매슬로우의 이론을 발전시켜 작업장에 적용하는 데 큰 기여를 하였다. 허즈버그의 이론은 기본적·생리적 욕구와 심리적 욕구를 바탕으로 한다. 전자는 동물적 욕구로서 안전·음식·고통의 회피에 대한 욕구이며, 후자는 계속적인 심리적 성장을 경험하고 성취하려는 인간고유의 욕구로서 자신의 능력을 개발하려는 욕구이다. 즉, 개성적이고 창의적으로 성장하는 과정을 말한다.

(1) 동기 요인

직무에 대한 만족은 직무 자체에 내재하는 요인이고, 이를 동기 요인이라 하였다. 동기 요인에는 성취감, 발전, 인정, 작업 자체, 책임감, 성장 등이 있다. 작업에 대한 불만은 작업과 관련은 있지만 작업 외적인 요소였다. 동기 요인은 충족되지 않아도 불만은 일어나지 않지만, 일단 충족되면 높은 만족을 가져오고 적극적인 직무태도를 가지게 한다. 허즈버그(Herzberg)의 이론은 피고용인의 감정을 새로운 접근으로 이해했다는 점과 피고용인들의 동기를 유발할 수 있는 직무설계(job design)에 대한 시사점으로 많은 주목을 받았다.

(2) 위생 요인

불만의 근원이 되는 이들 요소를 그는 위생 요인이라고 불렀는데, 이들은 작업의 외적 환경에 속하며 작업이 붕괴되지 않도록 예방해 주기 때문이다. 따라서 위생 요인에는 기업의 정책과 행정, 감독, 상사와의 관계, 직업조건, 봉급, 동료와의 관계, 개인생활, 부하와의 관계, 지위 등이다. 즉, 위생 요인은 불만족을 감소 또는 제거시킬 뿐이지 만족을 가져다주지는 않는다. 위생 요인이라는 용어는 유지 요인(maintenance factor)이라고도 한다. 그러나 많은 연구방법에 따라서 동기 요인과 위생 요인이 다르게 나타나고 있다는 점과 조직 구성원들의 개인 차이를 고려하고 있지 않다는 문제로 비판을 받기도 한다.

이와 같이 매슬로우, 허즈버그, 알더퍼의 이론을 비교하면 그림 4-2와 같다.

욕구의 수준	Herzberg의 동기·위생 이론	Maslow의 욕구계층 이론	Alderer의 ERG 이론	동기의 수준
상위 욕구 ↑	동기 요인	자아실현의 욕구	G(성장의 욕구)	내적 동기 ↑
		존경의 욕구		
		소속과 애정의 욕구	R(관계성의 욕구)	
	위생 요인	안정의 욕구		
↓ 하위 욕구		생리적 욕구	E(실존의 욕구)	↓ 외적 동기

그림 4-2 매슬로우, 허즈버그, 알더퍼 이론의 관련성

4 대인동기과정 이론

1) 기대 이론

기대 이론은 브룸(Vroom, 1964)에 의해 제시된 이론이다. 근본적으로 인간의 행동요인(motive) 방향은 유의성(valence), 기대감(expectancy), 수단성(instrumentality) 등의 3가지 요인에 의해 결정된다.

(1) 유의성

어떤 대상에 대한 개인의 정의적 지향성, 감정 혹은 태도로서, 개인이 어떤 대상에 대한 지각하는 매력의 정도 혹은 배척의 정도를 의미한다. 즉, 개인이 어떤 대상을 바라거나 거부하는 정도이다. 자기가 무슨 일을 하려 할 때 그 일로부터 얻을 수 있는 보상(rewafds)을 "얼마나 소중히 여기며 얻고 싶어 하는가" 하는 행위자 자신의 주관적인 선호의 강도를 가리킨다.

(2) 기대감

어떤 행위가 어떤 결과를 초래할 것이라는 가능성에 대한 일시적인 믿음이다. 즉, 기대는 개인이 지각하는 행위-결과 간의 관계이다. 어떤 행위가 어떤 결과를 가져올 것이라는 확실성에서부터 어떤 행위가 어떤 결과를 가져올 수 없을 것이라는 확실성에 이르기까지 그 강도가 다양할 수 있다. 이는 주관적 판단에 기초한다. 따라서 자신의 노력으로 얻고자 하는 보상을 얻는 데 필요한 수단이 되는 수준의 성과(good performance)를 가져올 수 있으리라 믿는 확률의 정도이다.

(3) 수단성

다른 결과의 달성이나 회피에 직접적 결과가 가지는 기대된 효용성 혹은 유용성이다. 즉, 수단성은 직접적 결과와 간접적 결과 간의 관계에 대한 인식이다. 열심히 일한 성과가 과연 자기가 바라는 보상을 얻는 데 어느 정도 도움이 되나 하는 것에 관한 믿음의 정도를 가리킨다.

인간의 행동의 방향은 그 사람에게 의미가 있다고 여겨지는 방향으로 움직이게 되고, 또한 그 의미 있는 것을 실제적으로 얻을 수 있는 확률이 높은 방향으로 행동을 하게 된다는 것이다. 기대 이론의 장점은 상대방으로부터 기대하는 행동이 일어나지 않을 경우 왜 그러한 행동을 하지 않았는지 분석 가능하게 해 준다. 단점으로는 인간을 철저하게 합리적인 동물로만 파악하고 있다는 데 한계성을 가지고 있다.

2) 목표설정 이론

기대 이론과 비슷하며 인간행동의 힘은 어떻게 유인되는가를 잘 설명해 주는 다른 한 이론이 목표설정 이론이다. 이 이론은 인간이 어떠한 일을 함에 있어서 해야만 한다고 믿기 때문에 하기보다는 목표가 확실히 주어져서 그 목표를 성취해야만 하는 것으로 받아들였을 때, 그 사람의 사고와 행동은 그 목표에 더욱 집중한다(Lock, 1976). 하지만 모든 목표가 인간의 행동을 유인하는 목표로서 작용하는 것은 아니다. 우리가 생활함에 있어서는 여러 성취해야 할 목표가 동시에 존재할 수 있으며, 그 목표들은 서로 갈등관계에 있어서 특정한 목표를 추구하기 위해서는 다른 목표를 포기해야 할 경우도 많기 때문이다.

목표설정과 관련된 연구에서 가장 중요하게 지적되고 있는 것은 목표의 명확성이다. 추상적이고 불명확한 목표는 사람들의 행동요인으로서 작용하지 못하며 가능한 한 목표 자체가 무엇을, 언제, 어떻게 성취되어야 하는지 구체적으로 명시되었을 때 도전의 대상이 된다. 따라서 목표설정에서 중요한 것은 목표 자체를 행위자 자신이 의미 있는 것으로 받아들여야 한다는 것이다. 아무리 구체적이고 난이도에 있어서 성취의욕을 유인할 수 있는 요인을 갖춘 목표라고 할지라도 그 목표를 받아들이는 입장에서 큰 의미를 부여할 수 없다면 행동의 유인요소가 될 수 없다. 그러므로 조직의 경우에 있어서는 관련된 사람들이 목표설정에 대한 참여의 길을 열어 주는 것이 바람직하다는 것이다.

3) 강화 이론

어떤 행동이 지속적으로 유지될 것인가 하는 자신의 내적인 결정보다 그 행동이 가져오는 결과에 대한 환경의 반응에 의해 결정된다. 즉, 특정 행동의 결과가 긍정적 보상을 받게 되면 그 행동은 점점 강화되어 지속적인 행동의 패턴으로 자리를 잡게 된다는 것이 강화 이론(reinforcement theory)이다. 이 이론은 스키너(Skinner)에 따르면, 인간의 행동은 전적으로 그 사람의 환경에 의해 결정되고 유지된다.

강화 이론은 어떠한 방법을 통해 긍정적 또는 부정적인 보상을 해 주느냐 하는 방법론에 집중되어 왔다.

① 어떠한 행동이 바람직한 행동인가 구체적으로 보상대상의 행동을 명

확하게 설정하여야 한다. 따라서 보상을 받는 사람도 자신의 어떠한 행동이 보상대상이 되는지를 정확하게 인식할 수 있어야 한다.

② 행동의 중요성에 따라 보상의 정도도 달라야 하며, 중요성에 대한 비중에 관계없이 그저 바람직하다고 무조건 보상을 하게 되면, 정말로 바람직한 행동이 무엇인지가 불명확하여, 중요하다고 여기는 행동의 지속화를 기대하기 힘들다.

③ 보상에서 일관성이 있어야 한다. 보상받을 만한 행동을 했을 때는 틀림없이 보상을 해 주고 같은 강도의 보상이 있어야 한다.

④ 보상은 행동 즉시 해야 한다. 만약 보상이 바로 이루어지지 않고 후에 한꺼번에 보상을 해 준다든지 상당시간이 경과된 후 보상을 한다면, 자신이 어떠한 행동을 했기 때문에 보상을 받는지에 대한 인식이 불명확하여 보상의 효과가 그다지 크지 못하다는 것이다.

인간관계에서 강화 이론의 의미를 찾는다면 상대방이 나에 대해 어떠한 행동을 하는가 하는 것은 그 사람에게 달려 있는 것이 아니라 내가 그 사람의 행동에 대해 어떠한 반응을 보이느냐에 달려 있다. 즉, 상대방의 특정 행동 자체가 바람직하다고 여겨지면 그에 상응하는 칭찬을 한다든지 다른 보상을 통해 긍정적인 보상을 해 줌으로써 그 행동이 지속되도록 유인할 수 있다. 반대로 그 사람의 행동이 마음에 들지 않는다면 부정적인 반응을 통해 그 행동이 다시 반복되지 않도록 통제할 수 있다는 것이다. 강화 이론에서 제시하는 긍정적 또는 부정적 보상은 정도의 차이는 있지만, 인간의 행동에 영향을 줄 수 있다는 것은 부정할 수 없다. 따라서 인간관계에서 활용의 가능성은 충분하다.

4) 사회교환 이론

사회교환 이론을 쉽게 표현하면 사회에서 인간관계는 상호 주고(cost) 받는(rewatds) 과정에서 이루어지며, 쌍방이 그 관계의 결과 남는 것(profit-taking)이 있다고 여겨질 때 상호관계가 지속된다. 즉, 그 사람과 보내는 시간, 돈, 갈등, 가끔 겪는 불쾌한 기분, 불안한 감정 또는 그 관계로 인해 일어날 수 있는 다른 사람과의 좋지 않은 관계 등이 해당한다. 이런 대가와 보상을 주고받는 과정을 사회교환과정(the process of social exchange)이라고 하고, 이 주고 받는 과정의 결과 다시 말해 그 관계에서 얻은 것에서 그 관계로 인해 들어간 비용을 제외한 것이 사회교환과정의 결과(outcome)인데, 그 결과가 상호 자신에게 도움이 된다고 여겨지면 그 관계가 지속된다고 하는 것이다. 그러면 처음 인간관계를 형성하게 되는 동기를 어떻게 설명하는가? 사회교환 이론의 대표학자인 브라우(Blau)는 사람들 사이에 자발적이고 자유로운 상호작용의 매체를 매력으로 보았다. 또 그에 의하면 인간은 항상 타인에게 매력적인 존재로 인식되길 바라며 타인들과의 상호관계 형성도 타인이 가지고 있는 매력적인 요인이 촉발요소로 작용되어 그 요인이 자신에게 어떠한 형태로든 상호관계에서 보상으로 작용할 것이라는 기대에 의해 관계가 형성된다.

사회교환 이론은 인간관계를 아주 계산적이며, 타산적인 경제적 관계로 보고 인간을 단순한 경제적 동물로 본다는 측면에서 많은 비판의 여지가 있다. 또한 인간관계는 순수하게 그 사람이 좋아서라든지 우연한 기회에 서로 만나 마음을 주고 받다보면 자연스럽게 형성되는 것이지, 매력적인 면이 무엇이고 그 관계를 통해 얻어질 보상에 대해서 계산하고 사람들을 대하는 것은 아니라는 것이다. 따라서 인간은 설사 인간관계 형성과정에서 의식적으로 계산하거나 이익을 따지지 않는다 하더라도 우리가 마음속에 가지게 되는 그 사람에 대한 인상이라든지, 그 사람을 만난 후 남은 감정 등이 곧 그 관계에 대한 결과를 가리킨다.

인간관계는 단순히 계속 주기만 한다고 해서 건전한 관계가 형성되는 것이 아니고 반대로 받기만 해도 건전한 관계가 형성되는 것이 아니다. 따라서 일방적인 관계는 건전한 관계로 발전하기 어렵다. 인간의 진정한 관계는 줄 것은 주고, 받을 것은 받을 때 그 관계는 공정하며 투명하여 부담 없는 관계로 발전할 수 있다.

청중 사로잡는 '연설의 달인' 되려면
(말의 속도 · 손가락 하나까지 오바마 흉내내면 된다)

'버락 오바마 미국 대통령 당선자는 연설의 대가이다. 연설의 기법을 완전히 마스터한 사람이다.' 오바마는 2004년 민주당 전당대회에서의 기조연설로 전 미국을 전율의 도가니로 몰아넣었다. 2,300단어가 채 안 되는 이 20분짜리 연설은 미국인의 상상력을 사로잡았으며, 세계 여러 곳으로부터 찬사를 받았다. 오바마는 수사법과 연설의 내용을 잘 조화시켜 자신의 주장을 정확하고 강력하게 전달했다. 그의 주장과 비전은 많은 사람에게 공감을 불러일으켰고 언론은 즉시 오바마를 '떠오르는 별'이라고 부르기 시작했다.

최근 출간된 책 '오바마처럼 말하라(지코사이언스)'의 저자 셸 린은 오바마를 성공으로 이끄는 바탕이 된 탁월한 연설 기법에서 무엇을 배울 수 있는가를 모색한다. 저자는 오바마가 무명 정치인에서 초대 흑인 대통령이 될 수 있었던 데는 정당, 경제, 성별, 종교, 지역, 인종 등 전통적인 경계의 벽을 뛰어넘는 희망의 메시지 덕분이라고 이야기하며 '오바마 연설의 힘'을 주목한다.

오바마가 그러하듯 모든 분야의 지도자들은 탁월한 연설 기법을 개발하여 이익을 얻을 수 있다고 저자는 강조한다. 비전을 제시하고, 자신감을 불어넣고, 설득하고, 동기를 유발하는 것은 효과적 리더십의 핵심이다. 연설가로서 오바마의 장점은 많다. 울림이 풍부한 바리톤 음성을 타고난 것도 자산이다. 여기에 더하여 오바마는 자신의 목소리를 마치 정밀 음향기기를 조정하듯 다루는 능력이 있다. 오바마는 연설의 내용에 따라 사색에 잠긴 또는 분노한, 낙관과 결의에 넘치는 톤으로 목소리 빛깔을 자유자재로 바꿀 수 있음을 보여준다.

오바마는 비전을 제시하거나 목표를 설정하는 것만으로는 부족하다는 사실도 알고 있다. 연설을 성공으로 이끌려면 고도로 설득력 있는 방법으로 이러한 비전과 목표를 전달하는 능력이 있어야 한다. 연설가로서 오바마의 역량을 설명하려면 연설 내용과 전달 스타일을 분리해서 생각할 수 없다. 오바마는 말을 빨리 하거나, 속도를 늦추거나, 음량을 높이거나, 필요하다고 생각되면 목소리를 끄는 등 다양한 기술을 구사한다.

그리고 오바마는 언제 잠시 침묵해야 하는지(침묵의 길이도 정확히 맞춘다), 논점을 선명히 하기 위해 시간적인 간격은 얼마나 둬야 하는지도 정확히 꿰뚫고 있다.

오바마의 또 다른 역량으로는 효과 만점인 보디랭귀지로 역동적인 이미지를 그려 사람들의 마음을 움직이는 것이다. 보디랭귀지는 가끔 손가락 하나로 이루어지기도 한다. 그리고 그는 다양한 수사법 중 무엇을 언제 써야 할지를 잘 알고 있으며 반복, 후진 반복 재생, 상징 등의 기법을 활용하여 연설을 더욱 영향력 있는 것으로 만든다. 정·재계, 법률계, 비영리 조직 및 학계의 많은 리더는 이 책을 통해 연설 역량을 키우는 지름길을 발견할 수 있다.

– 문화일보 김영번 기자

PART 02

친밀한 관계의 이해

Thema 5

대인관계의 이해

01 대인관계의 관계
02 대인관계의 중요성
03 대인관계의 심리적 과정
04 대인관계의 문제점
05 대인관계의 분석기법

학습목표

* 대인관계의 개념에 대하여 이해한다.
* 대인관계의 중요성과 특성에 대하여 이해한다.
* 대인관계의 문제점에 대하여 이해한다.
* 대인관계의 심리적 과정 및 분석기법에 대하여 이해한다.

1 대인관계의 관계

인간은 사회적 동물로서 살아가는 동안 많은 시간을 타인과의 만남 속에서 보내게 된다. 인간은 무력한 상태로 태어나 타인, 즉 부모의 도움으로 양육된다. 그러므로 인간은 태어나면서부터 생존하기 위해서는 타인의 도움을 필요로 할 수밖에 없다. 그 후 인간은 발달단계에 따라 사회적 관계 속에서 성장하게 되고, 타인과의 관계에서 만족될 수 있는 여러 가지 욕구를 지니게 된다. 그것은 타인으로부터 사랑과 애정을 받고 성취를 통한 인정과 존경을 받으며 살고자 하는 것으로 이러한 인간의 여러 가지 욕구는 타인과의 관계없이는 충족될 수 없는 것이다(Argyle & Furnham, 1982). 결국 개인은 타인을 떠나서는 존재할 수 없으며, 사람은 태어날 때부터 대인관계 상황의 일부가 된다고 보고 있는 것이다. 따라서 대인관계는 한 인간의 인성을 결정해 주고 고양시키는 중요한 관계가 아닐 수 없다.

인간은 사회적 생활을 하면서 그 집단이 가지는 가치관, 규범, 사회적 역할 행동 양식 등의 영향을 받아 성장·발달하고 있다. 또 사회적 집단구성원으로서 살아가면서 그가 소속된 집단의 기능에 영향을 미치기도 한다. 이러한 면들은 집단을 구성하고 있는 구성원 상호 간의 작용을 통하여 이루어지는데 그 상호작용의 질은 접촉하는 사람 간의 심리적 유대에 따라 크게 달라진다. 한 집단 내에서 인간관계의 형성은 여러 가지 상호작용에 의하여 이루어지고 있다.

그 집단의 목표와 관련된 상호작용, 구성원의 상호 의존성에 따른 상호작용, 의사소통관계와 상호작용, 권력관계와 상호작용으로 인간관계가 형성된다. 이 중 구성원 간에 형성되는 상호의존관계의 여러 기준을 보면 지식과 능력에 따라 서로 의존하느냐, 아니면 감정적으로 의존하느냐에 따라 지적·정서적 관계, 개인적 욕구의 충족 또는 집단의 공동목표달성의 감정에 따라 개인적·집단적 상호의존관계, 성취적·귀속적 유형, 보편적·특수적 유형, 폐쇄적·개방적 유형 등이 있다. 이러한 유형들은 집단 내의 사회성과 구성원 간의 상호작용에 의해 다양한 인간관계가 이루어진다(신희숙, 1995). 이것은 한 인간으로서 생존하고, 정체감을 확립하고, 건전한 성격을 발달시키기 위하여 상호작용을 할 타인들을 필요로 하고, 타인들과 만족스럽고 효과적인 인간관계의 정립을 통하여 완성된 인간으로 발달할 수 있다는 것을 말한다(이형득, 1982).

대인관계란 말은 두 사람 혹은 그 이상의 인간들 상호 간에 일어나는 관계를 말한다. 즉, 인간과 인간 사이에 존재하는 상태를 말하는 것이며 그것은 다른 사람들과 화합을 원만하게 할 수 있을까 하는 것을 의미하며, 다른 사람과의 더욱 좋은 상태를 유지하기 위한 모든 내용이라 할 수 있다. 이것은 소극적인 의미이고 좀 더 적극적인 의미에서는 일정한 집단 내에서 진지한 휴머니즘에 기초를 두고 집단의 협동관계를 구축하는 방법, 기술, 관점이라고 할 수 있다. 이처럼 우리가 경험하게 되는 대인관계의 질과 양에 따라 독특한 자아를 형성·발달시킬 뿐 아니라 개인의 정체와 건전한 인격 발달에도 지대한 영향을 받게 된다(김홍배, 1995). 따라서 두 사람 또는 그 이상의 사람들 간의 역동적이고도 계속적인 상호작용의 복합적인 패턴으로서 대인관계란 그 관계를 형성하는 둘 또는 그 이상의 구성원들의 상호 지배, 상호 의존적 요소를 내포하고 있다.

한 사람이 대인관계를 맺을 때 타인에 대하여 어떻게 생각하고 있으며, 어떻게 느끼고 있는가, 또 타인을 어떻게 지각하고 있으며, 타인의 행위에 대해 어떻게 반응하는가에 따라 대인관계의 성향이 달라진다. 이와 같이 대인관계란 사회조직 내에서 두 사람 이상이 상호 접촉하는 관계를 말하며, 사회적 상호작용에서 밑바탕을 이루고 있을 뿐 아니라 그 사회적 상호작용의 질을 좌우하는 데 결정적인 요인이 된다.

2 대인관계의 중요성

인간은 사회적 존재이다. 따라서 우리는 대인관계 속에서 태어나서 대인관계 속에서 살다가 생을 마친다. 그렇지만 우리는 대부분 만족스럽고 생산적인 대인관계를 발달시키지 못하여 스스로 좌절하고 고민을 하게 될 뿐만 아니라 물질문명의 범람 속에서 정신적으로 자아를 상실하게 되는 경우가 많다. 더구나 타인과 더불어 진정한 만남의 기회를 갖지 못하는 현대 사회의 모순 속에서 가정·직장·지역 사회에서 많은 문제를 초래한다. 그렇기 때문에 우리는 모두 효과적인 대인관계의 중요성을 절감하면서 그와 같은 관계를 발달시킬 수 있는 능력을 터득하고자 노력한다(강민구, 1992).

아가일(Argyle, 1984)에 따르면 현대의 많은 사람은 불안, 고독감과 불행감을 느끼고 신경증상에 시달리는 이유가 바로 대인관계의 실패에서 기인한다고 강조하였다. 인간의 자아성취가 다른 사람과의 관계 속에서 자신의 능력을 비교·분석하여 성취감을 맛본다는 것은 타인과의 인간관계가 필수적이라는 의미이다. 어떤 이유에서건 다른 사람과 수용적인 관계를 형성하지 못한 사람은 불안·우울·욕구좌절·소외 등의 경향을 보인다. 이들은 공포감을 갖고 두려워하며, 무력감과 소외감을 느낀다.

모든 개인의 문제는 가정의 가족관계에서 출발했다고 할 만큼 출생기부터 겪는 가족과의 대인관계 경험은 사회적 대인관계 태도로까지 확대된다. 이와 함께 대인관계의 중요성은 기업체의 작업 능률 향상과도 밀접한 관계가 있다. 과거에는 생산을 높이기 위해 주로 기술적인 면에 주력했으나, 오늘날은 직장 생활 자체가 공동체적 화합을 필요로 하는 대인관계를 중시하는 경향이 있다.

대인관계에 관한 여러 학자들의 공통점은 다음과 같다(권석만, 1997; 이재창 외, 2000; 이형득, 1982).

① 인간의 삶은 전부 관계로 구성되어 있으며, 타인과의 관계를 떠나서는 잠시도 살아갈 수 없다.

② 대인관계는 한 개인의 삶의 질을 결정하는 중요한 요소로서 원만한 대인관계를 형성할 때 정체감 확립, 건전한 성격 발달, 자아성취감, 행복감, 인간의 욕구 만족이 이루어지지만, 대인관계가 충족되지 않으면 불안, 우울, 욕구 좌절, 소외 등 정서적인 어려움을 겪게 되어 심리적 병리로 이어질 수 있다.

이상의 내용을 토대로 대인관계의 중요성을 정리해 본다.

❶ 대인관계는 생존의 필요성에 기인한다고 볼 수 있다

인간은 태어날 때부터 타인의 보호와 도움을 필요로 하는 의존적 존재며, 독립적 생활을 하기까지 가장 오랜 양육기간을 필요로 한다. 또한 개체로서 인간은 생물학적으로 매우 나약한 존재로 환경 속에서 생존해 나가기 위해 타인과의 관계 속에서 살아간다.

❷ 건전한 인격 발달과 긍정적인 자아정체감의 형성을 위해서 대인관계가 중요하다고 볼 수 있다

인간의 삶에서 자아실현은 궁극적인 목표로 강조되고 있는데, 이러한 자아실현은 긍정적인 자아정체감을 바탕으로 하고 있다. 또한 긍정적인 자아정체감은 자신에 대한 평가를 바탕으로 이루어지는데, 중요한 타인(significant others)에 의해 자신이 어떻게 평가받는가와 관련된다(김소영, 1997; Gazds, 1973; Rogers, 1951).

❸ 건강하고 행복한 삶을 살아가고 삶의 질을 높이기 위해서 대인관계가 중요하다고 볼 수 있다

삶에서 대부분의 문제는 대인관계에서 파생된다. 인간의 심리적 갈등과 고통의 대부분은 관계에서 파생되며, 관계가 원만하지 못할 때 우울과 불안, 절망과 같은 부정적인 감정을 경험하게 된다.

이와 같이 인간은 만족스럽고 효과적인 인간관계의 경험을 통하여 여러 가지 사회적 욕구를 충족시켜 나갈 수 있고, 보다 풍부하고 완성된 인간으로 성장·발달하게 되며, 건강하고 행복한 삶을 살아갈 수 있다.

남을 휘두르는 사람들의 심리 8가지

남을 휘두르기 좋아하는 대부분의 사람들은 자기애가 강하다고 볼 수 있다. 특히 자기중심적이며 본인의 목적을 달성하기 위해서라면 남을 부당하게 이용해도 괜찮다고 생각한다. 심지어 휘두르는 본인이 아니라 휘둘리는 쪽이 나쁜사람이라고 비난한다. 정신건강의학과 의사이자 <나는 왜 저 인간에게 휘둘릴까?>의 저자인 가타다 다마미의 “남을 휘두르는 사람의 심리 8가지”를 이렇게 설명하고 있다.

첫째, 스스로를 과대평가한다.

왜 저런 착각을 할까 혀를 내두를 정도로 본인의 능력이나 외모를 실제보다 높이 평가하는 경향이 있다. 특히 불안이나 공포로부터 스스로를 지키기 위해 자신을 과대평가하는 사람은 자기애가 상처입지 않도록 방어벽을 치는데, 그로 인해 눈앞의 현실을 직시하지 못하고 현실적인 판단도 할 수 없게 된다.

둘째, 본인은 특별하다는 특권의식이 강하다.

아무런 근거도 없이 특권의식을 가지고 있는 경우는 단순히 착각이 심한 골치아픈 사람으로 치부하면 된다. 하지만 학벌이나 직업, 외모, 재산 등 나름 설득력 있는 근거를 내세우면서 본인이 특별한 존재이니 작은 실수쯤 용서된다고 믿는 사람인 경우에는 주변에 좋지 않는 영향을 미친다.

셋째, 지배욕구가 강하다.

극단적인 경우 무엇이든 자기 생각대로 하지 않으면 성에 차지 않아 마치 독재자처럼 행동한다. 부모가 이런 경우라면, 아이는 부모의 애정을 얻으려고 공부든 뭐든 열심히 한다. 그래서 부모 말을 잘 듣는 착한 아이가 되는 일이 많지만, 사춘기를 겪으면서 자립을 둘러싼 갈등을 겪게 된다. 그 결과 거식증이나 폭식증 등의 섭식장애를 일으키기도 한다.

넷째, 자신만의 규칙을 타인에게 강요한다.

자신만의 규칙을 강요하는 지배욕구가 강하기 때문이다. 만일 이런 직장 상사 밑에서 일하는 부하직원이라면 숨이 턱턱 막히고 무엇보다 실수를 매번 확인하느라 정작 중요한 일은 시작도 못할지 모른다. 성실, 꼼꼼함, 완벽 모두 미덕이지만 선을 넘으면 안 된다.

다섯째, 자기 의견을 다른 사람에게 강요하는 억지를 부린다.

본인이 옳다고 생각하는 견해나 가치관을 남에게 강요한다. 하지만 강요받는 쪽도 반드시 옳다고 생각하는 것은 아니다. 이처럼 자기 의견이나 방법을 남에게 강요하는 사람은 우월성을 과시하고 싶거나 자신의 불안감을 없애려는 욕망을 가졌을 가능성이 높아 주의하여야 한다.

여섯째, 욕구불만 처리 능력이 낮다.

타고난 기질이 욕구불만을 제대로 처리하지 못하고, 마음에 들지 않는 일이나 불합리한 일을 당했다 싶으면 바로 토라져서 어른스럽지 못한 행동을 한다. 응석받이로 자라거나 온실 속 화초처럼 성장해서 자기 뜻대로 되지 않으면 상대에게 화풀이를 해도 된다고 믿는 사람도 있다.

일곱째, 자기중심적이고 이해타산적이다.

주위사람을 아무렇지 않게 휘두르는 사람은 타산적이다. 자기중심적인 이들은 매사에 자신에게 득인지 실인지를 따져본다. 또 자기 보신을 위해 마치 카멜레온처럼 상대의 권력이나 영향력에 따라 태도를 바꾸는데, 이들이 이런 성향이 바뀔 가능성은 극히 낮다. 따라서 원래 그런 사람이라고 체념하고 표면적인 관계를 유지하는 것이 무난하다.

여덟째, 사회적 승인욕구가 강하고 종종 거짓말을 한다.

사회적 승인욕구도 강한 자기애에서 출발한다. 이들은 승인욕구만이 아니라 칭찬받고 싶어하는 욕구도 강하기 때문에 그 나름대로 노력을 하고 상당한 성과를 내기도 한다. 하지만 그것으로 만족하지 못하며, 항상 본인이 첫째여야만 한다. 이를 위해 때로는 본인의 경력이나 실적에 대해 거짓말을 하기도 한다.

출처: https://bonlivre.tistory.com/1680

3 대인관계의 심리적 과정

인간관계는 복잡하고 다양한 심리적인 특성을 지닌 인간 상호작용의 과정으로서 어떤 생각이나 감정으로, 어떠한 방식으로 행동하는가에 의해 인간관계의 질이 결정된다. 이처럼 인간관계에 크게 영향을 미치는 심리적 요인은 3가지로 나눈다. 따라서 인간관계에 영향을 미치는 심리적 과정 요인은 표 5-1과 같다.

표 5-1 머레이(Murray)가 주장한 인간관계에 영향을 미치는 심리적 과정 요인

첫째, 인간관계의 주체인 '나'의 심리적 특성요인이다.
둘째, 인관관계의 상대인 '너'의 심리적 요인이다.
셋째, '나'와 '너' 두 사람 사이에 일어나는 상호작용 요인이다.

따라서 인간은 각기 다른 성장과정에서 형성된 여러 가지 심리적 특성을 성격적 개성으로 지닌다. 즉, 대인동기, 대인신념, 대인기술, 대인사고, 대인감정, 대인행동 등이 인간관계에 개입하는 중요한 성격적 특징이다(김춘경 외, 2006).

1) 대인동기

동기(motive)는 특정한 목표를 향해 행동하게 하는 내면적인 원동력을 의미한다. 인간의 마음속에서 개인으로 하여금 특정한 방향으로 행동하게 하는 심리적 세력을 동기라고 한다. 즉, 동기는 개인으로 하여금 특정한 목표를 원하게 하고 그 목표를 달성하기 위한 행동을 하게 한다.

이러한 동기는 흔히 욕구(need or desire), 충동(impulse), 본능(instinct)이라는 용어로 불리기도 한다.

인간의 사회적 행동에는 이러한 동기적 요인에 의해 유발되는 것도 많다. 인간관계를 지향하게 하고 사회적 행동을 유발하는 동기적 요인을 대인동기(interpersonal motives)라고 한다. 이러한 대인동기는 사회적 행동의 원동력이 되며, 대인행동을 결정하는 주요한 심리적 요인이 된다.

다양한 대인동기를 살펴보면, 인간은 생존을 위해 영양분을 공급받고 환경의 위협으로부터 안전을 유지하기 위한 생물학적 동기, 다른 사람에게 의지하고 보호받으려는 의존적 동기, 주변 사람들과 어울리며 친밀한 관계를 맺고자 하는 친애동기, 다른 사람에게 자신의 영향력으로 지배하고자 하는 지배동기, 다양한 인간관계 중 특히 이성 관계에 영향을 미치는 대인동기와 성적 동기, 때때로 다른 사람을 해치는 공격동기, 인간으로 하여금 사회적 행동을 하게 하는 주요한 대인동기 중에서 자기 존중감의 동기 등이 있다.

표 5-2는 머레이(Murray)가 말한 인간의 중요한 사회적 욕구를 22가지의 다양한 욕구로 보여준다(한덕웅, 2004).

표 5-2 Murray가 주장한 인간의 22가지 사회적 욕구

친화욕구	자신과 비슷한 사람들과 즐겁게 행동하고 교류하려는 욕구
현시욕구	타인에게 자신의 인상을 좋게 심어 주어 흥미와 매혹을 느끼게 하려는 욕구
지배욕구	타인의 행동에 영향을 주거나 통제하려는 욕구
구호욕구	자신과 관련 있는 사람으로부터 돌봄, 지원, 보호, 사랑을 받고자 하는 의존적 욕구
공경욕구	우월한 사람에 대해서 경탄하고 지지하며 칭송하려는 욕구
양호욕구	약하고 무력하고 고통받는 사람을 동정하고 돌보아 주려는 욕구
굴종욕구	외부의 힘에 수동적으로 순응하고 굴복하려는 욕구
자율욕구	구속과 제약에서 벗어나서 자유롭게 행동하려는 욕구
유희욕구	다른 목적 없이 재미 자체를 위해서 편안한 상태에서 놀고 즐기려는 욕구
관능욕구	감각적이고 관능적 쾌락을 추구하고 즐기려는 욕구
성 욕구	성적 관계를 발전시키고 성교를 가지려는 욕구
배척욕구	싫어하는 대상을 제거하거나 추방하거나 무시하려는 욕구
공격욕구	반대에 직면해서 이를 강력히 극복하고 투쟁하려는 욕구
방어욕구	공격, 비난으로부터 자신을 방어하려는 욕구
상해회피욕구	고통, 신체상해, 질병, 위험을 피하려는 욕구
굴욕회피욕구	무시, 굴욕, 실패 등으로 인해 체면이 상하는 상황을 피하려는 욕구
질서욕구	사물을 질서 있게 배치하고 청결하게 정리정돈하려는 욕구
충동욕구	감정이나 욕구를 억제 없이 멋대로 표현하고 분출하려는 욕구
성취욕구	어려운 일을 완성하고 성취를 이루어 탁월한 존재가 되려는 욕구
만회욕구	실패를 극복하고 이를 만회하려는 욕구
이해욕구	주변 현상에 대해서 생각하고 그 원인을 분석하고 이해하려는 욕구
인내욕구	문제해결을 위해 오랜 기간 포기하지 않고 지속적으로 추진하려는 욕구

2) 대인신념

신념은 개인이 옳다고 믿고 있는 지적인 이해나 믿음을 의미한다. 이러한 신념은 인간관계에 강력한 영향을 미친다. 대인신념(interpersonal beliefs)은 대인관계와 대인행동에 영향을 미치는 개인의 신념을 말하는 것으로, 개인이 인간과 인간관계에 대해 가지고 있는 지적인 이해, 지식, 믿음 등을

의미한다. 따라서 대인신념은 일시적인 사고 내용이 아니라 지속적으로 지니고 있는 안정된 사고내용을 의미한다. 개인은 누구나 과거의 인간관계 경험을 자신의 기억 속에 나름대로 체계적인 형태로 저장하고 있다.

대인신념은 이렇게 수많은 경험내용을 체계적으로 추상화하여 마음 깊숙이 지속적으로 지니고 있는 심층적이고 안정된 신념으로서 인간관계관이다. 인간은 누구나 나름대로의 대인신념을 지니고 있으나 사람에 따라 그 신념의 내용이 자각되는 수준은 다르다. 따라서 대인신념은 대인동기와 밀접한 관계를 지니고 있으며, 대인관계에 심각한 영향을 미치는 주요한 심리적 요인이다(권석만, 2003; Ford, 1992; Schunk, 1991). 그러므로 긍정적인 사고를 통해 인간관계의 다양성과 유연성을 인식하고 올바른 신념을 가질 때 원만한 대인관계를 형성할 수 있다.

3) 대인기술

인간관계를 성공적으로 이끌어갈 수 있는 사교적인 능력을 대인기술(interpersonal skill)이라고 한다. 즉, 인간관계에서 자신이 추구하는 목표를 달성하기 위해 구사할 수 있는 언어적 또는 비언어적 능력을 의미하며 사회적 기술(social skill)이라고 부른다. 대표적인 학자 필립스(Philips, 1978)는 대인기술이란 자신의 권리, 욕구, 만족 또는 의무를 효율적으로 수행하며 동시에 타인의 유사한 권리, 욕구, 만족, 의무를 손상시킴이 없이 타인과 자유스럽고 개방적인 교환관계 속에서 자신과 타인의 권리 등을 생산적으로 공유하는 방식으로 타인과 의사소통할 수 있는 능력이다. 따라서 대인기술은 크게 언어적·비언어적 기술로 나눈다.

① 언어적 기술은 상대방의 말 경청하기나 질문하기, 공감하기와 반영하기, 설명하기, 상대방 행동 강화하기, 자기 공개하기, 자기 주장하기, 유머 사용하기 등이 있다. 따라서 대인관계에서 주된 의사소통의

통로는 언어이다. 언어는 인간의 내면적인 상태와 의도를 전달하는 가장 효과적이고 강력한 의사소통이라 할 수 있다.

② 비언어적 기술은 비언어적 행동을 통해 자신의 의사와 감정을 표현하는 기술을 의미하는 것으로 얼굴 표정, 눈 마주침, 몸의 움직임이나 신체적 접촉, 외모의 치장, 공간 활용, 음성적 행동 등을 들 수 있다. 인간의 의사소통에서 이런 비언어적 행동은 중요한 역할을 한다.

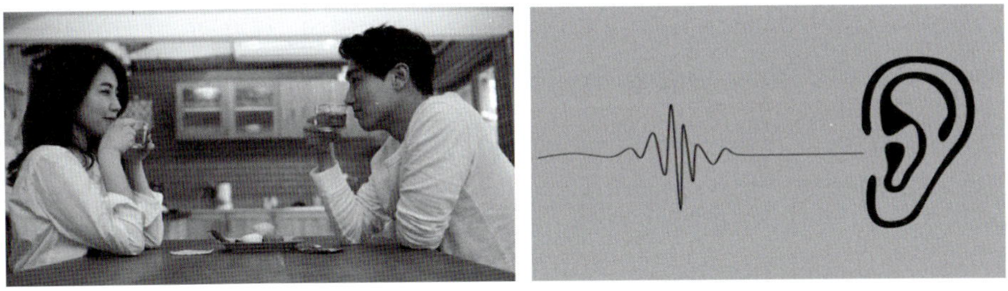

그림 5-1 비언어적 기술(눈 마주침)과 언어적 기술(경청)

대인기술이 부족한 사람은 대인관계에서 부적응까지도 경험하게 된다. 따라서 대인기술은 대인동기 및 대인신념을 실제적인 인간관계에서 행동으로 나타내는 중요한 요인이 된다. 그래서 인간관계의 향상에 관한 프로그램의 주된 내용이 대인기술에 초점을 두고 있는 것도 바로 이러한 이유 때문이다.

4) 대인사고

대인관계 상황에서 행동하기 위해서는 매순간 타인의 행동에 대한 의미를 생각해야만 한다. 이렇게 대인관계에서 일어나는 사건의 의미를 추론하는 과정과 추론된 사고 내용을 통칭하여 대인사고라 한다.

대인관계에서 발생하는 사건의 의미를 추론하는 대인사고 과정은 매우 복잡한 과정이다. 대인사고 과정을 3가지 하위 과정 또는 하위 단계로 나누어 살펴보면 다음과 같다(권석만, 2003).

(1) 의미추론 과정

의미추론 과정은 대인관계에서 일어나는 사건의 의미를 추론하는 일차적인 심리적 과정이다. 특정한 사건이 발생하게 된 원인에 대해 추론하는 일차적인 심리적 과정이다. 따라서 의미추론 과정에서 일어날 수 있는 인지적 오류는 둘 중 한 가지로 해석하는 흑백 논리적 사고(all or nothing thinking) 혹은 이분법적 사고(dichotomous thinking), 한두 번의 사건에 근거하여 일반적인 결론을 내리고 무관한 상황에도 그 결론을 적용시키는 과잉일반화(overgeneralization), 대인상황의 주된 내용은 무시하고 특정한 일부의 정보에만 주의를 기울여 전체의 의미를 해석하는 정신적 여과(mental filtering), 대인사건의 중요성이나 의미를 지나치게 확대하거나 축소하는 의미확대(magnification) 또는 의미축소(minimization), 자기 자신과 무관한 사건을 자신과 관련지어 잘못된 해석을 하는 개인화(personalization), 충분한 근거 없이 막연히 느껴지는 감정에 근거하여 결론을 내리는 감정적 추리(emotional reasoning) 또는 임의적 추리(arbitrary inference), 사람의 특성이나 행위를 기술할 때 과장되거나 부적절한 명칭을 사용하는 잘못된 명명(mislabelling), 충분한 근거 없이 다른 사람의 마음을 마음대로 추측하고 단정하는 독심술적 사고(mindreading), 충분한 근거 없이 미래에 일어날 일을 단정하고 확신하는 예언자적 사고(fortune telling)의 오류이다.

(2) 의미평가 과정

의미평가 과정은 앞 단계인 의미추론 과정에서 파악된 의미의 긍정성과 부정성을 평가하는 과정이다. 즉, 특정한 의미로 해석된 타인의 행동이 자신에게 어떤 영향을 미치는지에 대해서 평가하는 과정을 의미한다.

엘리스(Ellis, 1962)는 대인관계에서 부적응을 경험하는 사람들은 "타인은 항상 나에게 …해야 한다." 또는 "나는 언제나 타인과의 관계에서 …해야 한다."라는 절대적인 명제 형태의 신념과 기대를 지니고 있다. 이처럼 "…해야 한다." 또는 "…해서는 안 된다."라는 당위적인 명제 형태의 신념을 자신이나 타인에게 부과하며 그러한 신념에 어긋나는 결과가 발생하면 매우 부정적이고 재난적인 것으로 평가하게 된다. 따라서 이러한 신념을 지닌 사람은 기대와 현실의 괴리를 자주 느끼게 되며 심리적인 동요와 더불어 부정적인 감정을 경험하게 되는 것이다.

(3) 대처결정 과정

대처결정 과정은 대인상황에서 자신이 어떻게 행동하여 대처할 것인가를 판단하고 결정하는 심리적 과정이다. 이러한 결정 과정에서 자신이 동원할 수 있는 대처자원을 평가하고 가능한 대처방법을 고려하고 선택하여 판단이 이루어지게 된다. 이러한 판단 내용에 따라서 우리의 대인행동이 결정된다.

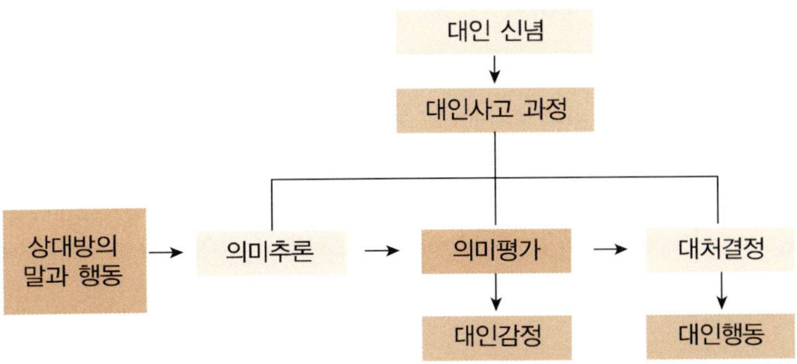

그림 5-2 대인사고 과정

5) 대인감정

대인감정은 정서적 산물이며, 나와 너의 인간관계 상황에서 느끼게 되는 여러 가지 감정이다. 기쁨, 애정, 편안함 등의 긍정적인 감정을 많이 느끼게 되는 인간관계는 만족스럽게 느껴져 그 관계를 지속하거나 더욱 심화시킨다. 반면 불안, 분노, 우울 등의 부정적 감정을 많이 느끼게 되는 인간관계는 불만스럽고 고통스럽게 느껴진다. 이러한 불만스러운 인간관계는 갈등해결을 위한 노력을 시도해야 하거나 아니면 종결해야 한다.

감정은 크게 3가지로 본다. 즉, 정서적 체험, 생리적 반응, 행동준비성으로 구성된다.

① 유쾌함-불쾌함, 좋음-싫음을 포함하는 주관적인 정서적 체험이다. 이러한 감정은 개인이 추구하는 목표와 관련된 사건에 대한 평가에 의해서 유발된다.

② 감정은 생리적 반응을 수반한다. 특정한 감정은 그에 상응하는 자율신경계의 생리적 반응을 동반하게 된다.

③ 감정의 핵심적 요소는 행동준비성이다. 특정한 감정을 느끼게 되면, 그와 연관된 특정한 행동들을 표출하게 되는 압력을 느낌으로써 그러한 행동을 할 준비를 하게 된다. 이러한 행동준비성은 감정을 유발한 사건에 대해서 효과적인 대처를 하도록 돕는 감정의 핵심적 기능이라고 할 수 있다. 따라서 감정은 기본감정과 복합감정으로 구분된다. 기본감정은 모든 인간에게 공통적으로 나타나는 원형적 감정을 뜻하는 반면, 복합감정은 기본감정의 조합에 의해 파생되는 감정을 의미한다.

프루치크(Plutchik, 1980)는 8개의 기본정서를 주장했다. 공포(fear), 분노(anger), 기쁨(joy), 슬픔(sadness), 수용(acceptance), 혐오(disgust), 기대(expectancy), 놀람(surprise)이다. 이러한 기본정서들이 혼합되면 복합정서들이 산출된다. 예를 들어, 기쁨+수용=사랑, 놀람+슬픔=실망, 혐오+분노=경멸, 기대+기쁨=낙관 등이다.

6) 대인행동

대인행동은 인간관계 상황에서 개인이 겉으로 드러내는 언어적·비언어적 행동을 말한다. 특히 대인행동은 인간관계에서 매우 중요하다. 인간관계에서의 모든 의사소통과 교류는 이러한 대인행동을 통하지 않고서는 이루어지지 않는다.

대인행동은 자발적 행동과 반응적 행동으로 구분된다.

① 자발적 대인행동은 타인에게 어떤 반응을 유발하기 위해 능동적으로 나타내는 행동을 뜻하며, 내면적인 욕구나 의도에 의해 유발되며 타인에게 접근하여 특정한 반응을 얻어내기 위해 이루어지는 경우이다. 예를 들어, 휴일에 친구를 불러내기 위해 전화를 거는 행동, 며칠간 만나지 못한 애인에게 문자를 보내는 행동, 선배에게 조언을 구하기 위해 먼저 다가가 자신의 고민을 털어놓는 행동 등이 해당된다.

② 반응적 행동은 타인의 행동에 대한 반응으로 나타내는 행동을 의미한다. 인간관계에서 서로 주고받는 행동 과정으로 상대방의 행동에 대한 반응으로 나의 대인행동을 나타내고 그에 대한 반응으로 상대방은 대인행동을 나타내게 된다. 이러한 대인감정은 정서 체험과 특정한 행동의 경향성을 수반하고, 아울러 상대방에게 어떻게 대응할 것인지를 판단하는 대처결정 과정을 거쳐 외형적인 대인행동으로 나타나게 된다.

4 대인관계의 문제점

대인관계 문제는 상호 존중적으로 작용하여 상호만족을 추구하는 관계를 형성하지 못하거나 그런 관계를 유지하고 발전시켜 나가는 데 필요한 지식이나 기술의 부재, 결함 혹은 왜곡을 의미한다(청소년 대화의 광장, 1998). 그리고 부정적이고 파괴적인 대인관계에서 자신을 보호하고 대처해 나가지 못하는 것을 의미한다.

대인관계 문제로는 사회 불안증, 사회 공포증, 사회적 고립 및 위축, 친밀한 동료의 부재, 외로움 혹은 고독, 대인갈등, 비주장적 행동, 공격적 행동, 지나친 의존적 성격, 지나치게 지배적인 성격 등이 있다.

대인관계 문제를 인지적, 정서적 및 신체적, 행동적 요소로 나누면 다음과 같다.

1) 인지적 요소

대인관계 문제를 가진 사람은 상황별 대인관계의 목표에 관한 지식, 대인관계 목표성취 방향에 관한 지식이 부족하다. 그리고 대인관계에 대해 왜곡된 지식이나 사고로 수동적이거나 이분법적 사고를 가지고 있다. 또한 과잉일반화, 부정적 사건에의 선택적 주의, 긍정적 사실에 대한 평가절하, 파국화, 낙인, 쉽게 결론을 내리는 경향이 있다.

2) 정서적 및 신체적 요소

대인관계 문제를 가진 사람은 대인관계에서 불안, 초조하고 긴장하여 몸이 경직되며, 손바닥 등에서 땀이 나고, 심장이 두근거리며 호흡이 거칠어지고 몸이 굳어지는 경향이 있다.

3) 행동적 요소

대인관계 문제를 가진 사람은 대인관계에서 시간, 대상, 상황에 맞지 않는 행동을 하거나 수동적, 소극적 행동 또는 공격적 행동을 하며, 빠르고 정확하지 않은 말투와 시선을 회피하고, 침묵을 지키거나 부적절한 미소를 짓기도 한다. 인간이 지닌 모든 불안의 근원을 대인관계에서 비롯된다고 지적함으로써 대인관계에 대한 연구가 현대인의 정신건강을 위해서 매우 중요한 의미를 갖는 것임을 시사하고 있다.

즉, 대인관계 문제란 상호 존중으로 작용하여 상호만족을 추구하는 관계를 형성하지 못하거나 그런 관계를 유지하고 발전시켜 나가는 데 필요한 지식이나 기술의 부재, 결함 혹은 왜곡을 의미한다. 따라서 일반적으로 청소년이 겪는 대인관계 문제는 5가지로 나뉜다(박경애, 1998).

① 동성친구 관계에서 주로 겪는 문제이다. 친구를 사귀지 못하거나 진정한 친구가 없어 느끼는 외로움 등 '관계형성'의 어려움이 있다. 그리고 친구 사이의 경쟁 및 적대감이나 불신, 친구들과의 싸움과 다툼 등 친구 간의 갈등이나 갈등 대처양식이 없어 대인관계 문제를 겪는 경우가 있다. 즉, 친구의 소외, 따돌림, 무시당함 등으로 어려움을 겪는 경우가 있다.

② 이성친구 관계에서 발생하는 문제는 짝사랑, 데이트 불안, 이성에 대한 잘못된 가치관을 가지고 있거나 건전한 이성교제 방법이 미숙하여 겪는 어려움 등을 들 수 있다.

③ 부모와의 관계에서 겪는 문제는 부모와의 거리감, 소홀, 무관심 등 부모와 긍정적인 관계를 형성하지 못하여 겪는 어려움이 있다. 의사소통이 안 되거나 지나친 관심과 개입을 하거나 차별 및 비교로 갈등을 겪는 등 부모와의 갈등 및 갈등 해결양식이 없어 겪는 어려움이다. 즉, 체벌, 구타, 학대 때문에 부모를 무서워해서 생기는 갈등이 있고, 결손가정의 부적응, 부모의 능력부족으로 말미암아 열등감, 반항, 무시 등으로 갈등을 겪는 경우가 있다.

④ 교사와의 관계에서 겪는 문제로는 교사가 다른 학생과 차별·편애하는 경우, 체벌과 폭력으로 반발과 반항심을 가지는 경우 등 교사와 관계가 원활하지 못하여 어려움을 겪게 되는 경우다.

⑤ 기타 관계에서 겪는 문제로는 선·후배 관계의 문제가 있다. 선배의 강요와 제재가 가정생활과 학교생활에 부정적인 영향을 미치는 경우다.

"이제 와서 친구 사귈 수 있을까요?" 올해 서울시내 A 대학에 다니는 신입생 최모씨(19)는 입학 후 2개월여가 지났지만 아직 함께 다니는 친한 친구가 없어 고민이다. 동기들은 벌써 학과, 동아리 등에서 여러 친구들을 사귀어 함께 놀기도 하지만 최씨는 아직 학교 밖에서 친구를 만난 적이 없다. 최씨는 "학과 학생회 활동도, 동아리 활동도 안 하다 보니 친구 사귈 기회가 많지 않았던 것 같다"며 "친구 사귈 시기를 놓쳐서 학교 생활이 위축되다 보니 더더욱 먼저 다가가기가 어렵다"고 말했다.

최씨와 비슷한 고민을 하는 직장인도 있다. 지난달 경기도 소재 B회사에 입사한 신입사원 강모씨(29)는 동기와의 대인관계에 어려움을 겪고 있다. 대학생 때까지만 해도 사교성 있는 편이었던 강씨는 유독 회사에 적응하지 못하고 있다. 동기들에게 먼저 다가가려 노력해봤지만 그때마다 동화되지 않는다는 느낌을 받았다. 취미, 관심사가 달라 좀처럼 대화에 진척이 없었다. 강씨는 "역설적이게도 다가갈수록 어색해지는 걸 느껴서 더 이상은 안될 것 같다"며 "이대로 오랫동안 지내기엔 무리겠지만 뾰족한 수가 없다"고 토로했다.

대인관계에 어려움을 겪는 것은 비단 소수의 문제가 아니다. 사회에 갓 발을 내디딘 신입생과 신입사원 중 대인관계에 어려움을 겪는 이들이 많다. 2015년 서울대 대학생활문화원이 신입생을 대상으로 스트레스를 느끼는 분야를 조사한 결과 대인관계 문제가 학업, 진로에 이어 3위를 차지했다. 또 지난해 온라인 취업포털사이트 사람인이 322개 기업을 대상으로 설문조사를 한 결과에 따르면 신입사원 조기퇴사자 중 19%는 대인관계 어려움으로 퇴사한 것으로 나타났다.

대인관계 장애가 발생하는 원인은 다양하다. 당사자의 성격이 주된 원인일 수도 있고, 환경적인 측면이 관계를 맺는 데 장애물이 되기도 한다. 대인관계 문제를 해결하기 위해선 원인을 파악하는 것이 중요하다. 그러려면 자기 자신에 대해 명확히 파악하는 것이 선행돼야 한다. 이상 허그인 심리상담센터 부원장은 '내가 무리에 끼지 못하나'란 의문이 들었을 땐 외로운 건지, 소외감을 느끼는 건지, 내 성향과 성격은 어떤지 등을 검토하는 것이 중요하다"며 "고쳐보고 싶다는 생각이 들면 대학생은 학내 상담센터, 직장인은 직장 내 혹은 외부 상담센터를 통해 원인을 파악하고 개선점을 찾아보는 것도 방법이다"라고 말했다.

욕심을 버리려는 자세도 필요하다. 신입은 학업, 업무는 물론 대인관계에서도 처음부터 잘해야 한다는 강박에 사로잡힐 수 있다. 그러나 전문가들은 처음부터 완벽을 추구하려는 것이 부담으로 작용해 오히려 독이 될 수 있으니 여유를 가져야 한다고 조언한다. 김정은 마인드 힐링 심리상담센터 센터장은 "너무 잘 하려는 자세는 대인관계를 불편하게 만들 수 있다"며 "본연의 모습으로 조직 분위기에 서서히 흡수될 때 사람들과 편안한 인간관계를 형성할 수 있다"고 말했다. 또한 김 센터장은 "직장 내 대인관계의 경우 너무 가깝지도, 멀지도 않은 안정된 거리를 유지하는 게 오히려 오래 직장 생활을 하는 데 도움이 된다"고 설명했다.

성격의 문제가 아닌 환경적인 요인에서 기인한 대인관계 장애일지라도 개선의 노력을 보일 수 있다. 가령, 대학 신입생의 경우 장시간 친구들과 함께 있는 고등학교와 대학는 환경이 다르기 때문에 교우 관계를 맺는 데 어려움을 호소할 수 있다. 이럴 땐 관계 개선을 위해 적극적인 자세를 취해야 한다. 김현정 고려대 학생상담센터 상담교수는 "선후배, 동기 등과 약속을 잡거나 동아리를 하는 등 적극적으로 만남을 가지려는 태도가 필요하다"며 "그래도 개선이 어렵다면 혼자서 앓기보단 주변인들에게 도움을 청해야 한다"고 말했다.

그렇다고 해서 과도하게 상대방의 기대 혹은 기준에 자신을 맞추는 것이 능사는 아니다. 오히려 역효과가 발생할 수 있기 때문이다. 이 부원장은 "억지로 다른 사람에 맞춰 가면을 쓰다 보면 언젠간 그 가면이 깨질 날이 올 수 있다"며 "때로는 자기주장과 하고 싶은 일을 해보고 타인을 설득하는 과정도 필요하다"고 조언했다.

한국일보, 2017, 출처: https://news.v.daum.net/v/20170518142931158

5 대인관계의 분석기법

1) 교류분석(Transaction Analysis) 개념

교류분석(TA)은 미국의 정신학자 번(Berne)에 의해 개발된 임상심리학에 기초를 둔 인간행동에 관한 분석체계 또는 이론체계로서 인간관계가 존재하는 모든 장면에 적용할 수 있는 이론이다(이도영 외, 1999).

트랜잭션(Transaction)이란 원래 '거래(去來)'를 의미하는 상업용어이지만 여기에서는 대화, 의사소통, 교류 등의 의미로 사용한다. 그리고 이것은 더 나아가 단순히 표면상의 말의 교환뿐만 아니라 말도 함께 전해지는 의도, 감정, 느낌 등을 포함한 깊은 수준의 관계를 의미하는 것이다(이정연, 2000). 따라서 교류분석(TA)은 효과적인 대인관계 형성과 매우 밀접한 관계를 가지고 있다.

교류분석(TA)은 자신의 이해로부터 출발하여 타인을 이해하고, 자기와 타인의 관계를 이해함으로써 대인관계를 개선하는 데 목적이 있다고 하겠다. 교류분석(TA)의 대인관계 개선과정을 도식으로 나타내면 그림 5-3과 같다.

자기이해	⇨	타인이해	⇨	인간관계 개선 (효과적인 대화)

그림 5-3 대인관계의 개선과정(이도영 외, 1999)

2) 자아 상태

번은 대인관계의 주체인 개인 속에는 아이 자아(C), 성인 자아(A), 어버이 자아(P)의 3가지 자아 상태가 존재한다. 따라서 교류분석 자아 상태 구조 분석은 그림 5-4와 같다.

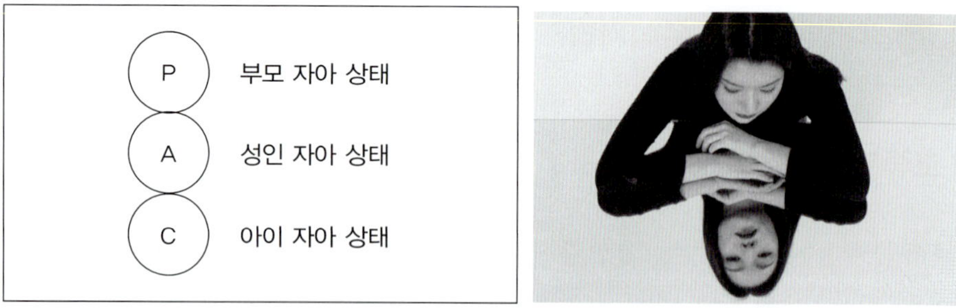

그림 5-4 교류분석의 자아 상태 구조 분석

(1) 어버이 자아(P)

비판적 그리고 보호적 행동 특성을 나타내도록 개인의 내부에 작용한다. 구체적으로 부모 자아 상태는 어릴 때 부모를 포함한 의미 있는 연장자들의 말이나 행동을 무비판적으로 받아들여 내면화시킨 것으로 기능상 비판적 부모 자아(critical parent: CP)와 보호적 자아(nurturing parent: NP)로 나눌 수 있다.

(2) 아이 자아(C)

천진하고 자연스럽고, 자유로운 행동특성 및 충동과 직관적인 행동특성이며, 다른 한편으로는 쾌, 불쾌 및 공포의 두려움 같은 감정적인 행동특성을 보이게 작용한다. 구체적으로 아이 자아 상태는 생득적으로 일어나는 모든 충동과 감정 그리고 5세 이전에 경험한 외적 상황에 대한 반응양식이 내면화된 것이며, 자유로운 자아(free child: FC)와 순응하는 아이 자아(adapted child: AC)로 나눈다.

(3) 성인 자아(A)

과거의 묵은 경험이 자료들로 구성되어 있는 부모 자아나 아이 자아의 자료들을 현실에 맞게 타당화시키는 기능적 작용을 한다. 성인 자아는 부모 자아와 아이 자아의 자료들을 검토하여 부모 자아에 의한 편견과 독선

그리고 아이 자아에 근거하는 현실적으로 부적절하고, 유아적인 부적응적 행동을 방지할 수 있게 하는 기능을 한다.

모든 사람은 3가지 자아를 모두 소유하고 있으며, 대인관계에 있어서 상황에 따라 아이 자아로 됐다가 부모 자아로 혹은 성인 자아로 움직이는데, 이 변화 역시 우리가 누구와 만나서 관계하느냐에 따라 달라진다. 따라서 교류분석한 대인관계의 핵심은 상대방의 의사교류 내용을 그 시점에서 드러나는 자아 상태로 분석하여 그 자아 상태에 가장 적절하게 반응하는 데 있다.

3) 교류분석 유형

자아 상태는 인간의 욕구에 부합되는 것으로 가정하는 적응양식이다. 사람들 간의 의사소통 과정이다. 교류 유형은 3가지 유형, 즉, '보완적 교류(complementary transactions)', '교차적 교류(crossed transactions)', '저의적 교류(ulterior transactions)' 중의 하나를 가정한다. 따라서 교류분석 유형은 그림 5-5와 같이 나타낸다.

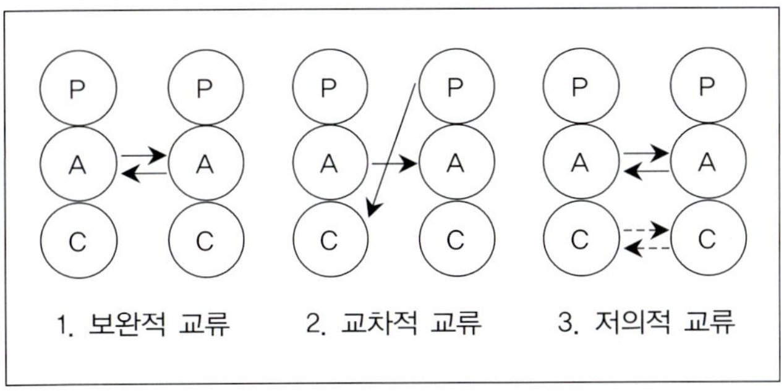

그림 5-5 교류분석 유형

Thema 05 대인관계의 이해

(1) 보완적 교류

이 교류는 당신의 어떤 자아 상태가 상대방의 어떤 자아 상태에 보낸 자극에 따라 원하는 반응을 하는 것이다. 즉, 당신의 3가지 자아 상태와 상대방의 3가지 자아 상태가 서로의 욕구를 충족시키는 평행선을 이루는 교류다. 보완적 교류는 인정이나 어루만짐이 서로에게 보완적이기 때문에 반응이 계속된다.

(2) 교차적 교류

상대방이 원하는 욕구가 무시되거나 잘못 이해되어 나타나는 반응의 교류다. 대화는 상대방의 욕구가 무엇인가를 파악한 후 이루어진다. 상대방의 욕구는 무시하고 엉뚱한 반응을 하면 대화가 중단된다. 상대방이 정보를 제공하는 대화는 지속된다. 당신의 직장상사가 권위적인 태도로 당신의 아이 자아 상태에 대화를 걸어오면 그 상황에 맞게 그의 태도를 파악하여 반응하는 것이 필요하다.

(3) 저의적 교류

동시에 이중적인 메시지가 전달되는 교류이다. 예를 들어, 당신의 언어적 메시지인 말의 내용과 비언어적 메시지인 음성이나 얼굴표정이 다른 경우이다. 사회적으로 수용되는 의사소통의 이면에 심리적인 의도가 깔려 있는 교류로 대화하는 사람이 이중적 메시지를 보내는 경우이다.

교류분석에서 각자의 부모 자아, 성인 자아, 아이 자아 중 어느 자아 상태가 기능하느냐에 따라 그 형태가 달라진다. 교류자극과 반응의 연쇄적 상호작용의 과정에서 어떤 성질의 교류자극을 보내고, 어떻게 지각하고 반응하느냐에 따라 대인관계의 문제가 좌우되므로 교류분석은 대인 간의 관계를 탐구하여 효과적인 대인관계 기술을 개발하는 것이다(이형득 외, 1982).

◎ 교류분석: 나는 누구일까?

다음의 문항을 읽고 그것이 자신을 표현하는 내용이라고 생각되면 2점, 모호하면 1점, 전혀 그렇지 않다면 0점으로 아래의 빈칸에 표시해 주세요.

문항	내용	CP	NP	A	FC	AC
1	자기의 손익을 생각하고 행동하는 편이다.					
2	자유롭게 행동하는 사람이라고 생각한다.					
3	남의 말을 가로막고 자기 생각을 말하는 편이다.					
4	생각하고 있는 바를 잘 말하지 못하는 편이다.					
5	다른 사람을 엄하게 비판하는 편이다.					
6	다른 사람에 대해 헤아려 주는 편이다.					
7	상대방의 좋은 점을 잘 알아차리는 편이다.					
8	대화 중에 감정적으로 되는 일이 적다.					
9	시간 약속을 소홀히 하는 것을 싫어한다.					
10	호기심이 강한 편이다.					
11	사람들로부터 좋은 인상을 받고 싶어한다.					
12	남이 부탁하면 거절 못하는 편이다.					
13	양보심이 많으며 적극적이지 못하다.					
14	사회의 규칙, 윤리, 도덕 등을 중시한다.					
15	사물을 분석적으로 깊게 생각한 다음 결정한다.					
16	싫은 일은 이유를 대 뒤로 미루는 경향이 있다.					
17	남의 일을 돌보아 주는 것을 좋아한다.					
18	자기 생각을 주장하기보다 굽히는 경우가 많다.					
19	감정보다는 이성적인 편이라고 생각한다.					
20	예절, 규범에 까다로운 편이다.					
21	남의 의견을 찬반양론을 듣고 참고로 한다.					
22	오락, 음식 등을 만족할 때까지 찾는 편이다.					
23	책임감을 남에게 강하게 요구한다.					
24	남에 대해 융통성이 있는 편이다.					
25	남의 안색이나 말에 신경을 쓰게 된다.					
26	괴로울 때는 참는 편이다.					
27	……을 해야 한다는 말을 자주 사용한다.					
28	말하고자 하는 바를 서슴없이 말하는 편이다.					
29	작은 잘못이라도 대충 지나치지 않는 편이다.					

30	남의 기대에 어긋나지 않도록 노력을 많이 한다.					
31	자신의 감정을 억누르는 편이다.					
32	원하는 것을 손에 넣지 못하면 못 배기는 편이다.					
33	무슨 일이나 사실에 입각해서 쓴다.					
34	야, 멋있다 등의 감탄사를 자주 쓴다.					
35	자신감이 없고 열등감을 느낄 때가 많다.					
36	여러 가지 책을 많이 읽는 편이다.					
37	농담을 잘하는 편이다.					
38	화내는 일이 잦다.					
39	'좋아, 나쁘다'를 분명하게 말한다.					
40	앞으로의 일을 냉정하게 생각하고 행동한다.					
41	잘 모르는 것은 질문이나 상의해서 처리한다.					
42	아이들이나 부하, 후배의 잘못에 대해 관대하다.					
43	상대방의 말에 귀를 기울여 공감하는 편이다.					
44	아이들이나 부하, 후배를 엄격히 교육시킨다.					
45	흥에 취하면 도가 지나치게 행동을 할 때가 많다.					
46	길을 물으면 천천히 친절하게 잘 가르쳐 준다.					
47	감정이 풍부하고 눈물이 많은 편이다.					
48	친구나 가족들에게 무엇이든 사주는 것을 좋아한다.					
49	몸이 좋지 않을 때에는 무리하지 않고 짜증낸다.					
50	동정심이 많다고 생각한다.					
	합계					

[나의 교류분석]

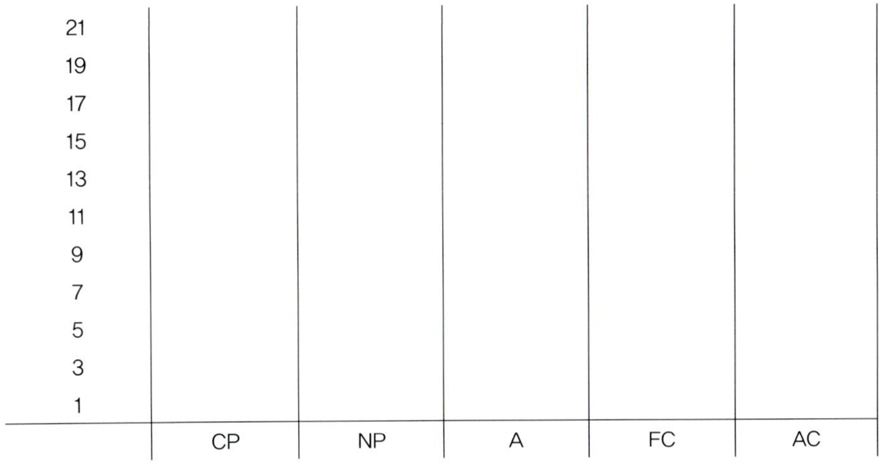

[교류분석 해석]

자아	장 점	단 점	특 징
CP	의사결정, 신속성, 명확한 판단, 칭찬이나 비판, 판단기준의 설정, 지휘감독, 위기에 대처할 때	남을 무시함, 남의 의견을 듣지 않음, 경직되어 있으며, 자신을 과시함	칭찬이나 비판 옳고 그른 것을 판단, 의사결정, 지시명령, 교육, 훈육, 기준이나 지침, 방침의 설정
NP	상대를 보호할 때, 지지적인 태도가 필요할 때, 상담할 때, 상대의 의사결정을 돕고 싶어 함	상대방의 의존적인 태도를 키우게 되며, 어려움을 스스로 극복하는 기회를 잃게 됨	보호하고, 돕고, 가르치고, 지지하고, 격려함
A	목표지향적, 언제나 공평 무사, 합리적, 객관적임	시간의 지연, 의사결정을 못함, 비인간적이라는 비판을 받음	정보수집, 원인 분석, 문제해결, 의사결정, 심사숙고함
FC	창조적이며, 재미있음, 솔직하며, 의욕적임, 적극적임	유치하며, 주변에 불안감을 줌, 제멋대로 행동함, 규정이나 질서를 무시함	웃고, 놀고, 농담하고, 공격적임, 개방적이며, 충동적임
AC	시간절약과 중요한 일을 할 때 권위자나 상사에게 인정을 받음, 남의 모범이 됨	자존감이 없음, 양보가 너무 많으며, 우물쭈물함	순종적이며, 상대의 눈치를 많이 봄, 협조적이며, 자기주장이 많이 약함

4) 조하리 창

(1) 개념

조하리 창(Johari Window)은 교류분석과 함께 대인관계 분석에서 널리 활용되고 있으며, 이는 조셉 루프트(Joseph Luft)와 해리 잉햄(Harry Ingharm, 1955)의 조하리 창이다(장동운, 1997). 처음에는 대인관계의 유형을 설명하기 위해 개발된 것이었으나 대인관계능력의 개선방향이나 인간갈등의 원인을 설명하는 데 자주 활용한다.

세상을 살아가다 보면 우리는 '나도 내 자신을 잘 모르겠다'고 느끼는 경우가 있으며, 나도 깨닫지 못했던 내 자신의 참모습을 다른 사람들이 일깨워주는 경우가 종종 있다. 조하리 창은 자신과 타인에게 투영되는 자기의 모습을 통하여 대인관계에서의 갈등원인을 설명하고, 그 해결방법을 제시함으로써 대인관계능력의 발전방향을 제시해 주고 있다. 조하리 창은 인식(awareness)을 통해서 관계(relationship)를 설명하는 모델로서 그림 5-6과 같이 크게 4부분(개방영역, 맹목영역, 사적영역, 미지영역)이며, 자신의 자기개방과 자신에 대한 타인의 피드백이라는 것으로 구성되어 있으며, 각 부분의 특징은 다음과 같다.

저자 공개 정도	피드백 →	자신에게 알려진 부분	자신에게 알려지지 않은 부분
	타인이 아는 정보	Ⅰ. 개방영역 (OPEN AREA)	Ⅱ. 맹목영역 (BLIND AREA)
	타인이 모르는 정보	Ⅲ. 사적영역 (HIDDEN AREA)	Ⅳ. 미지영역 (UNKNOWN AREA)

타인의 시각 타인이 나를 아는 부분

그림 5-6 조하리 창(Lurt, 1961)

❶ 개방영역(open area)

자유행동(free activity)의 영역 또는 개방영역(open area)이라고 하며, 자신과 다른 사람이 알고 있는 행동, 정보, 태도, 감정, 희망, 생각, 동기(motivation)에 적용되는 영역이다. 즉, 나도 알고 있고 다른 사람에게도 알려져 있는 나에 대한 정보이다.

❷ 맹목영역(blind area)

우리가 자신에 대해 알지 못하는 것을 다른 사람이 인식할 수 있는 영역이다. 예를 들어, 특이한 말버릇, 독특한 성격, 몸에서 나는 냄새, 코를 만지는 습관 등이다. 다시 말해서, 나는 모르지만 다른 사람은 알고 있는 나의 정보이다.

❸ 사적영역(hidden area)

회피하고(avoided) 감추어진(hidden) 영역으로 우리가 알고 있지만 다른 사람에게 알리지 않은 것을 나타낸다. 예를 들어, 신부님께 고해성사를 하는 내용이 여기에 해당된다. 이것은 나는 알고 있지만 다른 사람에게는 알려지지 않는 정보이다.

❹ 미지영역(unknown area)

자신이나 다른 사람이 자신의 어떤 행동이나 동기(motives)에 대해 모르는 영역을 가리킨다. 즉, 최면술 등을 통해서 일부분 알게 되어 영역의 존재를 추정할 수 있고, 알려지는 순간 그 미지의 행동이나 동기는 다른 영역에 영향을 미친다. 즉, 나도 모르고 다른 사람도 알지 못하는 나의 부분을 의미한다.

개인의 4가지 영역은 각기 영역의 확장과 축소가 이루어진다. 새로운 집단에서 한 개인의 개방영역은 개방과 자발적인 상호작용이 많지 않아서 매우 작을 수밖에 없다. 집단이 성장하고 성숙해지면서 개방영역은 크기가 확장되는데 이는 우리 자신에 대해 친숙해지고 다른 사람들이 실제 있는 그대로 인지하게 되는 것으로 자신의 행동이 더욱 자유로워지게 된다.

사적영역은 개방영역이 더 커짐에 따라 그 영역이 줄어들게 된다. 영역이 줄어든다는 것은 자신이 알고 느끼는 것을 숨기거나 부정할 필요성이 줄어드는 것을 말한다. 즉, 상호 신뢰가 증진되는 분위기에서 적절한 생각과 감정을 숨길 필요가 줄어들게 되는 것이다.

맹목영역에서의 넓이의 변화는 서서히 이루어진다. 보통 우리는 다른 사람이 행동하는 무엇인가에 대해 느낀 것을 숨기는 심리적 특성이 있어서 맹목영역에서는 사적영역보다 넓이가 줄어드는데 더 오랜 시간이 소요된다.

미지영역은 추정하는 영역이나 최면술과 같은 실험 조건에서나 약물 복용에 의해서 일시적인 변화를 보여주지만, 그러한 변화가 맹목영역의 변동보다 매우 천천히 일어남을 추정할 수 있다. 어떤 점에서 미지영역은 이론적으로 그린 그림보다 개인의 관계에서 더욱 넓은 영향을 준다.

(2) 조하리 창의 대인관계 유형

조하리 창을 이용한 대인관계 유형이 있다. 즉, 효과적인 대인관계를 유지하기 위해서는 자기개방과 피드백 과정을 모두 적절히 이용해야 한다. 그림 5-7는 자기개방과 피드백을 어떻게 운영하느냐에 따라 4가지 대인관계 유형은 다음과 같다(김건대, 1995).

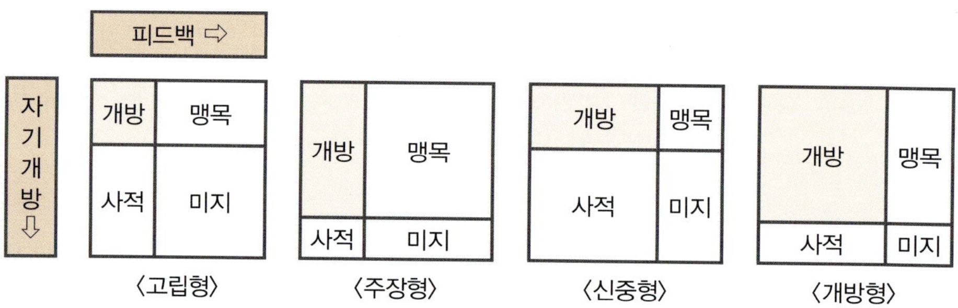

그림 5-7 조하리 창의 대인관계 유형

① 고립형(고독형, loner)은 자기 개방을 하지 않거나 피드백을 받지 않아서 개방영역이 매우 작다. 고립형은 자신을 노출시키지 못하기 때문에 다른 사람이 그에 대하여 알지 못해서 사적영역이 커진다. 또 피드백도 받지 않기 때문에 맹목영역도 커지며 그 결과 다른 사람이 자신을 어떻게 보는지 알지 못하여 결국 미지의 영역이 매우 커진다. 따라서 이 유형의 사람들은 고립되고 혼자 있기를 좋아하고 비사교적이어서 다른 사람에게 냉담하고 무관심한 사람으로 보이기 때문에 접근하기를 주저한다. 따라서 이 유형은 인간관계에 좀 더 적극적, 긍정적 태도를 가질 필요성이 있다. 즉, 인간관계의 개선을 위해서는 일반적으로 미지의 영역을 줄이고 공개적 영역을 넓히는 것이 바람직하다.

② 주장형은 맹목적 영역이 가장 넓다. 자신의 기분이나 의견을 잘 표현하고 나름대로 자신감을 지닌 솔직하고 시원시원한 사람으로 보일 수 있다. 이는 말을 많이 하면서 적게 경청하는 유형으로, 자기 개방은 많이 하면서 피드백을 거의 받지 않는다. 이러한 유형은 자신의 의견에 자신 있으며 다른 사람의 복종을 요구하려 한다. 위계적 조직구조에서는 관리자가 이 유형을 주로 사용하고 있다. 왜냐하면 관리자란 주장이 강해야 하고, 매사에 자신감이 있으며, 지시적이 되어야 하기 때문이다. 특히, 부하나 동료와의 관계에서 이러한 경향이 두드러지게 나타난다. 따라서 주장형은 다른 사람의 말에 좀 더 진지하게 귀를 기울여 경청하도록 노력해야 한다.

③ 신중형(exhibitionist)은 숨겨진 영역이 가장 넓다. 이는 다른 사람에 대해서 수용적이고, 속이 깊고 신중한 유형이다. 다른 사람들의 대화를 잘 경청하지만 자신의 이야기는 잘하지 않는 사람이다. 그리고 자신의 속마음을 잘 드러내지 않는 크렘린형의 사람이 많고, 계산적이고 실리적인 경향성이 있다. 이 신중형은 내면적으로 고독감을 느끼는 경우가 많고 현대인에게 자장 많은 형이다. 그리고 신중형은 자기개

방을 통해 다른 사람과 좀 더 넓고 깊이 있는 교류가 필요하다.

④ 개방형(open-minded persons)은 자기개방과 피드백을 모두 효율적으로 활용하는 유형으로 개방영역이 가장 넓은 사람들의 유형이다. 개방형 특성은 정직성(candor), 개방성(openness), 대인 간 감수성(interpersonal sensitivity)으로 대체로 인간관계가 원만한 사람들이다. 이 유형의 사람은 능력이 있고, 안정되고, 융통성이 있으며, 외향적인 경향을 나타내서 피드백에 덜 방어적이므로, 대인관계를 통해서 자신에 대하여 많이 알게 된다. 그러나 너무 지나치게 공개적 영역이 넓은 개방형 사람들은 말이 많고 주책스런 경박한 사람으로 보일 수도 있다(권석만, 2007; 김경중, 2003).

결론적으로 조하리 창을 통하여 타인의 피드백을 수용하여 몰랐던 나 자신을 알게 되고, 또 나만이 알고 있는 은폐영역을 개방해 줌으로써 서로의 관계가 깊어지는 것을 체험하는 것이다. 따라서 타인을 받아들이기 위한 수용하는 자세와 나를 타인에게 개방하는 자세가 중요하다.

대인관계란 남이 있고 내가 존재한다는 의식이다. 내가 있은 후에 남이 있다는 자기 의욕을 앞세우면 대인관계의 성공은 어렵다. 먼저 남이 있고 그 후에 우리 모두 속에 나도 있다는 의식이어야 한다. 바로 상대성 원리가 인간관계의 본질이다.

하나, 남을 사랑하면 내가 사랑 받는다.
둘, 남을 미워하면 내가 미움 받는다.
셋, 남을 행복하게 해야 내가 행복하게 된다.
넷, 남을 불행하게 하면 내가 불행하게 된다.
다섯, 남을 도와주면 내가 도움 받는다.
여섯, 남을 피해주면 내가 피해 받는다.
일곱, 내가 진실하면 남도 내게 진실하다.

여덟, 남을 속이면 나도 속게 된다.
아홉, 남을 칭찬하면 나도 칭찬 받는다.
열, 남을 욕하면 나도 욕을 먹게 된다.
열하나, 내가 미소 지으면 남도 미소 짓는다.
열둘, 내가 찡그리면 남도 찡그린다.
열셋, 언제나 밝은 표정이면 모두가 밝은 표정이 된다.

위와 같은 원리는 자세히 보면 상대적이다. 대인관계는 상대적임을 명심하고 마치 거울 같아서 곧바로 나에게 반사작용이 일어남을 잊지 말라!

Thema 6

친구관계의 이해

01 친구관계의 정의

02 친구의 특성

03 친구관계의 질

04 친구관계에 미치는 요소

05 친구관계의 사회성 발달

학습목표

* 친구관계의 정의에 대하여 이해한다.
* 친구의 특성에 대하여 이해한다.
* 친구관계의 질에 대하여 이해한다.
* 친구관계에 미치는 요소에 대하여 이해한다.
* 친구관계의 사회성 발달에 대하여 이해한다.

1 친구관계의 정의

인간은 생의 초기부터 가족을 중심으로 기초적인 사회적 관계를 형성하게 되며, 성장함에 따라 이러한 사회적 관계는 점차 확대되며 발달하게 된다. 아동기까지 부모, 형제 등 가족과의 관계가 주된 사회적 관계였던 것과는 달리, 청소년기는 가족으로부터의 독립욕구가 강해지면서 평등한 권위관계를 유지할 수 있는 또래집단에 상대적으로 몰입하려는 발달적 특성을 갖고 있으며, 이는 친구의 공통적인 관심과 문제, 고민을 함께 나누는 관계로서 소속감과 심리적 안정을 주고, 성인의 압력이나 간섭에 대항하는 힘을 주는 준거집단이 되는 기능을 갖고 있다. 부모 혹은 성인과의 관계가 위계적인 성격을 띠는 반면에, 친구관계는 평등적인 성격을 갖기 때문에 사회화를 학습하기 위한 청소년기의 친구관계는 매우 큰 정의가 있다고 볼 수 있다(김미란, 2002).

따라서 친구관계는 일생을 통해 개인의 복지와 적응에 중요하며 생애 주기에 따라 다양한 의미와 질적인 차이가 존재하고 있다(Hartup & Stevens, 1997). 생애주기 중 청소년의 친구관계는 사

춘기와 관련된 생리적 변화에 따른 관심의 전환, 주변인적인 사회적 위치로 인한 평등한 관계형성의 기초 제공, 인지적 변화에 따른 상호관계의 중요성 지각 등과 관련해서 매우 중요하다(Berndt, 1982).

실제로 청소년들은 아동들과 비교했을 때 자신에 대한 정보를 더 많이 친구들에게 털어놓고 있으며 동반자, 자기 자신, 친밀감에 대한 욕구를 충족함에 있어 부모보다 친구에게 더 많이 의존하고 있다. 친구는 애정이나 관심, 흥미, 정보 등을 공유하면서 타인과 접촉을 유지하는 이원 관계이며, 독특한 애착, 친밀관계를 유지하는 관계이다(Hartup, 1983). 따라서 친구관계에 대한 다양한 정의를 종합해 보면 친구관계의 본질은 다음과 같다.

(1) 친구관계는 '좋아함'의 특성을 지닌 인간관계이다

서로 좋아함은 둘 혹은 그 이상의 개인이 시간이 흘러도 지속적으로 친구로 선택하는 것을 말한다.

(2) 친구관계에서 '상호성'은 필수적인 요소이다

애정과 존중이 상호적일 때만 우정이 유지되며, 친구관계는 상호성, 균형, 애정, 친밀감이나 혜택을 친구와 함께 나누려는 시도 등의 특성을 갖고 있다.

(3) 친구관계와 인기는 구별될 수 있다

인기가 꼭 친구관계로 발전되지는 않으며, 친구관계는 특정 동료로부터 선호되는 것을 의미하기 때문에 인기가 없더라도 친구관계를 갖는 것이 가능하다(오선영, 2000; Masters & Furman, 1981).

이러한 친구관계는 또래관계와 자주 혼용되어 사용되어 왔다. 또래관계는 비슷한 나이 또래의 집단 내에서 개인이 맺고 있는 일반적인 관계를 일컫기 때문에 생물학적인 연령이 강조되고, 친구관계는 주로 두 친구의 관계에 국한되어 사용되며, 관계의 친밀함이나 호혜성을 내포하고 있다. 아동의 또래관계 연구는 주로 또래집단 내에서 아동의 지위나 또래 수용도를 주제로 연구된 반면, 친구관계는 두 친구 사이에서 경험된 다양한 사회 정서적 지원 및 갈등 등에 연구의 초점이 맞춰지고 있다.

2 친구의 특성

청소년기가 시작되면서 친구관계는 신뢰와 친밀감을 바탕으로 한 성숙한 인간관계로 발전한다(Fehr, 1996). 청소년기 친구에 대한 애정과 의존도는 학령기 후반부터 증가하기 시작하여 청소년기에 최고조에 달한다(Furman, 1996). 따라서 친구는 인생의 다른 동반자인 가족, 연인, 직장동료와는 구분된다.

친구관계가 지니는 몇 가지 일반적인 특성은 다음과 같다(권석만, 1997).

(1) 친구관계는 대등한 위치의 인간관계이다

친구관계는 흔히 나이나 출신지역, 출신학교나 학력 그리고 사회적 신분 등에 있어서 비슷한 사람과 맺는 친밀한 관계이다. 이러한 속성에 현저한 차이가 있는 사람 간에도 친구관계가 형성될 수 있지만, 친구관계는 수직적 관계보다는 수평적 관계의 속성을 지닌다. 따라서 친구관계가 상사와 부하의 관계, 스승과 제자의 관계, 부모와 자녀의 관계와 구분되는 점이다. 인간관계에서 가장 민주적인 관계를 경험하는 것이 친구관계이다.

서로에게 힘이 되어주는 친구는 인생에서의 대등한 위치의 동반자이다.

(2) 친구관계는 가장 순수한 인간지향적인 대인관계이다

친구관계는 함께 추구해야 할 목표나 과업을 지니고 있는 업무지향적 관계와는 구분된다. 실리적 목적보다는 상대방의 개인적 속성이 친구관계를 형성하는 주요한 요인이 되며, 이해관계보다는 상대방에 대한 호감과 우정이 친구관계를 유지하는 주요한 요인이다. 친구관계는 친구가 인간적으로 좋고 만남이 즐겁고 유쾌하기 때문에 유지되는 것이다.

(3) 친구관계는 인간관계 중 가장 자유롭고 편안한 관계이다

친구관계는 대등한 위치에서 맺는 인간관계이기 때문에 위계적 관계에서 지켜야 되는 심리적 부담과 제약이 적다. 윗사람에 대한 순종과 복종의 의무도 없으며, 아랫사람에 대한 보호와 인도의 책임도 따르지 않는다. 또한 연인관계처럼 강렬한 심리적 애정을 투여하지 않으며 책임감을 덜 느끼는 관계이다. 따라서 친구 사이에서는 자기공개가 가장 심도 있고 광범위하게 이루어질 수 있다. 가족이나 직장동료에게 할 수 없는 이야기를 가장 허심탄회하게 할 수 있는 것이 친구사이이다.

(4) 친구는 여러 가지 측면에서 유사점을 지닌 사람들이기 때문에 서로 공유할 삶의 영역이 넓다

친구관계는 나이, 학력, 지식수준, 사회적 신분 등에 있어서 비슷한 사람들끼리 형성되는 경향이 있다. 따라서 삶의 체험이 유사하기 때문에 서로를 이해하고 공감할 수 있는 공유영역이 가장 넓은 관계이다. 화제, 취미, 오락, 가치관 등에서 유사하기 때문에 서로의 만남이 즐겁고 편안하다.

(5) 친구관계는 구속력이 적어 해체되기 쉽다

친구관계는 그 가입과 탈퇴가 다른 인간관계에 비해 자유롭다. 가족관계나 직장에서의 인간관계처럼 관계를 유지해야 하는 의무나 구속력이 적다. 친구관계는 유지해야 할 외부적 강제요인이 적기 때문에 관계의 해체가 어떤 인간관계보다 용이하다.

따라서 Best Friend란?

B: Believe(항상 서로를 믿고)
E: Enjoy(같이 즐길 수 있고)
S: Smile(바라만 봐도 웃을 수 있고)
T: Thanks(서로에게 고마워하며)
F: Feel(말하지 않아도 느낄 수 있고)
R: Respect(서로 존경하면서)
I: Idea(떨어져 있어도 생각하며)
E: Excuse(잘못을 용서하고)
N: Need(서로를 필요로 하고)
D: Develop(서로의 장점을 개발해 주는 사람)

– 좋은 글 중에서

3 친구관계의 질

친구관계의 질은 또래관계의 구조적인 측면을 나타내는 친구관계망과는 달리, 친구관계의 경험을 공유하는 두 사람 사이의 친밀한 이원적인 관계의 양상을 알아보는 것으로 두 사람 사이의 상호작용의 질에 권한을 가진다(Parker & Asher, 1993). 친구관계의 질적 측면은 기능적 접근을 통해 더욱 구체적으로 이해될 수 있는데, 기능적 접근에서는 친구관계가 사회 정서적 지지와 도구적 지원을 제공하며 욕구를 충족시키는 자원이 된다.

친구관계의 질에 관한 기능적 접근에서의 공통점은 다음과 같다.

① 친구관계의 질은 다차원적인 것이다. 친구관계의 긍정적 기능과 부정적 기능을 동시에 다루고 있다는 점이다. 친구관계의 긍정적 기능으로는 사회 정서적 지지와 도구적 지원에 관한 것이고, 친구관계의 부정적 기능으로는 갈등이나 경쟁과 같은 것이다(이은해 외, 1999). 또한 번트(Berndt, 1996)는 친구관계의 질은 긍정적 측면과 부정적 측면을 함께 접근할 때 가장 잘 파악할 수 있다고 지적한다.

② 친구관계의 질은 기능적 측면뿐만 아니라 친구관계에 대한 만족감도 포함하고 있다. 어분드와 멘델슨(Abound & Mendelson, 1996)은 기능적 접근에서 친구관계가 사회 정서적 지지와 도구적 지원을 제공하며 욕구를 만족시키는 차원이라고 설명하는데, 친구관계에서 욕구가 충족될수록 만족감은 증가할 것이므로 친구관계의 질을 파악하는 데 있어 만족감을 고려하는 것은 유용할 수 있다. 또한 만족감은 친구관계의 유지와 종결의 과정에 중요하게 작용한다. 따라서 친구관계의 자발적 특성을 고려할 때 이는 적절한 접근이라 할 수 있다(오은정 외, 2000).

친구관계에 관한 연구에서는 친구에 대한 긍정적 기능, 부정적 기능, 만족감을 동시에 고려한다. 또한 친구관계에 있어서 친구관계의 질이 중요한 이유는 친밀한 친구관계를 갖지 않는 것이 스트레스의 중요한 원인이 될 수 있기 때문이다. 청소년기는 친구관계 속에서 자기노출, 교감 및 자기탐색의 욕구가 증가되는데, 이때 친구와의 관계 속에서 그 욕구를 충족시키며 친밀한 친구를 가지지 못하면 중요한 상호작용이 결핍되어 불안감을 주고 결과적으로 자신이 덜 가치롭다고 느끼게 되기 때문이다.

또한 친밀한 친구관계의 결핍은 지원과 사회적 지지의 결핍을 가져온다(Buhrmester, 1990). 그러나 또래집단의 거부나 무시가 반드시 학교생활 부적응이라는 결과로 귀결되는 것은 아니며, 벤델와 햄브리(Vandell & Hembree)에 의하면 집단으로부터 거부되거나 무시된 학생도 한 명 이상의 친한 친구를 가지고 있을 때 부적응의 위험은 낮다고 한다. 또한 자아개념의 증진이나 도덕성 발달과 같은 긍정적인 결과는 또래 수용도 보다 친구관계와 더 밀접한 관련성을 보인다. 그러므로 장애학생에게 어떠한 행동적 문제가 있다 하더라도 친구와 우정관계를 나누고 있는 경우에는 우정관계가 또래 괴롭힘에 대해 방어적인 역할을 함을 예측할 수 있다.

4 친구관계에 미치는 요소

딕킨스와 펄만(Dickens & Perlman, 1981)의 연구에 의하면 사람들은 대체로 나를 좋아하는 사람, 나와 유사한 태도나 성격을 지닌 사람, 신체적으로 매력적인 사람, 내 곁에 가까이 있는 사람, 나와 나이가 비슷한 사람을 친구로 선택한다고 한다. 따라서 친구 선택의 기준이 유사성, 근접성, 친근성 등이 매우 보편적인 것임을 보여준다. 이렇듯 친구관계에 대한 기준이 사람마다 상당히 유사함에도 불구하고, 각 개인별로 친구관계 양상에서 차이점이 나타나는 것은 중요시 여기는 기준이 다양하기 때문이다.

친구관계의 영향을 알아보기 위해 개인적 특성, 성차, 유사성, 보완성, 근접성, 자기노출 등을 선택하였다.

1) 개인적 특성

사람들은 대개 만나는 사람의 개인적 특성을 보고 그 사람에 대해 매력을 느끼게 되고 호감을 갖게 된다. 상대방에 대해 호감을 갖도록 영향을 미치는 개인적 특성은 성격특성과 신체적 매력 및 능력의 3가지 차원으로 나뉜다.

(1) 사람들은 바람직하고 긍정적인 성격특성을 가진 사람들을 좋아한다

앤더슨(Anderson, 1968)의 연구에 의하면, 사람들은 따뜻하고 친절한 성격특성을 선호하고, 차갑고 적대적인 성격특성을 좋아하지 않는 것으로 나타났다. 연구에 따르면 성격특성에는 성실함, 진실함, 지적임, 사려 깊음, 정직함, 유쾌함, 책임감 있음 등이 포함되었고, 이와 달리 이기적임, 편협함, 믿을 수 없음, 예의 없음, 적대적임, 거짓말 잘함 등이 사람들이 싫어하는 성격특성 내에 포함되었다. 그러나 시대나 지역, 그리고 개인적 선호도에 따라 호감을 느끼는 성격특성은 다를 수도 있다.

(2) 사람들은 외모가 아름답고 신체적 매력이 뛰어난 사람을 좋아한다

문화 및 시대에 따라서 매력 있고 아름답다고 평가되는 용모의 특성은 달라진다. 그러나 용모가 매력적이라고 여겨지는 사람에 대하여 사람들이 호감을 갖는 것은 차이가 없다(한규석, 1995). 이러한 이유로 사람들은 용모가 아름다운 사람을 그렇지 않은 사람들보다 더 좋아하며 외모나 신체적 매력이 호감을 결정하는 데 실제로 매우 중요한 요인으로 작용하게 된다.

(3) 사람들은 유능한 사람을 좋아한다

일반적으로 사람들은 똑똑하고 유능하며 사회적으로 성공한 사람들에게 호감을 느끼게 된다. 이는 아마도 사람들은 틀리지 않고 올바르게 되려는 욕구가 있기 때문일 것이다. 우리가 만일 상당히 유능하고 재능 있는 사람과 어울리게 되면 우리 스스로 올바르게 될 확률이 높아진다. 비록 사람들이 유능한 사람들과 어울리고 관계 맺기를 원하지만 지나치게 유능하고 완벽한 사람은 접근하기 어렵고, 거리감이 느껴지고, 초인적인 것처럼 보일 수 있다. 그래서 사람들은 능력이 뛰어나지만 가끔은 실수를 하는 사람을 더 좋아한다.

2) 성차

친구관계에 있어서 성차가 나타난다고 여겨진다. 친구관계, 즉 우정이 남성, 여성 모두에게 다 중요하지만 그 의미가 다르다는 것이다. 여성들은 남성보다 친구관계의 질적 측면에 가치를 두고 친구에게 더욱 기대하고, 친한 친구와 매우 애착된 상태를 보이고, 좋은 친구와 높은 친밀도를 경험한다.

여성들의 친구관계에서 강렬한 감정과 친밀감의 강조로 인하여 여성들은 관계에서 긴장, 질투, 갈등을 경험하게 된다. 이러한 긴장과 갈등은 친구로부터의 거부와 배신에 대한 두려움에 기인한다. 반면, 남성들은 중년기 중기까지 개인적인 친밀한 관계보다 집단적 관계가 더욱 중요하며, 친밀한 관계의 발달이 다소 뒤로 늦추어지는 경향이 있다(서동인, 1992). 남성들은 자신의 감정을 이야기하고 나누는 활동을 통한 친밀감보다는 운동경기를 함께 하거나 관람하는 등 같은 활동을 함으로써 친밀감을 형성하게 된다. 즉, 남성적인 남자는 동성 친구와의 관계에서 친밀감이 별로 없었지만, 양성적인 남자는 여자와 마찬가지로 높은 수준의 친밀감을 형성하였다는 연구 결과에 의해 지지된다.

3) 유사성

유유상종(類類相從)은 비슷한 사람들이 어울린다는 말이다. 잘 어울리는 사람들에게서는 외모, 성격, 태도, 생활환경, 계층, 의견, 취미, 기호 등의 여러 면에서 공통점을 발견한다. 즉, 관계를 맺는 사람들은 유사한 속성을 지닌다는 것이다. 이는 사람들이 자신과 비슷한 태도, 가치관이나 성격을 가진 사람들에게 매력을 느끼기 때문이다(홍대식, 1998).

베르너와 파말리(Werner & Parmalee, 1979)의 연구결과로 친구관계에 영향을 미치는 대상자 간의 유사성의 4가지는 다음과 같다.

① 나와 유사한 사람들과 접촉하게 되면, 자신의 지난 견해나 태도가 옳다는 사실을 확인할 수 있다.

② 두 사람이 유사한 속성을 가지고 있기 때문에 서로를 쉽게 이해할 수 있을 뿐만 아니라 관계에서 발생하게 되는 앞으로의 사건이 상황을 잘 예측할 수 있다.

③ 두 사람을 함께 만족시킬 수 있는 활동에 참여함으로써 서로 자주 만나 이해의 폭을 넓혀 친밀한 관계로 발전하기 쉽다.

④ 우리는 내가 좋아하는 사람이 나를 좋아할 것이라고 가정하는 경향이 있다.

4) 보완성

사람들은 대체로 자신과 유사한 속성을 가진 사람을 좋아하지만 반드시 꼭 그런 것은 아니다. 사람들은 자신의 부족함을 보완해 줄 수 있는 상대를 원할 수도 있다(권석만, 1997).

내향적인 사람은 활발하고 외향적인 사람을 부러워하고, 반대로 활발한 사람은 조용하고 차분한 성격에 호감을 느낄 수 있다. 성격적인 부분뿐만 아니라 학력, 재산, 재능 등의 여러 부분에서 사람들은 자신이 가지지 못한 것 또는 가지고 싶은 것에 대해 선망과 호감을 갖는다. 이렇듯 보완성은 친구관계에 영향을 미칠 수 있다.

5) 근접성

근접성이 친구관계에 기여하는 원인으로는 우선 가깝게 사는 사람은 자주 접촉하게 되기 때문이다. 자주 접촉하게 됨으로써 친숙해지고, 친숙해짐으로써 호감도가 증가한다. 따라서 근접성이 높다는 것은 거주지나 직장, 학교와 같은 활동영역이 일치한다는 것인데, 이 경우 사람들은 비슷한 속성을 가질 확률이 높아진다.

유사성의 원리에 의해 근접성이 높은 사람들은 친구가 되고 친밀해지기가 근접성이 낮은 사람들보다 용이하다. 거기에 사람들은 가까이 사는 사람과는 관계가 편안해야 한다는 인지적 압력을 받게 되는데, 이러한 압력 때문에 가까이 사는 사람과 관계를 좋게 하려는 노력을 하게 된다.

6) 자기노출

자기노출이란 낯선 두 사람의 관계가 진행되어 친숙한 관계로 되어 가는 교류과정에서 나타나게 되는 특징으로, 상대방에게 자신의 어떤 부분을 자발적으로 이야기하는 것이다(한규석, 1995). 상대방에게 자신에 대해서 개방하고 이와 상응하게 상대방에 대해서 정보를 갖게 되는 것은 관계를 심화시키는 데 있어 그 영향력이 매우 강력하다. 이러한 자기노출은 친밀한 관계의 산물이기도 하고, 또 친밀한 관계를 형성할 수 있는 수단이 되기도 한다. 자기노출이 관계의 진전에 필수적이지만 노출 자체가 관계를 진전시키는 것은 아니다. 영향을 미치는 것은 노출의 호응작용이다. 서로의 노출이 상대방에게 이해되고, 상대방에 대해 관심을 갖게 되어 공감과 연민을 느끼게 되는 과정으로 통하여 상호신뢰와 정서적 유대감이 형성되게 된다. 이러한 상호신뢰와 유대감은 친밀한 관계의 기본이다.

[친구와의 우정지수 검사]

내 용	늘 그렇다	가끔 그렇다	거의 그렇지 않다
1. 공통의 취미 또는 생각을 가지고 무엇인가를 하면서 지낸다.	5	3	1
2. 좋은 것, 맛있는 것이 있으면 꼭 서로 나누어 쓰거나 먹는다.	5	3	1
3. 서로의 생각, 느낌이나 의견을 솔직히 이야기한다.	5	3	1
4. 지금의 우정이 계속 유지될 것을 굳게 믿는다.	5	3	1
5. 잘못한 일이 있으면 솔직히 말하고 용서를 구한다.	5	3	1
6. 어떤 경우에도 친구를 무시하지 않는다.	5	3	1
7. 친구의 이야기를 잘 들어준다.	5	3	1
8. 친구의 이야기를 듣고 그에 대한 답변, 충고를 성심껏 해준다.	5	3	1
9. 친구의 좋은 점, 본받을 점을 이야기해 준다.	5	3	1

◎ 친구와의 우정지수 채점 및 해석

첫째 ; 45점 이상은 우정을 지키려는 태도가 매우 좋고 대화와 타협으로 친구와의 갈등을 해결하려는 타입이다.

둘째 ; 35~44점은 마음으로 우정을 지키고 싶지만 행동이 따라주지 않는다. 가끔 싸우기도 하지만 곧 친구의 마음을 풀어주려고 노력하는 타입이다.

셋째 ; 34점 이하는 친구와의 우정을 지키기보다는 자신의 이익을 생각하고, 친구를 이해하려 하지 않고 자신의 의견과 생각만을 주장하는 타입이다.

5 친구관계의 사회성 발달

1) 친구관계의 유형

(1) 사회적 수용

다른 사람들에 의해서 인정을 받는다는 것은 대부분 10대들의 주요 관심사이다. 모든 10대가 친구들에게 인기가 있거나 그들의 주의를 끄는 것은 아니다. 대부분의 청소년들은 다른 또래 친구들이 자신을 좋아해 주기 바라며, 인정받기를 원한다. 무엇이 한 청소년을 수용하거나 그렇지 않도록 만드는가? 어떤 하나의 특성이 사회적 수용이나 거부를 결정짓는 것은 아니지만 가장 중요한 요인은 사람들 사이의 이해이다. 즉, 다른 사람의 견해나 감정을 이해하는 기술이 높은 청소년일수록 사회적으로 수용될 가능성이 높다.

(2) 인기

인기의 조건은 남자 청소년과 여자 청소년의 경우 다르게 나타난다. 남자 청소년은 대개 운동을 얼마나 잘하는가와 관련이 있고, 여자 청소년은 성격이 얼마나 좋은가와 그리고 여러 사람을 이끄는 능력과 관련이 있다.

(3) 사회적 거부

친구들로부터 거부당하는 청소년들은 대부분 공격적이거나 충동적이거나 남의 일을 훼방 놓기 잘하거나 비협동적인 경우이다. 그러나 대부분의 또래친구들이 싫어하는 청소년들이라도 소집단의 다른 또래친구들에 의해서는 수용될 수 있는데, 그들 대부분은 다른 대다수의 청소년들에 의해서 거부된 청소년이다.

2) 동조

청소년 초기는 동조하는 경향이 특별히 강한 시기이며, 청소년들이 다른 사람의 판단이 틀려도 그에 동조하게 되는 이유는 다른 사람들이 자신에게 주의를 기울이기 때문에 남보다 튀고 싶지 않아서 일 수 있다. 어릴 때는 상상 속의 청중을 생각하는 데 필요한 인지적 기술이 아직 개발되지 않아서 그때에는 다른 사람들의 판단보다는 자신의 판단에 따를 확률이 높다.

동조는 또한 자신감, 또래집단에서의 지위, 도덕성, 자아정체감 등에 의해서도 영향을 받는다. 자신감이 부족한 경우나 또래에서의 지위가 중간 정도인 경우에 동조하는 경향이 강하다.

3) 청소년기 우정관계

청소년기로 들어감에 따라 신체적, 사회적, 인지적 측면에서 급격하고 동시적인 변화가 일어나며, 청소년들은 또래로부터 지원과 이해 및 사회적 지지를 얻게 된다(Douvan & Adelson, 1966). 또래관계는 공통적인 관심과 문제, 고민을 함께 나누는 관계로써 소속감과 심리적 안정을 제공하고, 가족을 벗어난 가치의 원천이 되며, 성인의 압력이나 간섭에 대항하는 힘을 주는 준거집단이 된다. 특히 성인과의 관계가 위계적인 성격을 띠는 반면, 또래관계는 평등한 특성을 갖기 때문에 또래와의 관계 속에서 많은 사회적 능력을 학습하게 된다는 면에서 청소년기 또래관계나 우정관계의 중요성이 강조된다. 이와 같이 부모나 다른 성인과 관계를 형성하는 것이 아동기까지의 발달적 과업이라면 청소년기에는 활동, 영향, 지지의 원천으로써 우정관계의 역할이 극적으로 증가하는 때라고 할 수 있다.

청소년기 우정관계의 특성으로 아동기와는 다른 두 가지를 들 수 있는데, 우선 친구는 서로 충실해야 한다는 것이다. 즉, 태도, 가치, 관심에 있어서 참여와 진실함이 요구된다. 둘째, 서로 생각과 감정을 공유할 수 있는 능력인 친밀감(intimacy)이 중요한 역할을 한다. 실제로 친밀감은 청소년기 여아들의 우정관계에서 가장 중요한 요소로 간주되고 있다(Berndt, 1982).

설리반(Sullivan, 1953)에 따르면 우정관계의 발달적 특성은 청소년 초기 단짝 친구(chumship) 관계의 발달로부터 시작되며, 이 시기에는 친밀한 대인관계적 적응이 중요한 과업이 된다. 친밀감에 대한 욕구는 단짝 친구 내에서 채워지고 친구가 상대방의 욕구에 민감하고 상호 만족을 추구하는 것에 기인하며, 단짝 친구관계를 통해 정보적 지지 및 정서적 지지와 충고를 받으면서 서로를 돕고 지원한다. 또한 서로의 자존감을 증진시키며 정체감 형성에도 기여하게 된다(Youniss, 1980). 초기 청소년기의 단짝 친구는 시간의 경과에 따라 점차 자기 노출과 개인 정보의 공유 및 높은 평등성과 상호 호혜성을 특징으로 하는 보다 친밀하고, 상호적인 광범위한 우정관계로 대체되며, 바로 이 시점으로부터 청소년기 동안의 우정관계는 더욱 심도 깊어지고 부모와의 관계를 보완하게 된다(Kimmel & Weiner, 1985).

(1) 설리반 우정에 관한 이론

설리반(Sullivan, 1953)은 청소년기의 우정이 갖는 중요성을 강조한 가장 영향력 있는 이론가다. 부모와 자녀관계의 중요성만을 강조한 다른 정신분석 이론가와는 달리 설리반은 아동과 청소년의 복지와 발달에 친구가 매우 중요한 역할을 한다고 믿었다. 특히, 설리반은 친밀감에 대한 욕구는 청소년 초기에 강렬해지기 때문에 10대들은 가까운 친구를 찾게 된다고 한다. 만약 청소년이 친한 친구를 갖지 못하면 외로움이라는 고통스러운 감정을 경험하게 되고 자기 가치감이 저하된다.

여러 연구 결과들은 이러한 설리반의 개념을 지지하고 있다. 예를 들어, 청소년은 어린 아동에 비해 친구들과 친밀하게 개인적으로 정보를 더 많이 개방한다고 보고하고 있다. 또한 청소년들은 만남의 욕구, 가치에 대한 확인 그리고 친밀감의 욕구를 만족시키는 데 부모보다는 친구들에게 더 의존한다(Buhrmester & Furman, 1987). 또 다른 연구에서 청소년 초기의 우정은 성인 초기의 자기존중감을 예언할 수 있는 의미 있는 지표인 것으로 드러났다(Begwell, Newcomb & Bukowski, 1994).

청소년 초기의 우정은 성인기의 자아존중감을 예측하는 중요한 요인이었다. 설리반은 또한 정서적 후원자로서의 친구의 역할을 강조한다. 가까운 친구가 자신의 불안이나 두려움에 대해 털어놓을 때 청소년들은 자기가 '비정상'이 아니며 '부끄러워하지 않아도 되는구나'하고 안도감을 느끼게 된다. 청소년 또한 부모와의 해결되지 아니한 문제나 이성문제로 고민할 때 친구로부터 정서적 지원, 충고, 정보를 제공받는다.

(2) 청소년기 우정의 성차

여성의 우정과 남성의 우정은 다르다고 한다. 우정이 남성, 여성 모두에게 다 중요하지만 우정의 의미는 다르다. 즉, 여성들의 우정에는 정서적 친밀감과 신뢰감이 중요한 역할을 한다(정옥분, 2005). 여성들은 동성친구와의 관계에서뿐만 아니라 이성친구와의 관계에서도 높은 수준의 친밀감을 형성한다. 여성들의 우정에서 강렬한 감정과 친밀감의 공조로 인해 여성들은 친구관계에서 긴장, 질투, 갈등을 경험한다. 이러한 긴장과 갈등은 친구로부터의 거부와 배신에 대한 두려움이 생긴다. 그래서 여성이 남성보다 더 작은 규모의 배타적인 우정망을 형성한다(Miller, 1990).

반면 남성들은 운동경기를 함께 하거나 관람하는 등 같은 활동을 함으로써 친밀감을 형성한다. 여성보다 자신에 대한 노출이 적고 자신의 감정을 이야기하고 나누는 것도 덜한 편이다. 남자아이들은 어려서부터 자기감정을 노출하는 것이 남자답지 못한 것으로 배워왔다(Maccoby, 1991). 존슨과 뎀보(Jones & Dembo, 1989)에 의하면 남성의 우정에서는 친밀감이 성역할 정체감과 관련이 있는 것으로 나타났다. 즉, 남성적인 남자는 동성친구와의 친구우정에서 친밀감이 별로 없었지만, 양성적인 남자는 여자와 마찬가지로 높은 수준의 친밀감을 형성한다.

성별에 따라 친구의 관계 양상이 다르다.

(3) 또래집단

또래란 비슷한 연령 또는 비슷한 성숙 수준에 있는 아동과 기능을 일컫는다. 청년은 또래집단에 소속됨으로써 사교성이 증진되는가 하면, 지도력이나 복종적 태도를 스스로 체득하기도 한다. 그리고 외로움에서 벗어날 수 있으며, 가족구성원 간의 갈등으로 고통을 받을 때에도 또래들로부터 위로를 받는다.

가까운 곳에 자주 접하는 사람들이 친구로 발전될 가능성이 높다.

❶ 또래집단의 의미

또래집단(peer group)은 청소년이 사귀는 친구들을 말하며, 비슷한 배경과 관심을 가지고 모인 같은 나이 또래의 청소년의 집단이다. 즉, 청소년들이 유희·오락 등 놀이를 중심으로 형성하는 비형식적 집단이며, 비슷한 연령과 사회적 특징을 가지고 있는 청소년들로 구성된 1차적 집단을 말한다. 청소년들은 가족관계에서 점차 벗어나 친구관계에 참여하는 현상이 자연스럽게 늘어나고, 또래집단의 영향이 아동기에 비해 더욱 커지는 시기이다. 청소년기가 되면 관심이나 흥미가 가족이나 부모로부터 또래집단으로 전환된다.

또래집단의 일반적 성격을 알아보면 다음과 같다.

- 또래집단은 근본적으로 사교적인 목적이다. 즉, 어떤 공식화된 목표가 있는 것이 아니고 또래들 사이의 상호작용을 통하여 우정으로 결속된 집단이라 할 수 있다.
- 또래집단 속에서는 모든 개인들이 비슷한 위치이다. 가정에서 개인들이 갖는 인간관계는 대등한 관계가 아니지만 또래집단에서는 동등한 관계로 인간관계를 시작한다.
- 다른 여타 집단에서의 관계가 수직적·종적·규범적인 성격이 강한 반면, 또래집단은 어떤 집단보다도 수평적·횡적·개방적인 성격이 강하다. 모든 관계는 규범적인 제약을 받지 않는 자유로운 분위기에서 형성된다. 그리고 모든 관계는 매 순간 자발적이고 상황 속의 즉흥적인 관심사에 따라 융통성 있게 영위하는 집단이라 볼 수 있다.

❷ 또래집단의 기능

또래집단 내에서의 상호작용은 올바른 사회화와 자아정체감의 형성에 커다란 영향을 미친다. 청소년기는 또래집단에 의지함과 동조가 가장 강한 시기이다. 또래 간의 적극적이고 원만한 관계는 긍정적인 자아개념과

정상정인 사회생활을 영위하게 하며, 그렇지 못한 경우는 부정적 자아상과 함께 성인이 되어서도 사회에 적응하지 못하는 결과를 초래할 수 있다.

이 시기의 친구관계는 청소년의 건강한 심리적 적응에도 큰 영향을 미친다. 친구와의 관계를 통해 청소년들은 자아개념을 형성해 나가게 되며, 또래로부터 인정받으면 긍정적 자아개념을 형성하는 데 도움이 된다. 특히, 학교에서의 따돌림, 폭력, 가출 등 또래와 관련된 문제가 사회적인 이슈로 대두되면서 학교생활 적응에 있어서 친구나 또래와 관련된 문제가 두드러지고 있으며, 친구관계에서의 거부경험은 학교생활의 어려움을 가져올 수 있다(이춘재 외, 2000). 이와 같이 청소년들의 삶에 있어서 또래집단은 다양한 기능을 발휘하고 있다.

장휘숙(1999)은 또래집단의 기능을 다음과 같이 설명한다.

- 지원과 안정감을 제공한다. 또래집단은 부모를 대신하여 청소년들을 지원하며, 친구들도 자신과 유사한 느낌과 갈등을 경험한다는 것을 인식할 수 있도록 돕는다. 따라서 청소년들은 또래집단으로부터 안정감을 제공받는다.
- 사회적 지위의 제공 역할을 한다. 또래집단은 구성원들에게 성인 세계에서와 유사한 일종의 사회적 지위를 제공한다.
- 자아존중감의 근원이 된다. 또래집단의 구성원인 청소년들이 구성원이 아닌 청소년들보다 더 높은 자아존중감을 갖는다.
- 모델링과 행동표준의 근원이 된다. 또래집단은 청소년의 의사결정에 영향을 주고 행동모델의 기능을 한다. 특히, 부모-청소년의 관계가 갈등적이거나 부모가 부재(不在)할 때 또래집단은 그들의 구성원들에게 큰 영향력을 행사한다. 청소년들은 또래의 행동을 모방하고 자신의 행동을 위한 표준으로 삼는다.
- 역할 수행의 기회와 피드백을 제공한다. 또래집단에의 참여를 통해 상이한 역할을 시험하고 성인기에 필요한 여러 가지 기술을 연습할

수 있는 기회를 얻는다. 또한 청소년이 갖는 생각이나 느낌, 행동이 다른 또래에게 어떤 영향을 주는가에 대한 피드백을 제공받는다.

학자들의 견해를 살펴보면, 청소년들은 또래집단의 소속감을 통하여 자신의 지위를 확인하는 것과 또래를 자신의 평가의 수단으로 여기는 준거집단으로서의 역할을 하는 것이다. 또한 또래집단에서의 수용이 청소년의 자아개념, 자아존중감 형성에 큰 영향을 미친다는 것이다.

❸ 또래집단의 인기도

어떤 집단들이 청소년으로 하여금 또래집단에서 인기가 있는지 살펴보면 솔직함, 긍정적, 사교적, 자연스러움, 다른 사람을 배려함, 자신감이 있으나 거만하지 않은 성격특성, 신체적 매력, 우수한 지적 능력이 인기의 요인이다.

<또래집단에서의 인기도>

또래집단에서의 인기도는 사회측정법(sociogram)에 의해 측정된다. "어떤 친구가 제일 좋은가? 어떤 친구가 제일 싫은가? 생일에 누구를 초대하고 싶은가?" 등의 질문으로 인기를 측정한다.

이스터(East, 1991)는 또래집단에서의 인기도를 5가지 유형으로 분류했다.

- 인기형(popular): 가장 인기 있는 청소년은 일반적으로 신체적 매력이 있고, 머리가 좋고, 사교적이고, 행동적이며, 지도력이 있다. 그들은 자아존중감이 높고 여러 종류의 다양한 친구들과 잘 어울린다. 특히, 유머감각이 뛰어나다.
- 보통형(acceptable): 청년의 반 정도가 이 유형에 속한다. 친구들이 특별히 좋아하지도 않고 특별히 인기 있는 것도 아니지만 그렇다고 친구들이 싫어하는 유형도 아니다. 무난히 어울리는 보통 청년들이다.

- 고립형(isolated): 고립되거나 무시당하는 청년은 친구들의 관심 밖에 있기 때문에 친한 친구로 지명되지도 않거니와 싫어하는 친구로 지명되지도 않는다. 이들은 수줍음을 잘 타고 위축된 성격으로 말미암아 낮은 자아존중감, 불안, 우울증 등 내적인 문제가 있는 경우가 많다.
- 거부형(rejected): 친구들이 가장 싫어하는 유형이다. 신체적, 언어적 공격을 많이 하고, 교실에서 수업분위기를 망치고, 학업성적도 좋지 않다. 역시 인기가 없는 청소년들과 친구가 되며, 자기보다 어린아이들과 어울린다. 이들 중에는 약물남용, 청소년 비행과 같은 외적인 문제가 있는 경우가 많다.
- 혼합형(controversial): 한 친구로 뽑히기도 하고 함께 하고 싶은 친구로 뽑히기도 하는 혼합형은 공격적이고 파괴적인 면이 있는가 하면, 자기주장이 강하고 지도력이 있다. 이들은 또래집단에서 눈에 띄지만 이들을 좋아하는 사람도 많고 싫어하는 사람도 많아 친구들로부터 복합적인 반응을 유발한다.

무시당하는 청소년을 어떻게 하면 또래와 효율적으로 상호작용할 수 있도록 도울 수 있겠는가? 또래로부터 주의를 집중시키고, 다정하고 따뜻하게 친구의 말을 들어주고, 친구의 관심분야와 연관시켜 자신의 이야기를 하고 또래집단에 효율적으로 참여하는 것이 효율적이다(정옥분, 2005).

거부당하는 청소년을 훈련시키는 목적은 친구와의 상호작용을 주도하는 대신에 친구들이 이야기하는 것을 잘 듣도록 하는 데 있다. 이들은 또래집단에서 이미 진행되고 있는 활동의 내용을 바꾸려 하지 말고 조용히 참여하는 훈련을 받는다. 청소년의 또래관계를 개선시키는 프로그램에서 그들의 친사회적 시선을 개선시키는 데 초점을 둔다. 또한 공격적이고 파괴적인 행동을 감소시키고, 자기통제력을 증진시키는 데 초점을 둔다.

❹ 또래집단의 압력과 동조행동

동조행동(conforming behavior)의 실험에 의하여 최초로 검증한 것은 셰이프(Sherif)이며, 애쉬(Asch)도 상황이 정확한 경우에 대한 실험을 시도하여 동조행동을 관찰하였다. 이러한 동조행동이란 다른 사람의 압력 때문에 그들의 태도나 행동을 채택하는 것을 의미한다. 물론 동조행동은 청소년기에만 나타나는 현상이 아니다. 이는 어떤 연령에서도 어떤 집단에서도 있기 마련이다. 그러나 동조행동에 대한 또래압력은 청소년기에 가장 크다. 또래압력은 청소년의 생활 속에서 매우 중요한 주제 중 하나다. 그 힘은 그들의 행동(옷의 선택, 언어, 음악, 가치관, 헤어스타일, 취미활동)에서 나타난다. 또래에 대한 동조행동은 청소년 초기에 절정을 이루고 청소년 중기부터 감소하기 시작한다.

또래압력에 대한 동조행동은 긍정적일 수도 부정적일 수도 있다. 청소년들은 여러 종류의 부정적인 동조행동에 참여하게 되는데, 그들만의 속어나 비어, 은어를 사용하고 물건을 훔치거나 기물을 파괴한다. 특히 문제가 되는 것은 또래집단이 반사회적 행위를 강요함으로써 비행청소년이 될 가능성이 많다는 점이다. 그러나 대부분의 청소년은 또래의 의견에 무조건 따르는 것은 아니다. 또래집단 내에서 높은 지위에 있거나 자신감이 있는 청소년들은 또래집단의 영향을 덜 받는다. 자존감이 높은 청소년들은 동조행동을 하지 않고, 청소년 후기 정체감이 발달하게 되면 자율성이 높아지게 되고 이에 따라 동조행동을 덜하게 된다(Hartup, 1983).

가슴으로 느낄 수 있는 친구

졸졸졸 흐르는 시냇물처럼 언제나 따뜻한 마음 한 줄기가 고요하게
가슴으로 흐르는 것이 친구입니다.

매일 만나도 매일 만나지 않아도 가까이 있든 멀리 있든 고요히 흐르는 강물처럼
늘 가슴 한켠에 말없이 잔잔한 그리움으로 밀려오는 친구가
진실한 마음의 진정한 친구입니다.

언제나 그 자리에 늘 그 모습 그대로 오염되지 않는 맑디맑은 샘물처럼
우정의 마음도 솔솔 솟아나는 그런 친구가 맑은 영혼의 친구입니다.

친구 간에는 어떤 언어가 필요 없습니다.
그 친구가 지금 어떤 상황이든 어떤 심정이든 굳이 말을 안 해도
가슴으로 느낄 수 있는 친구 그런 친구가 진정한 마음의 친구입니다.

마음을 담아 걱정해 주는 따뜻한 말 한마디가 얼어붙은 가슴을
녹이고 바라보는 진실한 눈빛이 아픈 마음을 적시게 하는 그런 친구가
영원히 변치 않는 우정의 친구입니다.

친구 지간에는 아무런 대가도 계산도 필요하지 않습니다.
멀리 있어도 마음으로 의지하고 그리워하는 것만으로도
인생의 동반자 같은 진정한 친구입니다.

살아가는 동안 같이 아파하고 함께 웃을 수 있는 희로애락을
같이 할 수 있는 지란지교 같은 그런 친구가 진정한 친구입니다.

우리 마음 한자락 비우고
이런 친구가 되지 않으시렵니까?

Thema 7

가족관계의 이해

학습목표

* 가족의 기능에 대해여 이해한다.
* 가족의 개념에 대하여 이해한다.
* 가족에서의 인간관계에 대하여 이해한다.
* 가족의 구조에 대하여 이해한다.
* 부모의 심리적 자세에 대하여 이해한다.

1 가족의 기능

가족의 기능은 민족의 문화나 시대의 변천, 사회 체계의 변화에 따라서 변화되어 왔으므로 이것을 한 가지로 정의 하기는 매우 어렵다. 따라서 가정의 기능을 연구하기 위해서는 그 유형과 상호 관련성 및 전근대 가정으로부터 현대 가정으로의 변화과정을 명백히 하여야 한다. 그리고 가정의 기능을 고유 기능, 기초 기능, 부차적 기능으로 분류하고 이들을 각각 대내적인 기능(개별적인 기능)과 대외적인 기능(사회적 기능)으로 나누어 볼 수 있다.

1) 고유 기능(proper function)

고유 기능은 가족원에 대한 대내적인 기능으로서 성·애정의 기능과 생식, 양육의 기능을 들 수 있으며, 사회 전체에 대한 대외적인 기능으로는 각각 성적 통제와 종족 보존의 기능이 대응한다(정수자 외, 1987). 이는 가족은 남녀의 사랑을 기초로 결혼을 통하여 이룩된 것이므로 가족구성원의 중심이 되는 부부가 성생활을 영위함으로써 성적 욕구를 충족시키는 기능을 말한다. 즉, 이것은 사회에 의해서 공인된 결혼이 어느 정도 개인의 성적 욕구를 충족시켜 주고 있는가 하는 개인적 측면과 결혼이라는 제도가 어느 정도 전체 사회의 성관계 통제에 그 기능을 발휘하고 있으며, 또한 결혼 외의 성관계가 어느 정도 행하여지고 있는가 하는 사회적 측면이 있다는 것이다. 부부간의 성생활의 필연적 결과로 자녀를 출산하는 생식의 기능은 가족이 갖는 유일하고 가장 중요한 기능이다. 가족의 생식 기능은 사회의 존속 발전에 크게 기여하고 있으며 인류의 종의 존속을 유지하고 있는 것이다.

2) 기초 기능(basis function)

기초 기능은 경제적 기능을 말한다. 대내적으로 생산·소비의 기능을 들 수 있으며, 대외적으로는 노동력의 제공과 사회보장 기능이 대응한다. 생산 기능은 생활필수품을 가내에서 만드는 기능을 말하는데, 현대는 사회분화가 진행되고 가족 이외에 제2차 집단이 발달하여 사회적인 분업이 증대함에 따라 농어촌의 일부를 제외하고는 우리의 경제생활은 자가 생산과 가사 종사의 형태로부터 고용 노동과 임금 획득의 형태로 크게 변화하였다. 소비 기능은 가족 내에서 생활 물자를 소비하는 기능을 말하는데, 근대 가족 특히 도시 가족은 단순한 소비 공동체라고 불릴 만큼 소비 기능의 비중이 높다. 그러나 생활 문화나 생산 양식의 근대화 또는 도시화의 진전에 따라 가족의 소비 기능이 경감된 면도 적지 않다.

3) 부차적 기능(파생 기능: derivative function)

파생 기능은 고유 기능과 기초 기능으로부터 나오는 부차적 기능이라고도 한다. 또는 고유 기능과 기초 기능을 일차적 기능이라 하고, 파생 기능을 이차적 기능이라고도 한다. 대내적 기능으로는 교육, 보호, 휴식, 오락, 종교 등의 기능을 들 수 있으며, 대외적 기능으로서 교육에는 문화 전달 기능이, 보호 등 그밖의 기능에는 사회 안정화의 기능이 각각 대응한다.

첫째, 교육의 기능(educative function)은 양육의 기능과 관련이 있으며, 둘째, 보호적 기능(protective function)은 질병, 상해와 외적으로부터 가족구성원과 그 재산을 보호하는 것을 말한다. 셋째, 휴식 기능(repose function)은 가족구성원에 대하여 심신의 긴장이나 피로의 회복을 꾀하는 기능이며 넷째, 오락의 기능(recreational function)은 가족원의 오락적인 욕구를 충족시키는 기능이다. 다섯째, 종교적 기능(religious function)은 가족의 신앙적 욕구를 충족하는 기능이다. 보호·휴식의 기능은 심리적·신체적인 면에서, 오락·종교의 기능은 정신적·문화적인 면에서 각각 사회의 안정화를 위하여 작용한다. 가정은 종족 유지를 위한 재생산적 기능(reproductive function)을 가지고 있으며, 가문의 전승과 같은 문화 보존적 기능(placement function)을 가지고 있고, 모든 가정은 인간의 기회 적용을 위한 훈련장으로서의 사회화 기능을 가지고 있다. 따라서 가정의 기능은 시대의 흐름과 함께 사회의 변화 속에서 전통적인 가정의 기능인 보호, 교육, 안식의 역할을 사회의 기능에 전통적인 부분을 위탁하는 기능으로 변화되고 있다.

행복한 가족을 만들기 위한 10계명이다

하나, 가족의 목표를 정한다.
둘, 가족을 위해 매일 아침 기도한다.
셋, 가족에게 상처를 주는 말과 부정적인 언어를 줄인다.
넷, 가족을 다른 사람과 비교하지 않는다.
다섯, 하루에 한 번만이라도 가족들에게 웃을 기회를 준다.
여섯, TV시청 대신 가족들과 대화하는 시간을 늘린다.
일곱, 매일 아침 따뜻한 포옹으로 사랑을 표현한다.

여덟, 가정 경제 개선을 위해 가족이 함께 노력한다.
아홉, 작은 약속이라도 반드시 지키도록 노력한다.
열, 틈나는 대로 자녀와 함께 이웃 사랑을 실천한다.

2 가족의 개념

가족은 신체적·심리적 공간을 차지하는 개인들의 집합이며 자연적인 사회체계로써, 고유한 체계의 특성, 성장주기, 일련의 규칙, 고유한 역할 기능, 특유의 의사소통을 가지고 문제해결 방법을 발전시켜 나가는 살아있는 체계(systems)이다(Goldenberg & Goldenberg, 1991). 체계란 상호의존적이며 상호작용하는 부분들로 구성된 전체이다. 이러한 가족체계 내의 하위체계들은 부부체계, 부모자녀체계, 형제자매체계, 조부모 손자녀 체계 등으로 분류되어 있다.

가족관계는 가족구성원 상호 간의 인간관계로 다른 인간관계와는 구별되는 특성이 있다. 가족 내 인간관계는 가족구성원 간의 권리와 의무의 관계이다. 따라서 가사분담, 권리의무관계, 일상생활의 모든 행위를 포함하는 가족행동의 총체이며(정현숙·유계숙, 2002), 그들의 성장과 발달을 위해 많은 노력을 기울이고 격려해 주는 것이 가족이다.

가족 기능을 측정하기 위한 순환모형에서는 가족 역동성을 이해하기 위한 주요개념을 크게 가족체계에서 가족구성원 간의 정서적 지원을 나타내는 '가족응집성(family cohesion)'과 가족이 가족 내·외부의 긴장에 대응하여 가족체계를 적절히 변화시킬 수 있는 능력인 '가족적응성(family adaptability)'과 가족의 의사소통(family communication) 등 3가지 차원으로 제시하고, 이를 통합하여 순환모형이라고 하는 하나의 개념 모델로 만들었다.

행복한 가족의 아름다운 모습

1) 가족응집성

가족응집성이란 가족 개개인의 자율성과 가족구성원들 사이의 정서적 유대의 균형 정도를 의미한다. 순환모형(circulation model)에 의하면 가족응집성은 8가지 하위개념으로 설명될 수 있으며, 정서적 유대감의 정도에 따라 4가지 수준으로 구분한다. 즉, 가족응집성의 하위개념은 정서적 유대감, 경계, 연합, 시간, 공간, 친구, 의사결정, 흥미와 오락으로 구성되어 있으며, 밀착, 연결, 분리, 단절 이상 4가지 수준으로 구분된다.

미누친(Minuchin, 1974)은 밀착된 상태(enmeshment)와 유리된 상태(disengagement)로 표현되는 극단의 끝을 지닌 하나의 연속체라고 정의내렸다. 밀착된 가족은 가족구성원들이 정서적, 지적 또는 신체적으로 지나치게 친밀한 결과 가족구성원들 간의 동일시가 존재하게 되며, 유리된 가족은 정서적, 지적 또는 신체적으로 가족들 간에 고립이 존재하게 된다고 한다. 반면 적절한 수준의 가족 유대감을 갖는 가족은 가족구성원 개개인이 그들이 가족에 대해 연결과 자율을 균형 있게 경험할 수 있다. 특히 순환모형에 의한 가족응집성이란 가족 간에 가까움, 하나 됨, 상호헌신, 가족유대 등을 표현하는 말로서 가족의 응집성이 너무 강하면 가족구성원들이 밀접하게 연결되어 있어 개인의 자율성이 무시되기 때문에 개인의 욕구와 목표추구보다는 가족에 대한 일치가 지나치게 강조된다. 또한 응집성이 너무 약하면 가족 간의 서로 다른 자율성과 개성을 지니고는 있지만 친밀감이나 일치감을 거의 갖지 못하게 된다.

2) 가족적응성

올슨(Olson, 1982)은 가족적응성을 가족체계가 유연하고 변화할 수 있는 정도로, 가족구성원들이 가족체계를 어느 정도 변화시킬 수 있는가를 말하는 6가지 하위개념으로 나눈다. 이는 가족 권력이라 할 수 있는 주장, 통제, 훈육, 협상유형, 역할관계, 관계규칙이며, 가족적응력의 변화능력에 따라 혼란, 융통, 구조, 경직의 4가지 수준으로 구분된다.

가족이 내적 위기나 외부적인 변화에 너무 민감하게 반응하면 가족은 적응 능력을 상실하고 고립되어서 부적응하게 된다. 또한 변화에 대해 지나치게 엄격한 기준은 변화에 대처하는 유연성을 상실하게 되어 변화와 가족 발달주기에서 발생하는 위기에 대응할 힘을 상실하게 된다. 이와 같이 매우 높고 낮은 수준의 적응력을 보이는 혼란된 상태 혹은 경직된 상태에서는 가족행위 면에 있어서 역기능적인 면들을 많이 나타낸다고 할 수 있다. 반면 적응성이 중간 수준인 유연한 혹은 구조화된 상태의 가족은 가족행위에 있어서 훨씬 기능적으로 적응할 수 있다.

3) 가족의 의사소통

가족의 의사소통은 가족응집성과 가족적응성의 수준을 균형 있는 수준으로 움직이게 하는 중요한 촉매역할을 한다고 할 수 있으며, 가족구성원들이 그들의 욕구나 감정을 서로 나누고 가족의 역할이나 규칙을 규정하기 위하여 사용된다. 가족의 의사소통은 긍정적인 의사소통기술과 부정적인 의사소통기술로 나눈다. 감정이입, 반영적 경청, 지지적 조언을 긍정적인 의사소통으로 볼 수 있으며, 이러한 긍정적인 의사소통은 가족구성원들의 변화되는 욕구 및 감정을 서로 나눌 수 있도록 하여 가족응집성과 가족적응성이 바람직한 수준으로 움직이도록 하는 촉매역할을 하게 된다. 반면 이중 메시지, 이중구속, 비난 등의 부정적인 의사소통은 가족구성원들이 그들의 감정을 나눌 수 있는 능력을 최소화하여 가족응집성과 적응성의 차원에서 가족이 원활히 기능할 수 없도록 하는 데 영향을 미치는 요인이라고 할 수 있다.

- 메시지가 한 가족원을 통하여 다른 가족원에게 전달되는 유형
- 자녀를 데리고 재혼하는 가족에서 흔히 볼 수 있는 유형

〈Y형〉

- 한 가족원을 중심으로 다른 가족원들이 의사소통하는 유형
- 모든 메시지를 통제하는 가족원은 지배적인 역할을 하게 되며 다른 가족원의 메시지를 여과하거나 왜곡시킬 수 있고 가족 내 긴장과 갈등을 효율적으로 관리할 수 있음

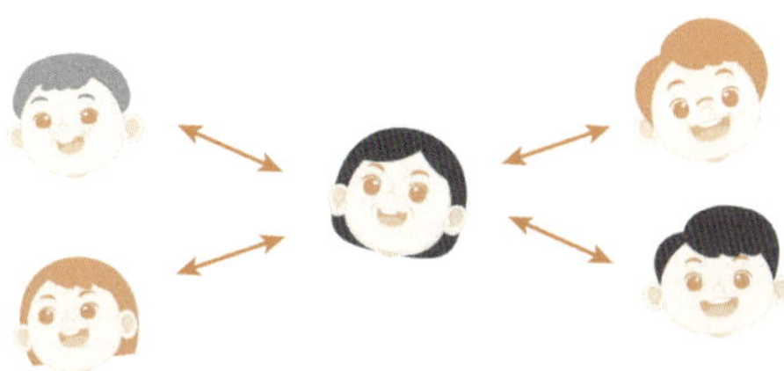

〈바퀴형〉

- 가족구성원이 일렬로 늘어서서 개별적으로 의사소통하는 경우 양끝 가족원은 다소 격리되며, 가족원을 분리시킬 가능성이 있음

〈사슬형〉

- 모든 가족구성원들이 양방향적으로 원활하게 의사소통이 이루어지는 유형
- 가족원 모두가 참여하므로 문제해결방법이 효과적일 수도 있으나, 모든 방향으로 메시지가 전달되어 비조직적이고 혼란스러워질 수도 있음

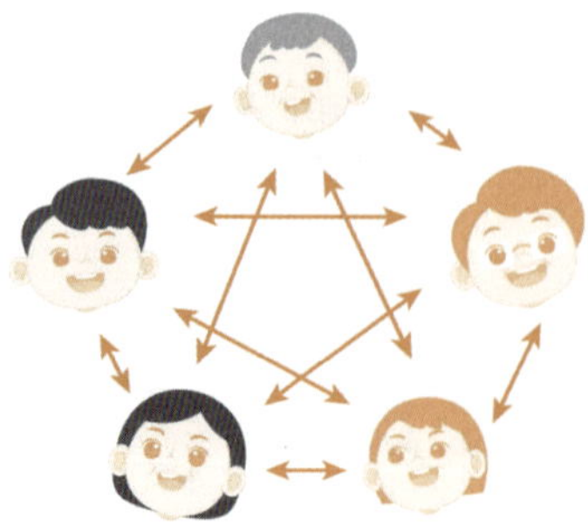

〈완전통로형〉

- 사슬형과 유사하지만 양 끝에 있는 가족원 간의 의사소통이 되는 유형
- 양 옆의 가족원과만 의사소통하여 다른 사람과는 의사소통이 잘 되지 않음

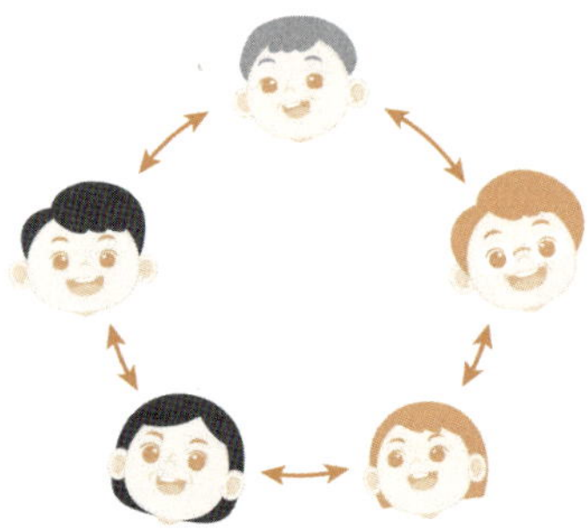

〈원형〉

가족의사소통의 여러 가지 유형

출처: 권석만(2007) 및 http://cafe.daum.net/kimhong9/BnIs/31?q=%EA%B0%80%EC%A1%B1% EC%9D% 98%EC%82%AC%EC%86%8C%ED%86%B5&re=1

4) 순환모형에 의한 가족체계유형

올슨은 순환모형을 토대로 가족의 행동을 가족응집성, 가족적응성, 가족 의사소통의 3차원으로 설명하고 있으며, 그중 가족응집성과 가족적응성은 유형에 따라 크게 3가지 수준으로 나누어 살펴보면 다음과 같다.

(1) 균형을 이룬 가족(balanced family)

가족응집성과 가족적응성 정도가 각각 균형 있는 수준일 때를 의미하는 것으로 가족응집성 수준에서는 연결 또는 분리 수준의 위치, 가족적응성 차원에서는 융통, 구조적 수준에 위치한다.

(2) 중간범위 가족(mid-range family)

가족응집성과 가족적응성 중에서 어느 한 차원의 수준은 균형 있는 수준에 속해 있으나 다른 한 차원의 수준은 극단적인 수준에 속한 것을 나타낸다. 예를 들어, 가족응집성이 연결 또는 분리에 위치하여 적절한 수준을 유지하지만 가족적응성은 혼란 또는 경직된 상태에 위치하고 있는 것을 의미한다.

(3) 극단적인 가족(extreme family)

가족응집성과 가족적응성 2차원이 모두 극단에 위치하고 있는 가족을 의미한다. 따라서 가족응집성이 밀착 또는 단절되어 있는 수준을 나타내고 가족적응성은 혼란 또는 경직의 상태에 위치하는 가족이다.

가족(Family)이란 단어의 어원

F: father(아버지)
A: and(그리고)
M: mother(어머니)
I: I(나)
L: love(사랑)
Y: you(당신)

아무리 사람 사는 방식이 달라진다고 해도 하루 일과를 마치고 집으로 돌아온다. 즉, 가족들과 함께 하는 시간이 삶의 온도를 불어넣어 준다는 사실은 변할 수가 없을 것이다.

3 가족에서의 인간관계

가정에 있어서의 인간관계는 애정을 바탕으로 하여 서로 상대방을 이해하려는 태도를 가질 때 각 가족은 자기의 지위와 역할이 부여되며 가족이란 집단은 매력을 갖게 되어 바람직한 인간관계가 형성될 수 있는 것이다.

1) 부모-자녀관계

부모와 자녀관계를 단순히 공리적, 기계적 관계만으로 생각하여 냉정한 합리적 관계로만 발전해 가도록 방치해 두어서는 안 되며, 부모의 관심과 도움이 필요하다. 부모가 많은 관심을 보이고 충분한 시간을 함께 보내며, 필요한 때는 기꺼이 자신을 돕고 지원하려 할 때, 부모가 자신을 돌보고 있음을 느낀다. 긍정적인 부모의 지지는 부모, 형제자매와의 가까운 관계, 높은 자아 존중감, 학업적 성공, 그리고 적절한 도덕적 발달과 관계가 있다(Rice, 2001). 부모와 자녀관계는 부부관계와 아울러 가족관계의 중요한 영역이다. 화목한 가족관계를 위해서는 부부관계뿐만 아니라 부모와 자녀 간의 조화로운 관계가 필수적인 것은 두말 할 것도 없다. 따라서 부모와 자녀관계는 독특한 몇 가지 특징을 지닌다.

(1) 부모와 자녀관계는 인간관계 중에서 가장 혈연적인 관계이다

가장 일차적인 인간관계이며, 가장 본능적인 애착이 강한 관계이다. 아울러 부모와 자녀관계는 선택의 여지없이 숙명적으로 주어지는 인간관계로서 관계의 가입과 탈퇴가 불가능하다. 따라서 부모와 자녀관계는 싫든 좋든 평생을 유지해야 하는 관계이다.

(2) 부모와 자녀관계는 가장 수직적이고 종속적인 관계이다

부모와 자녀는 20~30년의 나이 차이와 더불어 능력과 경험의 현저한 차이가 있어서 자녀는 일방적으로 부모를 따르고 의존해야 한다. 부모 역시 어리고 미숙한 자녀를 일방적으로 보호하고 양육해야 하는 지배적인 위치에 있게 된다. 이런 점에서 부모와 자녀관계는 서로 불평등한 자격과 위치에서 일방적인 상호작용이 일어나는 수직적인 관계이다.

(3) 인격형성에 있어서 가장 중요한 관계가 부모와 자녀관계이다

자녀의 입장에서는 태어나서 최초로 맺는 인간관계이며 부모의 양육을 통해 성격을 형성해 가는 터전이다. 또한 부모의 입장에서 자녀는 부부간 사랑의 결산이자 자신의 피를 물려받은 분신과 같은 존재이다. 따라서 부모는 거의 본능적이고 무조건적인 애정으로 자녀를 보호하고 양육한다. 이런 점에서 부모와 자녀관계는 가장 기본적이며 근원적인 인간관계라고 할 수 있다.

(4) 부모와 자녀관계는 주요한 교육의 장이다

자녀는 부모를 통해 사회의 기본적인 적용 기술을 배운다. 또한 부모는 자녀들에게 사회의 도덕적 규범과 가치를 가르친다. 즉, 가장 기본적인 사회과정이 부모와 자녀관계 속에서 일어난다. 또한 자녀에게 있어서 부모는 자신이 닮아가야 할 동일시의 대상이자 인생의 모델이 된다.

(5) 부모와 자녀관계는 세월이 흐르면서 관계의 속성이 현격하게 변화한다

부모와 자녀관계는 자녀가 어릴 때는 일방적인 의존적 관계이지만, 자녀가 점차 성장해 가면서 의존적 관계에서 독립적 관계로 변화해 간다. 특히 자녀가 청소년기에 접어들면서 부모의 보호나 통제에서 벗어나려 하며, 부모와 자녀관계에 현저한 변화와 갈등이 초래된다. 자녀가 점차 성숙함에 따라 부모는 노쇠해진다. 따라서 부모는 말년에 오히려 자녀에게 의존하게 되며, 자녀는 노쇠해진 부모를 봉양해야 되는 보호자의 위치에 서게 된다. 즉, 세월이 흐름에 따라 역할과 관계가 변화하는 것이 부모와 자녀의 관계이다(권석만, 2000).

2) 형제-자매관계

시대의 흐름에 따라 확대가족에서 핵가족으로 변화와 더불어 자녀수에 있어서도 절대적인 감소추세를 보이고 있다. 그러므로 가족구성원 간에 있어서 부모 다음으로 중요한 인간관계는 형제-자매이다. 형제-자매간의 갈등은 중요한 가정문제의 하나로 강조되며, 형제-자매의 유무나 출생순위, 연령, 성 등이 성격발달에 미치는 영향은 크다(강문희, 2004; 안영진, 2007; 추정선, 2003).

(1) 출생순위

형제자매 관계는 경쟁적인 관계로 인식되어 왔는데 형제자매 관계를 질투와 경쟁자의 관계로 보는 것은 정신분석 이론의 영향 때문이다. 대개 형제 수가 많으면 심한 경쟁심에서 의지가 강해지고 적극성이 있는 반면, 경제생활, 학비, 잡비 등의 경제적 문제로 가정에 대한 애착심이 상실되거나 부모나 형제를 소홀히 여기기 쉬운 경향도 있다.

아들러(Adler)는 출생순위(장남 · 장녀 · 둘째 · 막내)가 성격 형성에 커다란 영향을 준다고 했다.

장남은 동생들에 비해 심신능력이 우수하고 동생들의 표본이 된다. 심리적·행동적으로 지나치게 적극적이며, 동생들에 대해 극도의 우월감, 지배성, 횡포성, 증오성, 질투심 등이 나타나기 쉽고, 소극적인 경우에는 무기력, 신중, 세심, 내향성 등의 경향을 갖게 된다고 한다. 또한 장남이 성실하고 협조적인 성격을 가지게 되는 것은 새로 태어나는 동생이 빼앗을지도 모르는 특수위치를 계속 유지하려는 의도가 반영된 것이다.

둘째나 중간에 태어난 아동은 경쟁의 상대가 양쪽에 있으므로 불안정하다. 이들은 장남에 대해서는 항상 열등감을 가지며 복종하게 된다. 중간에 있는 차남의 경우, 출생 시부터 형의 권력하에 있고 대외적으로 형의 보호를 받는다. 그는 적극적이며 사회성이 발달하고 형에게 지기 싫어하는 동시에 열등감을 갖게 된다. 흔히 친구 간의 놀이에서 약자를 멸시하게 되는 것은 이렇게 불안정한 특수위치에 있기 때문이라고 한다.

막내는 가정에서 가장 연소한 위치에서 언제나 어린아이 취급을 받게 된다. 따라서 익애형 아동의 특성을 갖기 쉽다. 의존심이 강하고 자기 중심적이고 자제심·독립심의 발달이 늦어지고 형들과의 경쟁에서 위축당하기 쉽다.

(2) 연령

형제간의 연령의 차이도 아동에게 영향을 끼칠 수 있다고 주장한다. 쌍생아, 연년생의 경우 발달단계에 따른 성장 상태가 비슷하므로 경쟁적이고 싸움도 잦고 질투심도 많다. 아주 좋은 친구관계가 될 수 있으나, 반면 10년 이상의 차이가 있는 경우는 형제간보다는 보호자와 피보호자와의 관계로 유지되기 쉽다.

(3) 성

가정에 남녀의 성이 적당히 배합된다면 형제간의 남·여 상호의 이해, 상호특질에서 오는 영향 또는 이성, 형제를 요구하는 데 대한 정서적 안정 등의 면에서 유리하리라고 본다. 남자형제 중의 외딸의 경우, 여자형제들 가운데 외아들 경우 이상형이 나타나기도 한다. 다시 말하면 남성적 여성이 되기 쉽고, 여성적 남성이 되기 쉬우나 반드시 그렇다고 말하기는 어렵다.

3) 부모의 훈육관계

오랜 기간 동안 부모를 관찰하고 부모와 상호작용하며 함께 시간을 보내면 자녀는 부모의 감정적 표현, 의사소통 스타일, 인간관계 기술을 모방하게 되고, 부모가 의식적으로나 무의식적으로 교육시킨 방식에 따라 행동한다. 바움린드(Baumrind, 1982, 1991)는 학령전기 아동을 대상으로 종단 연구하여 독재적, 허용적, 권위적 부모 유형의 3가지 부모 훈육 방식을 제시하였다. 후에 매코비와 마던(Maccoby & Martin, 1983)이 바움린드의 연구를 바탕으로 애정과 통제라는 두 차원에 의해 부모의 자녀 양육 유형을 4가지로 구분한다. 따라서 각 유형의 부모 자녀 양육관계는 그림 7-1과 같다.

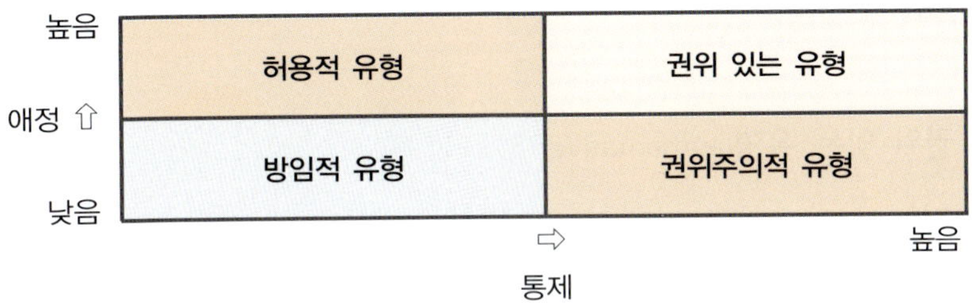

그림 7-1 애정과 통제 두 차원에 기초한 4가지(Baumrind, 1991)

(1) 권위주의적 유형(authoritarian)

자녀에게 요구는 많이 하지만 자녀의 요구나 관점에는 반응하지 않는다. 이들은 질서와 전통에 대한 가치를 존중하고 유지하며 자녀의 독자적인 생각을 장려하지 않는다. 또한 자녀를 아주 면밀히 감시한다. 잘못한 것에 처벌적이고 물리적인 방법을 선호하고 복종을 얻어 내기 위해 강압을 이용한다.

(2) 허용적 유형(permissive)

자녀의 요구에 대해 반응하지만 자녀에게 요구는 하지 않는다. 이들은 너그럽고 자녀와의 충돌을 피하고 자녀 스스로의 자율과 규제를 허용한다. 따라서 두 종류로 나눈다. 먼저, 유도적 부모는 온건하고 수용적이며 정서적으로 자녀와 과도하게 연결되어 있다. 다른 하나인 관용적 부모는 온건하고 정서적으로 자녀와 연결되어 있지만 자녀에 대한 세심한 간섭은 피한다. 즉, 자녀에게 수행의 기준이나 지켜야 할 기준을 세우지 않는다.

(3) 방임적인 유형(uninvoled)

자녀의 생활에 전혀 개입하지 않는다. 또한 자녀를 감시하거나 감독하지 않으며, 자녀의 요구에 대해서도 반응하지 않고, 자녀에게 어떠한 것을 요구하지도 않는다. 따라서 4가지 양육 방식 중 자녀와 가장 정서적으로 덜 연결되어 있다.

(4) 권위 있는 유형(authoritative)

애정적이며 단호하고 자녀의 일에 적극적으로 관여한다. 자녀에게 애정적, 단호한, 적극적 관여는 자녀 양육에 매우 중요한 요소이다. 이들은 청소년 자녀의 욕구 변화에 민감하고 이성과 설득을 통해 자녀를 복종하게 한다. 또한 자녀에게 규칙을 설명하고 문제를 토론하고 대화를 통해 문제를 해결하도록 격려한다(임영식, 2000).

4 가족의 구조

가정의 불행 또는 정상적 가정생활의 결손은 아동의 행동과 심리적 발달에 많은 영향을 미치고 있다. 가정의 결손이라고 할 때 부모의 사별, 이혼으로 인한 가정의 손실현상을 지칭하는 것이 통례이나, 최근에는 정서적 갈등과 장애, 그리고 심리적 측면까지 포함한다. 예를 들어, 모성실조(maternal deprivation)와 같은 현상도 결손가정에 속한다.

1) 모·부자 가정의 특성 및 문제점

(1) 주거에 대한 문제

건강한 가정이 사별로 인해 모·부자 가정이 된 부부가족이었을 때의 공동의 자산을 갖고 있어 주거에 대한 특별한 어려움이 덜 하지만, 배우자와의 갈등이나 경제적인 어려움으로 인한 이혼이나 가출, 유기 등으로 발생된 모·부자 가정은 제일 심각한 문제인 주거문제에 봉착하게 된다.

경제적인 비축이 되어 있지 않은 무방비 상태에서 이혼을 하게 될 때 당장 기거할 곳이 막막한 이들은 직계존속, 친척, 친구, 지인 등의 가정에 무료 임대로 임시 기거하게 되나 장기적인 대책이 아니기에 일정기간이 지나면 다른 주거 장소로 옮겨야 하는 불안정한 주거상태와 경제활동을 하지 않아 일정한 소득이 없던 이들은 아르바이트 등으로 얻은 소득으로 많은 보증금을 내지 않아도 되는 월세를 선택할 수밖에 없는 상황이다.

(2) 경제적인 문제

모·부자 가정은 父와 母의 상실로 인한 소득원의 변화, 주거문제, 모의 취업문제 등과 같은 경제적인 문제를 안고 있다. 대부분의 모자 가정의 경우 주 수입원인 父의 상실로 소득이 상실되어 母로 하여금 소득과 생계 유지를 위한 직업을 가져야 하는 상황이지만, 母가 취업할 수 있는 직업은 주로 파출부, 식당일 등의 가사 관련 직업이나, 소규모 자영업, 건설현장의 잡일, 청소용역 등 일용·단순노무직이다. 많은 기혼 여성들이 경제활동에 참여하기는 하지만, 가족의 생계를 책임지는 가구주가 되면 경제적인 어려움에 처할 수밖에 없게 된다.

모·부자 가정의 母는 생계유지를 위해 일을 해야 하기 때문에 자녀양육에 있어서 어려움을 겪게 된다. 일하는 母는 항상 시간이 부족하여 자녀를 양육할 시간이 절대적으로 부족하고 이에 따른 죄의식을 많이 느낀다(김미숙 외, 2002). 저소득 부자가정은 학력 수준이 낮고, 일용노무직과 자영업에 속해 있어 경제적인 불안정과 가사일까지 담당해야 하며, 혼자서 아무 일도 못하는 돌보아 주어야 할 10세 미만의 자녀가 있는 경우는 더욱 심각한 어려움을 안고 있다.

이혼이나 유기된 모자가정의 경우 주거문제가 심각하게 대두되고 있다. 이혼의 경우 금융거래의 신용불량까지 안고 나오는 경우가 많다. 이 외에도 경제적 문제는 모·부자 가정의 생활 전반에 영향을 미치게 되고 이러한 장애들이 아들의 자립 의지마저 약하게 하여 더욱 빈곤하게 만들며 이 빈곤은 세대 간에 이어지고 있다.

(3) 자녀양육 및 교육 문제

모·부자 가정의 자녀들은 부모의 적절한 보호와 보살핌을 받지 못하고 방임된 상태에서 성장할 가능성이 많다. 부의 부재로 인한 자녀에 대한 통제력과 감독권의 약화가 자녀 자신의 통제력 상실로도 이어져 가출이나 비행을 할 가능성이 증가할 수 있다. 한국청소년개발원(2000)에 따르면 전국 소년원, 교도소, 근로청소년을 대상으로 비행청소년들의 재비행 여부를 살펴본 결과 양부모가 있는 경우가 부모가 없거나 한부모인 경우보다 재범률이 낮은 것으로 나타나서 부모의 영향이 자녀의 비행에 관계됨을 알 수 있다. 또한 모의 부재에 따른 가정의 질서와 안정감이 상실되어 산만함과 의욕의 상실로 이어질 수 있으며, 모의 부재로 인한 자녀 양육문제로 인해 부가 안정된 직업을 얻을 수 없는 요인이 되기도 한다.

모·부자 가족 중 이혼한 가정의 자녀들은 공격적, 일탈적 행동이 많이 나타나고, 사별로 인한 자녀들은 위축, 퇴행 행동을 보여서 모·부자 가정이 되는 과정 속에 자녀들은 부적응의 차이를 보임을 알 수 있다. 또한 저소득 모·부자 가정의 가장 큰 지출항목은 자녀 양육비 및 교육비가 가장 높게 나타난다.

(4) 심리적·정서적 문제

모·부자 가정은 변화된 가족 구조로 인해 정서적·심리적 어려움을 호소하고 있다. 이들은 절망감, 책임감, 슬픔, 스트레스 등의 부정적인 정서 반응이 지배적으로 나타난다. 이혼 후 편모들의 심리는 우울감이 높으며, 걱정을 많이 하고, 자신의 삶에 대해 만족하지 않으며, 정신 상담이나 치료를 더 많이 받는 것으로 나타났다. 모자가정의 경우 사별한 경우가 이혼한 경우보다 심리적 안정감이 높다.

모·부자 가정은 부나 모의 상실로 인해 남겨진 부나 모는 가장의 역할과 함께 자녀양육과 가사에 대한 모든 부담을 안게 된다. 이러한 역할 과정으로 인한 정신적 긴장과 일상생활에서 일어나는 모든 일을 혼자 결정해야 하는 심리적·정신적인 부담감은 이루 말할 수 없다. 모·부자 가정의 발생 사유가 사별이든 생이별이든 간에 부나 모를 포함한 구성원 전체가 상실감과 피해의식을 갖게 된다. 대인관계에 있어서도 상실된 부나 모의 친족과는 중간매개자의 상실로 인해 점점 멀어지고 친구나 이웃관계에도 많은 변화를 나타낸다.

저소득 모·부자 가정들이 겪는 정서상의 문제점은 첫째, 배우자와의 이별로 인한 갈등과 감정상의 변화에서 오는 어려움이다. 둘째, 경제적인 기반이 약화됨으로써 오는 심리적인 불안감이다. 셋째, 편부모에 대한 사회인식의 변화에 따른 갈등 등의 원인이 될 수 있다.

(5) 역할 갈등에 대한 문제

파슨스(Parsons)는 역할 구조론을 설명하면서 남편이 되고 아버지가 되는 남자는 경제적 수입과 사회에 대한 대외적 역할을 맡는 수단적 역할을 담당하고 있고, 여자는 아내로서 또는 어머니로서 가족의 소비생활과 인간관계의 융합을 주로 도모하는 대내적 역할의 표현적 역할을 담당하고 있다고 하였다(이효제, 1993).

모·부자 가정은 부모나 자녀 모두가 역할에 대한 혼란을 경험하게 된다. 자녀들은 성장과정에서 부모의 부재로 인해 동일시 대상이 없어지므로 발달장애 또는 역할동일시에 대한 학습결핍 등이 발생한다. 따라서 모자 가정의 경우 부의 부재로 인한 역할 상실의 문제로 모자 가정의 자녀들은 표현적 역할을 담당하고 있는 경우가 많으며, 편모 여성은 협력적 역할을 분담할 배우자의 부재로 인해 부모역할 혼란 및 역할 갈등을 겪게 되어 긴장과 스트레스를 받는다. 자녀들은 남아의 경우 동성의 동일화 대상의 상실로 남성의 역할을 배울 기회를 잃게 되며, 여아는 이성을 정서적, 육체적으로 바르게 이해할 수 있는 기회의 상실로 인하여 여러 가지 문제들이 발생하게 된다.

5 부모의 심리적 자세

사람은 살아가는 과정에서 자신과 타인에 대해 긍정적인 입장에서 바라보느냐 아니면 부정적인 입장에서 바라보느냐 하는 기본적인 입장을 가지게 되는데, 이와 같이 한 인간이 가지는 기본적인 심리적 태도를 '심리적 자세(life position)'라고 한다. 개인의 심리적 자세는 각각 자기 자신에 대한 심리적 자세와 타인에 대한 심리적 자세를 갖게 한다. 자신에 대한 심리적 자세는 스스로 자기 자신에 대하여 긍정의 자세를 가지는가, 아니면 부정의 자세를 가지는가에 대한 심리적 자세이다. 즉, 사람들은 자기 자신과 다른 사람들에 대해 좋은 감정을 가지고 싶어 한다. 의사거래 분석심리학(Transactional Analysis)에서는 인간관계에서 일어나는 자신과 타인에 대한 감정들을 4가지 인생관으로 분류한다.

인생태도란 어릴 때 부모와의 스트로크(stroke)를 바탕으로 생겨나는 자기 자신이나 타인, 세계에 대한 기본적인 반응 태도 또는 정서에 기인하는 자아상이나 타인상을 말한다. 따라서 스트로크의 뜻은 표 7-1과 같다.

표 7-1 스트로크의 정의

스트로크(stroke)란 인간의 심신이 함께 성장하기 위해 먹을 것과 함께 없어서는 안 될 스킨십(skinship), 눈짓, 표정, 감정, 언어 등 피부의 접촉, 마음의 접촉을 의미한다. 유아기에 있어서 부모나 양육자로부터 받은 접촉이나 애무 등의 신체적 스트로크에의 욕구는 성장한 뒤에도 칭찬이나 승인 등의 정신적 스트로크에의 요구로 옮겨지는데, 이들 사이에는 다소 차이는 있으나 모두가 자기의 존재를 인정받기 위한 욕구가 내재해 있다.

인생에 대한 기본적인 태도는 父로부터 어떤 스트로크를 어느 정도 받았는가에 따라 형성된다. 즉, 기본적인 인간관계는 자신과 타인과의 관계에 일관된 구조를 형성해 나간다. 여기서 자신과 타인 사이에 어떠한 감

정(느낌)과 구조를 가지고 있는가에 대하여 고찰하고, 그것을 대인관계의 구조라고 부른다. 올포트(Allport)는 "인간의 성격이라는 것은 고정되고 완성적인 것은 아니다."라고 하였다. 성격은 어느 정도 고정적 특성을 갖는 반면에 연속적으로 변화하는 개념이기도 한 것이다. 따라서 자신에 대한 성격을 많이 파악하면 할수록 자신의 결점을 고칠 수 있음을 의미한다.

해리스(Harris)는 '자기긍정(I'm OK)-타인긍정(You're OK)'이라는 책에서 녹음기에 비유해서 사람의 과거경험을 논하고 있다. 인간의 두뇌는 평생 동안의 모든 경험을 테이프에 기록하는 고성능 녹음기와 같이 작동하며, 녹음기가 녹음하듯이 경험과 관련된 여러 느낌들을 녹음한다고 설명한다. 또한 그는 자신과 타인에 관련해서 가질 수 있는 4가지 기본적인 인생관을, 남들이 자기를 어떻게 보고 있으며, 자기가 남들을 어떻게 보고 있는가 하는 점이 긍정적 태도 혹은 부정적 태도에 따라 4가지 유형으로 구분된다.

사람들은 아주 어렸을 때 경험했던 자기용납 또는 자기포기 그리고 타인으로부터의 용납과 거절들의 체험에 따라서 자신에 대해 OK와 Not-OK의 태도를 가지게 된다. 이러한 사람들의 태도를 종합하여 4가지 인생관을 분류해냈는데 ① 나도 OK, 너도 OK의 인생관, ② 나는 OK, 너는 Not-OK의 인생관, ③ 나는 Not-OK, 너는 OK의 인생관, ④ 나도 Not-OK, 너도 Not-OK의 인생관이다(이숙, 2002; 홍용기 외, 2003). 따라서 긍정적 태도 혹은 부정적 태도에 따라 그림 7-2와 같다.

타인에 대한 태도		
	I'm OK. You're OK.	I'm not OK. You're OK.
	I'm OK. You're not OK.	I'm not OK. You're not OK.

자기에 대한 태도

그림 7-2 교류분석에 의한 대인관계 구조

1) 자기긍정-타인긍정의 자세(I'm ok, You're ok)

나도 OK, 너도 OK의 인생관을 갖는 사람들은 정신적으로 낙관적이고 건전한 인생관을 가지며 자유롭게 대인관계를 맺을 수 있고 또한 환경에 잘 적응할 수 있다. 그들은 자신을 받아들임으로써 자신을 있는 그대로 표현하며 현실적인 목표를 세우며 그 목표를 위하여 긍정적인 자세로 살아간다. 그들은 또한 타인을 받아들이기 때문에 인간관계가 원만하며 관용성이 있고 열려져 있다. 그들은 일반적으로 타인에게 완전을 요구하지 않으며 있는 그대로 용납한다.

이러한 심리적 자세를 가진 부모에게서 자라나는 유아들은 승자(winner)적 각본을 갖게 되어 자신과 부모를 사랑하게 되고 함께 잘 지내며, 성장한 후에도 다른 사람과 더불어 잘 지낼 줄 알게 된다.

2) 자기긍정-타인부정의 자세(I'm ok, You're not ok)

나는 OK, 너는 Not-OK의 인생관을 갖는 사람들은 오만하며, 과대망상적이다. 그들은 자신에게서 잘못을 발견하지 못하고 타인에게서만 잘못을 발견한다. 그러므로 일이 잘못되면 항상 타인을 비판하고 불평한다. 그들은 타인에게서 Not-OK를 찾는 사람이므로 친구를 잘 사귀지 못하며 항상 타인에게 비판적인 충고를 주려고 애쓴다. 현대의 젊은이들은 이러한 인생관을 많이 갖고 있어 타인을 비판함으로써 자기 자신에 대한 불만의 출구로 삼는다. 이러한 부모에게서 자라는 유아들은 자신이 희생당하거나, 박해받는다고 느끼는 자세로 다른 사람들을 희생시키고 박해하기 쉽다. 성장한 후에 그들은 자신들이 불행하게 된 이유를 다른 사람에게 돌리고 비난하기 쉽다.

3) 자기부정–타인긍정의 자세(I'm not ok, You're ok)

나는 Not-OK, 너는 OK의 인생관을 갖고 있는 사람들은 자신은 사랑받을 가치가 없는 사람으로 여기며 그래서 침울과 낙담을 벗 삼아 살아간다. 자신의 가치를 매우 낮게 평가하기 때문에 비굴해지며 감정적으로 육체적으로 남과 함께 있기를 두려워한다. 아기였을 때에 충분한 사랑을 받지 못하거나, 벌을 많이 받았던 사람들은 성장해 나가면서 자신을 가치 없는 무익한 존재라고 결정한다. 이런 부모에게서 자라나는 유아들은 대개 "패자각본"을 갖게 되어 부모가 자기와 함께 있어준다 하더라도 자신은 사랑받을 만한 가치가 없고 함께 할 자격도 없다는 결단을 하게 된다.

4) 자기부정–타인부정의 자세(I'm not ok, You're not ok)

나도 Not-OK, 너도 Not-OK의 인생관을 가진 사람들은 인생은 허무의 연속일 뿐이며 자신도 남도 결코 사랑받지 못할 인간에 불과하다고 생각한다. 즉, 부모로부터 이해받지 못하고 있다는 감정, 내부지향적이기도 하고 또한 외부지향적이기도 한 양면에서의 분노 그리고 죄책감, 불신감, 대인공포, 원한과 자신 및 타인에 대한 부정적 감정들을 특징으로 하고 있다. 이러한 사람들은 삶 자체에도 의미를 발견하지 못하며 세상에서도 가치 있는 것을 찾지 못하여 파괴적이며 절망적인 인생관을 갖고 산다.

Thema 8

사랑관계의 이해

01 사랑의 정의

02 존 리의 사랑의 유형

03 스턴버그의 사랑의 유형

04 사랑의 질투와 실연

05 성공적인 사랑을 위한 방법

학습목표

* 사랑의 정의에 대하여 이해한다.
* 존 리의 사랑의 유형에 대하여 이해한다.
* 스턴버그의 사랑의 유형에 대하여 이해한다.
* 사랑의 질투와 실연에 대하여 이해한다.
* 성공적인 사랑을 위한 방법에 대하여 이해한다.

1 사랑의 정의

사랑은 행동과 감정 또는 내적 경험을 포함한다고 하였다. 상대방이 자기의 주요한 욕구를 충족시켜 주거나 자기가 소중히 여기는 속성, 즉 능력이라든가 아름다움 등을 나타내거나 또는 나타낼 것처럼 보일 때 그 인간 상호관계에서 경험하는 긍정적인 감정을 말한다. 따라서 사랑이란, 자신을 완성시키고 보충하고 또 자신을 보호하기 위해 타인을 필요로 하는 감정이다.

에릭 프롬(Erich Fromm, 1989)은 사랑의 기술(The Art of Loving)에서 사랑이란 수동적인 감정이 아닌 희생과 헌신이 결부되는 능동적 성격을 강조하였다. 즉, 사랑이란 기쁨, 흥미, 이해, 지식, 유머, 슬픔 등이 자기 자신 안에 살아 있는 모든 것들의 표현을 상대방에게 주는 것을 의미한다.

사랑은 자신을 성숙시킬 수 있는 기회가 되고 나의 세계에서 벗어나 상대의 세계에 대한 관심의 확대와 더불어 배려와 책임의 윤리를 배우는 과정이다(양옥남, 2000; 함인희, 1998). 이성 간 사랑은 개인의 정체감 및 친밀감 형성에 필수적인 사회적 경험이며(Erikson, 1968), 이를 통해 긍정적인 자아개념뿐만 아니라 긍정적인 타인 지각을 가지게 된다(김중술, 1997; 우중하, 2000; 장휘숙, 1999; Fromm, 1976).

사랑은 누구나 경험하는 보편적인 감정이다. 더불어 사랑은 각 개인마다 각양각색의 모습을 가진다(김중술, 1997; 홍대식, 1996; Sternberg & Barnes, 1985). 따라서 사랑은 공통된 정의와 개념을 찾아내기 어려우며 사람들마다 다르게 느끼게 된다. 이러한 관점에서 사랑이 과학적으로 연구되는 것이 어려웠다. 그러나 1970년대에 들어 사랑의 의미 구조를 분석하여 사랑의 논리 구조를 밝히는 데 주력하고, 사랑과 삶 그리고 죽음의 관계를 모색하는 동시에 사랑이 시간과 공간 속에서 어떻게 모습을 드러내는가에 관심을 기울인 과학적인 연구가 이루어지기 시작했다.

페어와 러셀(Fehr & Russell, 1991)의 연구에서 사랑은 다른 어느 정서보다 가장 원형적인 정서로 나타났다. 돌봄, 도움, 유대감, 나눔, 편안함, 이해, 존중, 가까움의 순서로 사랑의 중심적 특성으로 꼽았다. 따라서 진정으로 아름답고 성숙한 사랑을 하기 위해서는 사랑에 대한 깊은 이해가 필요하다.

2 존 리의 사랑의 유형

존 리(John Lee, 1977)는 '사랑의 색깔'이라는 저서에서 3가지 원색에 여러 가지 색채의 조합이 이루어지듯, 사랑도 3가지 원형이 여러 가지로 나누어진다고 설명했다. 리는 사랑이란 자연스럽게 발생하는 것이 아니라 학습되는 것으로 보고 사랑의 유형을 1차 유형(primary style)과 2차 유형(secondary style)으로 구분하였다. 1차 유형은 낭만적·열정적 사랑(Eros), 유희적 사랑(Ludus), 동료적 사랑(Storge)이며, 2차 유형은 세 원형들을 두 가지로 결합시켜 소유적 사랑(Mania), 논리적 사랑(Pragma), 헌신적 사랑(Agape)으로 나눈다. 1차 유형과 2차 유형을 구체적으로 살펴보면 다음과 같다(이정은, 2002).

1) 낭만적 사랑(Eros: 육체적·낭만적 사랑)

강한 정서적 감정이 특징이며, 첫 눈에 반한다든지 연인의 신체적인 매력에 끌리는 것으로 사랑이 시작된다. 열정적 사랑의 소유자는 사랑을 인생에서 가장 중요한 것으로 보며 신체적으로 뚜렷한 이상형을 가지고 있고 항상 육체적인 매력에 이끌리며 성적 친밀성의 욕구도 강하고 충분히 자신을 개방하고 상대방과 끝없이 대화하기를 즐기는 스타일이다. 또한 이 사랑 유형의 소유자는 자신감이 강하고 자존심이 높은 사람들 중에 많이 나타난다.

열정적 사랑에서 나타나는 그 밖의 특성들을 살펴보면 다음과 같다(강문희 외, 1999).

① 사랑하는 속도가 매우 빠르며, 상대방에 대한 감정이 강렬하고, 그러한 감정들이 자신의 전체 생활을 지배한다.

② 이성보다는 감성이 앞서고, 오직 한사람, 단 한 번의 사랑이라고 믿

으며, 다른 사람에 대해서는 배타성이 강하다.

③ 상대방에게 모든 것을 요구하거나 기대하고, 숙명적이고 운명적인 만남임을 굳게 믿는다.

2) 유희적 사랑(Ludus)

라틴어로 놀이나 게임을 의미하는 루더스는 장난기 있는 심심풀이의 사랑을 의미한다. 즉, 일종의 게임이나 즐거운 오락으로 생각하며 사랑에 빠지거나 헌신할 의사가 없다는 특성을 가진다. 이런 사랑을 하는 사람은 쉽게 애인을 바꿀 수 있고 상대에 대해서도 매우 허용적이며, 한 대상에만 몰입하지 않으므로 여러 대상을 동시에 사랑하기도 한다. 리(Lee)는 이 유형의 사랑은 단 한 사람과의 긴밀하고 지속적인 관계를 원하지 않으며, 성적인 대상으로 즐기려 할 뿐 결혼까지 가는 것을 고려하지 않는다. 즉, 서로가 함께 나누는 사랑보다는 상대방에 대한 배려 없이 자신의 만족과 자기 성취감에 치중함으로써 관계가 오래 지속되지 못한다.

3) 동료적·우애적 사랑(Storge)

천천히 무르익는 좋은 친구 같은 사랑이다. 형제·자매에게서 느낄 수 있는 우애처럼 자연스러운 감정이 점차 자라나는 것이다. 우애적 사랑의 소유자는 사랑이란 많은 시간과 활동을 공유하는 특별한 종류의 우정이라고 보기 때문에 노골적인 감정 표현보다는 다양한 관심사의 공유를 선호한다. 이들은 공유할 수 있는 관심사에 대해 이야기하기를 더 좋아하며, 열정보다는 친구로서 알아 가는 과정을 보다 소중히 여기므로 서서히 발전해 가는 과정에 근거한 지속적이고 진화적인 사랑의 유형이다. 이들은 사랑보다는 신뢰가 더욱 소중한 가치라 생각하며 안정적인 관계를 유지해 간다.

4) 소유적 사랑(Mania)

열정적 사랑과 유희적 사랑이 결합된 소유적 사랑은 의존성과 질투 및 상대방의 사랑을 강박적으로 확인하고자 하는 특성을 갖고 있다. 사랑의 기쁨에서 슬픔으로 변하는 감정의 기복이 심하고 항상 사랑 받고 있다는 것을 확인 받기를 원한다. 이런 사랑은 극도의 질투심을 보이고 상대방에게 더 많은 애정과 헌신을 요구한다. 상대방에게 자신과 똑같은 수준의 사랑을 강요한다.

친밀한 관계에서의 강한 질투심은 갈등이나 이혼, 심지어는 살인까지 초래할 수 있다. 질투의 감정은 자신이 사랑하고 소유한 사람을 잃었다는 상실감 지각으로, 분노 또는 고통의 결과를 초래하고 결국 상대방에게 더욱 집착하고 의존하게 된다.

5) 논리적 사랑(Pragma)

우애적 사랑과 유희적 사랑이 결합된 논리적 사랑은 논리적이고 실용적이며 현실적인 사랑을 하기 때문에 자신의 기준에 적합한 상대방을 의도적으로 찾는다. 자기와 어울리는 배경과 관심사를 지닌 사람을 찾기 위해 유희적 사랑을 활용하여 상대방을 찾는데, 친구 같은 사랑의 대상을 찾는 것이지 열정적인 연애를 추구하는 것은 아니다. 이러한 사랑을 하는 사람은 자신이 원하는 자질을 가진 사람을 의식적으로 가려 뽑고, 친구나 부모와 함께 자신의 선택에 대해 상의하기도 해서 자신에게 가장 잘 어울리는 배우자라고 생각되는 사람을 선택한다. 만일 서로에게 변화가 생겨 상대의 자원교환가치가 전과 같지 않다면 사랑이 끝날 수 있으며, 다시 만나고자 하는 대상 역시 동일한 안목으로 찾는다.

6) 헌신적 사랑(Agape)

열정적 사랑과 우애적 사랑이 결합된 헌신적 사랑의 소유자는 상대방을 위해서 끊임없이 자신을 희생하며 헌신하는 타인 중심적인 특성을 지닌다. 아가페는 나를 내어주는 사랑이다. 이런 사랑을 하는 사람은 심지어 사랑하는 감정이 없다 하더라도 사랑하는 것을 의무로서 받아들인다. 따라서 아가페는 마음이 아닌 머리가 더 많은 작용을 하며 감정이 아닌 의지의 표출이다. 리(Lee)는 이렇게 의무적이며 베푸는 사랑 유형을 제시하기는 하였지만, 완전히 헌신적인 사랑만 하는 사람이 있을 것이라고는 생각하지 않았으며, 그 대신 일시적으로 헌신적일 수 있거나 그런 경향성을 가질 수 있다고 하였다. 이와 같이 존 리(John Lee, 1997)의 '사랑의 유형'을 6가지로 정의하면 표 8-1과 같다.

표 8-1 사랑의 유형

유형	설명
에로스(eros)	주로 상대의 외모의 아름다움으로 생기는 사랑이다. 에로스적 사랑을 하는 사람은 자신이 이상적으로 생각하는 외모를 가진 사람을 찾는다.
루더스(ludus)	유희적 사랑으로 이런 사랑을 하는 사람은 한 사람과의 관계에 자신을 매어놓지 않고 책임지려 하지도 않는다. 대신 여러 사람과 유희적인 사랑을 택하는 경향이 나타난다.
스토게(storge)	어떤 사람과 가까이 지내며 서서히 발전하는 애정의 결과로 생긴 사랑이다. 이런 사랑을 하는 사람은 강렬한 정열 없이 서서히 조심스럽게 지속적인 책임 있는 관계로 발전한다.
마니아(mania)	강렬한 낭만적인 사랑으로서 이런 사랑을 하는 사람은 질투가 많고 상대에 대해 집중적인 몰두를 하게 된다. 또한 상대방으로부터 강렬한 사랑을 기대하고 반복적인 확인을 요구한다.
아가페(agape)	이타적 사랑으로서 받는 것을 기대함이 없이 주는 사랑이다. 온유한 보살핌과 무조건적 헌신이 중요한 요소가 된다.
프래그마(pragma)	합리적 사랑으로서 이런 사랑을 하는 사람은 교육, 종교, 직업 등 여러 가지 현실적 조건을 고려하여 적당한 사람을 찾고 선택한다.

리(Lee)의 사랑 유형을 바탕으로 핫코프(Hatkoff)와 라스웰(Lasswell)은 수천 명의 남녀를 대상으로 광범위한 반복실험을 거쳐 50개의 항목으로 구성된 최종 6개의 애정형 척도검사를 개발하였다(김중술, 2001). 따라서 사랑의 유형검사지는 표 8-2, 채점방법은 표 8-3을 참고한다.

표 8-2 사랑의 유형검사지(The Styles of Love)

* 자가진단: 나의 사랑은 어떤 유형인가?

* 애정형 척도검사 이름: 학번:

번 호	내 용	응 답
1	나는 '첫눈에 반한다'는 것이 가능하다고 생각한다.	Yes / No
2	나는 한참 지난 다음에야 비로소 내가 사랑하고 있음을 알았다.	Yes / No
3	우리들 사이의 일이 잘 풀리지 않으면 나는 소화가 잘 되지 않는다.	Yes / No
4	현실적인 관점에서, 나는 사랑을 고백하기 전에 먼저 나의 장래목표부터 생각해 보지 않으면 안 된다.	Yes / No
5	먼저 좋아하는 마음이 얼마 동안 있고 난 다음에 비로소 사랑이 생기게 되는 것이 원칙이다.	Yes / No
6	애인에게 나의 태도를 다소 불확실하게 해두는 것이 언제나 좋다.	Yes / No
7	우리가 처음 키스하거나 볼을 비볐을 때, 나는 성기에 뚜렷한 반응(발기, 축축함)이 오는 것을 느꼈다.	Yes / No
8	나는 전에 연애했던 사람들 대부분과 지금도 좋은 친구관계를 유지하고 있다.	Yes / No
9	애인을 결정하기 전에 인생설계부터 잘 해두는 것이 좋다.	Yes / No
10	나는 연애에 실패한 후 너무나 우울해져 자살까지도 생각해 본 적이 있다.	Yes / No
11	나는 사랑에 빠지면 너무 흥분되어 잠을 이루지 못하는 때가 있다.	Yes / No
12	애인이 어려운 처지에 빠지면 설사 그가 바보처럼 행동한다 하더라도 힘껏 도와주려고 노력한다.	Yes / No
13	애인을 고통 받게 하기보다 차라리 내가 고통 받겠다.	Yes / No
14	연애하는 재미란 두 사람 간의 관계를 발전시키면서 동시에 내가 원하는 것을 거기서 얻어내는 재주를 시험해 보는 데 있다.	Yes / No
15	사랑하는 애인이라면 나에 관해 다소 모르는 것이 있다 하더라도 그것 때문에 그렇게 속상해 하지 않을 것이다.	Yes / No
16	비슷한 배경을 가진 사람끼리 사랑하는 것이 가장 좋다.	Yes / No
17	우리는 만나자마자 서로가 좋아서 키스를 했다.	Yes / No
18	애인이 나에게 관심을 보이지 않으면 나는 온몸이 쑤시고 아프다.	Yes / No
19	나의 애인이 행복하지 않으면 나도 결코 행복해질 수 없다.	Yes / No
20	제일 먼저 나의 관심을 끄는 것은 대개 그 사람의 외모이다.	Yes / No
21	최상의 사랑은 오랜 기간의 우정으로부터 싹튼다.	Yes / No
22	나는 사랑에 빠지면 다른 일에는 도무지 집중하기 힘들다.	Yes / No
23	그의 손을 처음 잡았을 때 나는 사랑의 가능성을 감지했다.	Yes / No
24	나는 어느 사람과 헤어지고 나면 그의 좋은 점을 발견하려고 애를 쓴다.	Yes / No

25	나는 애인이 다른 사람과 같이 있다는 생각이 들면 도저히 견딜 수 없다.	Yes / No
26	나의 애인 두 사람이 서로 알지 못하도록 교묘하게 재주부린 적이 적어도 한 번은 있었다.	Yes / No
27	나는 매우 쉽고 빠르게 사랑했던 관계를 잊어버릴 수 있다.	Yes / No
28	애인을 결정하는 데 한 가지 가장 고려해야 할 점은 그가 우리 가정을 어떻게 생각하는가 하는 것이다.	Yes / No
29	사랑에서 가장 좋은 사랑은 둘이 함께 살며, 함께 가정을 꾸미고 함께 아이들을 키우는 일이다.	Yes / No
30	애인이 원하는 것을 위해서라면 나는 기꺼이 내가 원하는 것을 희생시킬 수 있다.	Yes / No
31	배우자를 결정하는 데 있어서 가장 먼저 고려해야 할 점은 그가 좋은 부모가 될 수 있겠는가 여부이다.	Yes / No
32	키스나 포옹이나 성관계는 서둘러서는 안 된다. 그것들은 서로 충분히 친밀해지면 자연스럽게 이루어지는 것이다.	Yes / No
33	나는 매력적인 사람들과 바람 피는 것을 좋아한다.	Yes / No
34	나와 다른 사람들과 사이에 있었던 일을 애인이 알게 된다면 매우 속상해 할 것이다.	Yes / No
35	나는 연애를 시작하기 전부터 나의 애인이 될 사람의 모습을 분명히 정해놓고 있었다.	Yes/No
36	만일 나의 애인이 다른 사람의 아기를 갖고 있다면, 나는 그 아기를 내 자식처럼 키우고 사랑하며 보살펴 줄 것이다.	Yes / No
37	우리가 언제부터 서로 사랑하게 되었는지 정확히 알 수 없다.	Yes / No
38	나는 결혼하고 싶지 않은 사람하고는 진정한 사랑을 할 수 없을 것 같다.	Yes / No
39	나는 질투 같은 것은 하고 싶지 않지만, 나의 애인이 다른 사람에게 관심을 가진다면 참을 수 없을 것 같다.	Yes / No
40	내가 애인에게 방해물이 된다면, 차라리 나는 포기하겠다.	Yes / No
41	나는 애인의 것과 똑같은 옷, 모자, 자전거, 자동차 등을 갖고 싶다.	Yes / No
42	나는 연애하고 싶지 않은 사람하고는 데이트도 하고 싶지 않다.	Yes / No
43	우리들의 사랑은 이미 끝났다고 생각될 때도, 그를 다시 보면 옛날 감정이 되살아나는 때가 적어도 한번쯤은 있었다.	Yes / No
44	내가 가지고 있는 것은 모든 것을 나의 애인이 마음대로 써도 좋다.	Yes / No
45	애인이 잠시라도 나에게 무관심해지면, 나는 그의 관심을 끌기 위하여 때로는 정말 바보 같은 짓을 할 때도 있다.	Yes / No
46	깊이 사귀고 싶지는 않아도, 어떤 상대가 나의 데이트 신청에 응하는지를 시험해 보는 것도 재미있는 일이다.	Yes / No
47	상대를 택할 때 고려해야 할 한 가지 중요한 점은 그가 자신의 직업을 어떻게 생각하는가 하는 것이다.	Yes / No

48	애인과 만나거나 전화한 지 한참 되었는데도 아무 소식이 없다면, 그에게 그럴만한 이유가 있기 때문일 것이다.	Yes / No
49	나는 누구와 깊게 사귀기 전에 우리가 아기를 가지게 될 경우 그쪽의 유전적 배경이 우리와 잘 맞는지부터 먼저 생각해 본다.	Yes / No
50	가장 좋은 연애관계란 가장 오래 지속되는 관계이다.	Yes / No

표 8-3 사랑의 유형검사 채점방법

스토르게 우애적 사랑	아가페 이타적 사랑	프래그마 논리적 사랑	매니아 소유적 사랑	에로스 낭만적 사랑	루더스 유희적 사랑
2	12	4	3	1	6
5	13	9	10	7	14
8	19	16	11	17	15
21	24	28	18	20	26
29	30	31	22	23	27
32	36	38	25	33	33
37	40	42	39	35	34
50	44	47	43	41	46
·	48	49	45	·	·
합계:	합계:	합계:	합계:	합계:	합계:

본 검사에서 "그렇다"라고 체크한 문항의 수를 유형별로 합쳐서 아래의 ( )에 합계란에 작성을 한다. 그리고 "그렇다"를 백분율로 계산하는데, 예를 들어, 스트로게 우애적 사랑에 8문항 중 6문항에 "그렇다"라고 체크를 했다면 6/8는 75%가 그 유형의 점수가 된다. 프래그마 논리적 사랑은 9문항 중 6문항에 "그렇다"라고 체크를 했다면 6/9는 66%가 당신의 유형 점수가 된다. 해석 시 다른 유형의 점수보다 자신이 속한 유형의 점수가 높게 나타나면 그 유형의 특성이 강하게 작용된다고 볼 수 있다. 그러나 이 결과가 당신이 지닌 사랑의 스타일을 간편하게 평가해 본 것이며, 또한 다른 요인들에 의해 영향을 받을 수 있으므로 확정적인 것으로 생각하지 말고 참고한다.

3 스턴버그의 사랑의 유형

스턴버그(Sternberg, 1986)는 사랑의 행동과 경험들을 연구한 자료 및 여러 이론을 근거하여 사람의 삼각 이론을 제시하였다. 이 이론은 사랑을 삼각형으로 묘사하는 휴리스틱을 사용하여, 3가지 사랑의 구성 요소를 삼각형의 각 꼭짓점 위에 제시하는 것으로부터 시작된다.

스턴버그(Sternberg)의 이론은 사랑이 친밀감(Intimacy), 열정(Passion), 결심/투신(Commitment)의 3가지 요소로 구성되어 있다고 보았다. 따라서 사랑의 삼각형은 그림 8-1과 같다.

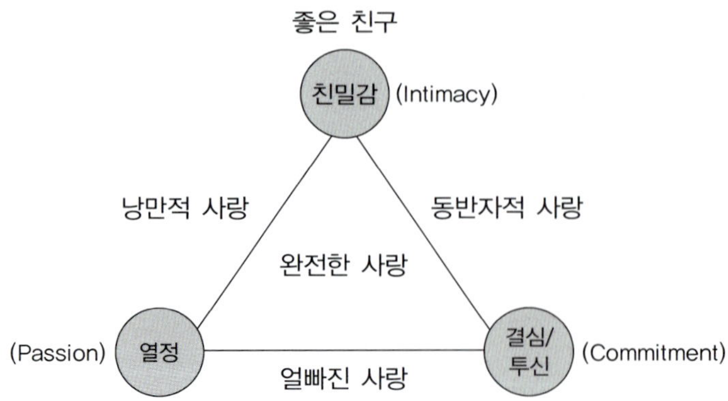

그림 8-1 사랑의 삼각형(Sternberg, 1986)

1) 친밀감

사랑하는 관계에서 나타나는 가깝고 연결되어 있으며 결합되어 있다는 느낌을 일컫는다. 거기에 사랑하는 사이에서 경험하는 따뜻함과 같은 느낌들이 포함된다. 스턴버그와 그레젝(Grajek)은 가까운 관계에서 나타나는 친밀감 10가지를 다음과 같다고 하였다(Sternberg, 2002).

- 사랑하는 이의 복지를 증진시키기를 열망한다.
- 사랑하는 이와 함께 행복을 경험한다.
- 사랑하는 이에 대해 존경심을 가진다.
- 필요할 때 그에게 기댈 수 있다.
- 서로 이해한다.

- 상대와 자신 및 자신의 소유를 나눌 수 있다.
- 상대로부터 정서적 지지를 받는다.
- 상대방에게 정서적 지지를 해 준다.
- 상대와 친밀한 의사소통을 한다.
- 자신의 삶에서 사랑하는 이의 가치가 높이 평가된다.

2) 열정

사랑하는 관계에서 낭만이나 성행위 등으로 이끌어주는 강한 신체적 매력이나 욕구에 해당된다. 사랑하는 사람과 결합하기 위해서는 생리적 차원에서의 욕구나 흥분의 정도가 높아야 한다. 열정은 관계가 형성되는 초기에 매우 빠르게 발달하여 그 절정에 달하지만 관계가 지속되더라도 초기에 형성된 수준의 열정을 그대로 유지하든지 또는 그보다 더 낮아지는 것이 전형적이다(윤기현, 2001).

3) 결심 및 투신(헌신)

결심 및 투신 요소는 2가지 측면으로 구성되어 있다.

하나는 단기적인 것, 다른 하나는 장기적인 것이다. 단기적인 것은 어떤 사람을 사랑하기로 하는 결심을 말한다. 장기적인 것은 그 사랑을 지속시키겠다는 헌신을 말한다. 사랑의 결심/투신은 두 측면이 함께 갈 필요는 없다. 사랑을 하겠다는 결심이 그 사랑에 대한 헌신을 의미하지는 않는다. 또 사랑에 대한 헌신이 사랑하겠다는 결심을 내포하는 것도 아니다. 많은 사람들이 상대를 사랑한다는 혹은 그와 사랑에 빠졌다는 것을 인정하지 않는 상태에서 그 사람과의 사랑에 투신을 한다. 그러나 헌신 이전에 사랑에 대한 결심을 하는 경우가 많다.

이 사랑의 3가지 요소를 가지고 가능한 모든 결합을 시도해 보면 8가지 표 8-4와 같은 하위요소를 얻을 수 있다.

표 8-4 사랑의 삼각형 구성 요소

속 성	구 성 요 소		
	친밀감	열 정	결심/투신(헌신)
안정성	상당히 높음	낮 음	상당히 높음
의식적 조절 가능성	보 통	낮 음	높 음
단기관계에서의 중요성	보 통	높 음	낮 음
장기관계에서의 중요성	높 음	보 통	높 음
애정관계에서의 보편성	높 음	낮 음	보 통
생리적 반응의 관여도	보 통	높 음	낮 음
의식적 자각도	상당히 낮음	높 음	상당히 높음
체험되는 강도	불안정함	높 음	불안정함

4) 8가지 사랑의 유형

사랑의 삼각형 이론은 사랑의 유형을 분류할 때 흥미 있는 관점을 제공한다. 사랑의 3요소로 친밀감, 열정, 결심/투신을 말하고 이 3요소는 각각의 존재 여부에 따라 8가지 조합이 생길 수 있다. 즉, 8가지 하위요소가 묘사하는 것은 사랑의 분류에 기초가 된다. 따라서 8가지 사랑의 유형은 그림 8-2와 같다.

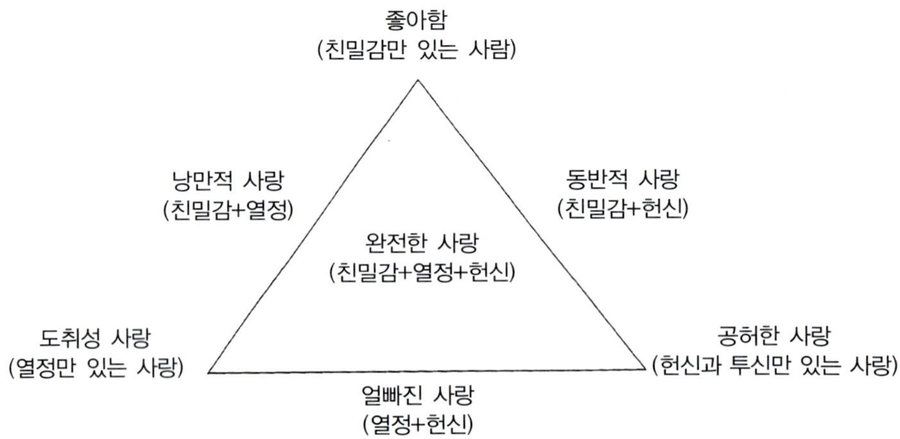

그림 8-2 8가지 사랑의 유형

① 사랑이 아닌 것(non love)은 친밀감, 열정, 헌신/투신의 모든 요소가 빠져 있는 상태이다. 이 사랑은 대부분의 대인관계를 나타낸다. 통상적 상호 관계는 사랑도 아니고 우정도 아니다.

② 좋아함(우정, liking)은 사랑의 친밀감과 헌신/투신 요소의 결합으로 생긴다. 열정의 주된 원천인 육체적 매력이 약해진 오래된 우정 같은 결혼에서 쉽게 나타난다.

③ 도취적 사랑(infatuated love)은 첫눈에 사랑하는 것이다. 일반적으로 그 사람의 현재 있는 그대로의 모습으로서보다 오히려 이상적 대상으로서 사랑에 빠져 망상으로 변신하는 사랑이다. 이 사랑은 사랑의 친밀감이나 헌신/투신 요소 없이 열정적 각성으로부터 나타난다.

④ 공허한 사랑(empty love)은 친밀감이나 열정이 전혀 없이 상대를 사랑하겠다고 결심함으로써 생긴다. 몇 년 동안씩 서로 간의 감정적 몰입이나 육체적 매력을 전혀 느끼지 못하는 정체된 관계에서 나타나는 사랑이다. 공허한 사랑도 일방적인 사랑일 수 있으므로, 한 사람은 상대에게 친밀한 밀착과 유대를 유지하지만 다른 한 사람은 투신만을 느끼는 수가 있다.

⑤ 낭만적 사랑(romantic love)은 친밀감과 열정 요소가 결합되어 나타난다. 본질적으로 신체적 또는 다른 매력의 추가된 요소에 대한 좋아함이 나타나며 신체적, 정서적으로 서로에게 이끌린다.

⑥ 얼빠진 사랑(fatuous love)은 열정과 헌신/투신 요소가 결합되어 생기는 것으로 친밀감의 요소가 결여되어 있다. 열정이란 거의 불가피하게 감소하기 때문에 열정이 감소할 때 남는 것은 헌신/투신이다. 그러나 투신도 장기간 지속되거나 깊어지기가 쉽지 않다.

⑦ 동반적 사랑(companionate love)은 사랑의 친밀감과 헌신/투신 요소의 결합으로 생긴다. 열정의 주된 원천인 육체적 매력이 약해진 오래된 우정 같은 결혼에서 쉽게 나타난다.

⑧ 완전한 사랑(consummate love)은 친밀감, 열정, 헌신/투신의 3가지 요소

가 모두 존재할 때 생긴다. 이 사랑은 우리 모두가 갈구하는 사랑이다. 이 사랑에 도달하는 것도 어려우나 그것을 유지하는 것은 더 어렵다.

따라서 표 8-5는 사랑의 유형에 대한 분류를 보여주고 있다.

표 8-5 사랑에 대한 분류(Sternberg, 1986)

사랑의 유형	구성 요소		
	친밀감	열 정	헌신/투신
사랑이 아닌 것(non-love)	−	−	−
좋아함(liking)	+	−	−
도취적 사랑(infatuation)	−	+	−
공허한 사랑(empty love)	−	−	+
낭만적 사랑(romantic love)	+	+	−
얼빠진 사랑(fatuous love)	−	+	+
동반적 사랑(companionate love)	+	−	+
완전한 사랑(consummate love)	+	+	+

* + = 있음, − = 없음

이상에서 살펴본 사랑의 8가지 유형은 사랑의 삼각형을 구성하는 3요소의 유무에 근거한 부분이다. 어떠한 사랑의 관계이든지 친밀감, 열정, 결심/투신의 3요소 중에 하나라도 강하게 나타나야 지속된다. 3요소 간의 상대적 수준은 시간이 경과함에 따라 변화하게 되므로 관계도 시간에 따라 변화하게 된다고 한다.

스턴버그(Srernberg)의 8가지 사랑의 유형은 사랑의 3요소를 통해서 나타나는 것으로써, 각각의 상호작용과 힘을 통해서 사랑의 유형이 결정된다. 또한 스턴버그(Srernberg)의 성숙한 사랑은 존 리(Lee)가 말하는 아가페 사랑과 마찬가지로 사람으로써는 그 사랑을 완전히 이루기는 불가능하고 그 사랑을 지속시키기는 더욱 어렵다고 할 수 있다. 그러나 그 사랑으로 성숙하기 위한 노력은 끊임없이 이루어져야 한다고 본다.

표 8-6 사랑의 삼각형 이론

스턴버그 애정형 척도검사								
전 혀 아니다				상당히 그렇다				극 히 그렇다
1	2	3	4	5	6	7	8	9

번 호	내 용	응 답
1	나는 **의 행복을 위해서 적극적으로 지원한다.	1 2 3 4 5 6 7 8 9
2	나는 **과 따뜻한 관계를 맺고 싶다.	1 2 3 4 5 6 7 8 9
3	나는 힘들 때 **에게 의지할 수 있다.	1 2 3 4 5 6 7 8 9
4	**는 힘들 때 나에게 의지할 수 있다.	1 2 3 4 5 6 7 8 9
5	나는 **와 나의 모든 것을 공유할 의향이 있다.	1 2 3 4 5 6 7 8 9
6	나는 **으로부터 상당한 정서적 지지를 받고 있다.	1 2 3 4 5 6 7 8 9
7	나는 **에게 상당한 정서적 지지를 주고 있다.	1 2 3 4 5 6 7 8 9
8	나는 **과 말이 잘 통한다.	1 2 3 4 5 6 7 8 9
9	나는 내 인생에서 **를 매우 중요시한다.	1 2 3 4 5 6 7 8 9
10	나는 **와 친밀감을 느낀다.	1 2 3 4 5 6 7 8 9
11	나는 **와 편안한 관계를 느끼고 있다.	1 2 3 4 5 6 7 8 9
12	나는 **가 나를 정말 이해하고 있다고 느낀다.	1 2 3 4 5 6 7 8 9
13	나는 내가 **를 정말 신뢰한다고 느낀다.	1 2 3 4 5 6 7 8 9
14	나에 관한 개인적인 정보를 **와 공유하고 있다.	1 2 3 4 5 6 7 8 9
15	**와 나는 가깝게 맺어져 있다.	1 2 3 4 5 6 7 8 9
16	**를 보기만 해도 나는 흥분이 된다.	1 2 3 4 5 6 7 8 9
17	나는 낮에도 **에 대해서 생각하는 나 자신을 자주 발견한다.	1 2 3 4 5 6 7 8 9
18	**와 나의 관계는 정말 낭만적이다.	1 2 3 4 5 6 7 8 9
19	나는 **이 매우 매력적이라고 느낀다.	1 2 3 4 5 6 7 8 9
20	나는 **를 이상화하고 있다.	1 2 3 4 5 6 7 8 9
21	**처럼 나를 행복하게 만드는 사람을 상상할 수 없다.	1 2 3 4 5 6 7 8 9
22	나는 다른 어떤 사람보다도 **와 함께 있고 싶다.	1 2 3 4 5 6 7 8 9
23	**와의 관계보다 더 중요한 것은 이 세상에 없다.	1 2 3 4 5 6 7 8 9
24	나는 **와 신체적으로 접촉하는 것을 특히 좋아한다.	1 2 3 4 5 6 7 8 9
25	**와의 관계는 뭔가 '마법에 걸린 듯한' 데가 있다.	1 2 3 4 5 6 7 8 9

26	나는 **를 찬미한다.	1 2 3 4 5 6 7 8 9
27	나는 ** 없는 인생을 생각할 수 없다.	1 2 3 4 5 6 7 8 9
28	**와 나의 관계는 열정적이다.	1 2 3 4 5 6 7 8 9
29	낭만적인 영화나 책을 볼 때면 **를 생각하게 된다.	1 2 3 4 5 6 7 8 9
30	나는 **에 대해서 공상을 하곤 한다.	1 2 3 4 5 6 7 8 9
31	내가 **에 대해서 염려하고 있다는 것을 알고 있다.	1 2 3 4 5 6 7 8 9
32	나는 **와의 관계를 지속시키기 위해 최선을 다하고 있다.	1 2 3 4 5 6 7 8 9
33	다른 사람이 우리 사이에 끼어들지 않도록 나는 **에게 헌신할 것이다.	1 2 3 4 5 6 7 8 9
34	나는 **와의 관계가 흔들리지 않을 것이라는 점에 대해 자신감을 가지고 있다.	1 2 3 4 5 6 7 8 9
35	나는 어떤 난관에도 불구하고 **에게 헌신할 것이다.	1 2 3 4 5 6 7 8 9
36	**에 대한 나의 사랑은 남은 인생 동안 계속될 것이다.	1 2 3 4 5 6 7 8 9
37	나는 **를 위해서 항상 강한 책임감을 느낄 것이다.	1 2 3 4 5 6 7 8 9
38	**에 대한 나의 사랑은 확고한 것이다.	1 2 3 4 5 6 7 8 9
39	나는 **와의 관계가 끝나는 것을 상상할 수 없다.	1 2 3 4 5 6 7 8 9
40	나는 **에 대한 나의 사랑을 확신한다.	1 2 3 4 5 6 7 8 9
41	나는 **와의 관계가 영원히 지속될 것이라고 생각한다.	1 2 3 4 5 6 7 8 9
42	나는 **와 사귀는 것을 잘한 결정이라고 생각한다.	1 2 3 4 5 6 7 8 9
43	나는 **에 대한 책임의식을 느낀다.	1 2 3 4 5 6 7 8 9
44	나는 **와의 관계를 계속 유지할 작정이다.	1 2 3 4 5 6 7 8 9
45	설혹 **와 갈등이 생긴다 해도, 나는 여전히 우리 관계를 유지할 것이다.	1 2 3 4 5 6 7 8 9

표 8-7 사랑의 삼각형 채점

첫째, 1번에서 15번까지의 점수를 합산한 것이 친밀감 점수이다.
둘째, 16번에서 30번까지의 점수를 합산한 것이 당신의 열정 점수이다.
셋째, 31번에서 45번까지의 점수를 합산한 것은 개입 점수이다.

따라서 3가지 구성 요소의 점수를 각각 세 변으로 하여 삼각형을 구성해 보라. 당신의 사랑 삼각형은 어떤 모양을 하고 있는가? 어떤 구성 요소가 가장 크고 어떤 구성 요소가 가장 작은가? 이것은 당신의 사랑에 대해 무엇을 의미하는가? 당신의 이성 친구도 이 척도에 응답을 했다면 이성 친구의 사랑 삼각형은 어떤 모양인가? 당신의 사랑 삼각형과 비교할 때, 어떤 차이가 있는가? 이러한 차이는 어떻게 해소되어 서로 일치하는 사랑의 삼각형을 만들 수 있을 것인가?

4 사랑의 질투와 실연

사랑은 행복감과 존재가치, 신체적·정신적·심리적 안정감 등이 긍정적 정서를 주지만 사랑을 실현하는 데는 많은 노력과 고통이 따른다. 사랑을 하는 남녀는 사랑의 감정이 강렬해질수록 사랑을 잃을까 봐 불안해지고 상대방을 질투하거나 불신하고 그러다가 사랑을 상실하기도 한다. 따라서 성숙한 사랑을 실현하는 데 장애가 되는 이러한 요소들을 이해하고 슬기롭게 극복할 수 있을 때 우리는 개인적 성숙과 풍요로운 대인관계를 발전시킨다.

1) 질투(jealousy)

사랑에 있어서 질투라는 감정만큼 복잡하고 미묘한 감정 상태도 없다. 질투는 인간이 느끼는 보편적인 감정일 뿐이며 비합리적인 것은 아니다. 또한 질투는 감정이 아니라 그 감정을 부정적으로 표출시키는 왜곡된 사고과정이다. 붕크와 브링글(Buunk & Bringle, 1986)은 질투를 "어떤 관계가 실제적이건, 상상된 것이건, 일어날 가능성이 있건, 과거에 일어났던 것이건 간에 두 사람의 관계에서 일어나는 일종의 혐오적 정서반응"이라고 폭넓은 정의를 내리고 있다. 질투의 감정에 빠지는 데는 상실의 위협에 대한 지각이 반드시 실제로 일어나야 할 필요 없이 잠재적이거나 혹은 완전히 상상으로도 일어날 수 있다. 그러므로 질투는 하나의 감정이 아니라 분노, 상실에 대한 두려움, 미움, 수치심, 슬픔, 모욕감, 배신감, 외로움, 무기력감, 의심과 고통을 포함한 여러 상호 관련된 감정이다.

(1) 질투 유발 원인

❶ 진행 중인 관계에 대한 위협

진행 중인 관계에 대해 위협을 지각함으로써 나타나게 되는 반응으로서 객관적 현실이 아니라 현실에 대해 갖는 개인의 지각이 문제이다. 즉, 질투는 파트너가 현재 진행인 자신과의 관계에서 벗어날 때 또는 그럴 것 이라고 생각할 때에 일어난다.

❷ 자아존중감의 결여

어릴 때부터 경험한 거부에 대한 불안이 더욱 그런 감정을 조장한다. 질투한다는 것은 자기 사랑에 확신이 없다는 것을 뜻한다. 언제가 그 사랑을 잃어버릴지도 모른다는 두려움과 불안감이 질투라는 감정으로 내모는 것이다(양창순, 1998). 질투를 이런 관점에서 보면 자아존중감이 낮고 자신에 대해 부정적으로 생각하는 사람이 진행 중인 관계가 깨질 것 같은 두려움을 더 많이 갖는다. 또한 질투에 대항할 준비가 되어 있는 것이기도 하다. 관계에서 불안감을 느낄수록 관계에 더 깊이 몰입되고 의존적일수록 질투가 더 많다.

❸ 성적 독점성의 욕구

파트너를 성적으로 독점하고 싶은 욕구가 강할수록 질투를 경험할 확률이 더 높다. 성적 독점성이 강한 문화와 그렇지 않은 문화 간에 질투의 강도 차이에 근거해서 후킨스(Hupks)는 질투는 생물학적으로 결정되는 것이 아니고 사회화 과정을 통해서 학습되는 사회적 정서라고 결론 내렸다.

(2) 질투에 대한 성차와 대처

❶ 성차에 따라 다른 점은 다음과 같다.

- 여성이 남성보다 질투심을 더 많이 느낀다.
- 여성이 남성보다 질투로 인한 고통과 스트레스를 더 크게 받는다.
- 남성은 여성보다 질투를 일으키는 관계를 오래 유지하지 않는다.
- 여성은 남성보다 관계를 포기하기보다 싸워서라도 사랑을 되찾으려고 한다.
- 남성은 여성보다 질투를 폭력적인 형태로 더 많이 표현하고 또한 질투나 폭력적 반응을 제삼자 탓으로 돌려 비난한다.

❷ 스미스와 클랜톤은 질투를 다스리는 4가지 방법은 다음 같다.

- 관계에서 벗어나는 것이다.
- 질투를 느끼도록 하는 행동들을 무시하거나 참는 것이다.
- 파트너의 행동을 변화시키기 위해 시도하는 것이다.
- 자기점검 과정을 거쳐 질투감정을 극복하는 것이다.

질투가 왜 일어나게 되었는지에 대해 인식하고 자신의 느낌에 대해 파트너에게 이야기하여 두 사람이 함께 어떤 해결을 이루어내기 위해 노력한다. 그러나 비합리적으로 반응할 때는 우리의 가치가 완전히 관계에 의해 좌우되는 것처럼 행동한다. 그 사람과의 관계가 끝나면 나는 아무 것도 아니라는 느낌을 갖는다. 그 사람 없이 산다는 것을 믿을 수 없기 때문에 자살을 하고, 상대방이 자기 없이 살아간다는 것을 참을 수 없기 때문에 살인을 한다.

2) 실연(disappointment in love)

실연이란 자신의 사랑을 상대방이 받아주지 않음으로써 불행감과 더불어 자긍심과 체면에 손상을 주고 때로는 사회적으로 매우 곤란한 상황에 빠지게 되는 불행한 사건이다(김중술, 2001). 실연은 낭만적 사랑에 빠져 있는 청년들에게 깊은 상처를 남기고 좌절과 분노감, 배신감을 느끼거나 이성에 대해 그릇된 편견을 낳아 이성 관계에 지장을 준다.

(1) 실연의 유형

실연은 두 사람 중 한 사람의 성격, 능력, 행동 등의 부조화 때문이거나 새로운 애인의 출현 등으로 관계를 청산하는 경우로서 사랑의 상실감과 함께 자존심의 손상이 심하며, 그 충격으로 심한 우울감을 경험하고 상대방에게 분노, 적개심, 배신감, 복수심 등이 생긴다. 또한 애정관계 동안에 쌓였던 불만과 갈등으로 헤어지자고 합의한 경우로서 상처는 크지 않지만 미련, 아쉬움, 후회 등이 남는다.

불가피한 외부적 요인에 의한 이별로서 상대방의 죽음, 부모의 반대 등으로 헤어져야 할 때는 이루지 못한 사랑으로 인한 그리움, 아쉬움, 안타까움 등이 마음속 깊이 자리 잡아 슬픔과 연민의 정이 더 강해진다.

(2) 실연의 고통

실연은 모두 고통이 따르지만 다음의 경우들에서 고통이 더욱 심하고 실연의 고통이 심할수록 불행감에 빠져 미래에 대해 절망적으로 느끼고 삶의 의미를 상실하여 자살하거나 또는 새로운 사랑을 두려워하는 비합리적 감정반응이나 그와 같은 결론에 도달한다. 일방적인 결정에 의한 실연을 받은 경우 혹은 전혀 예상하지 못한 상태에서 갑작스럽게 일어난 실연, 상대방에게 정신적·물질적 투자를 많이 한 실연, 상대방에게 다른 애인이 생겨 실연한 경우, 성격, 능력, 외모, 키 등의 이유로 생긴 열등감을 자극하는 실연, 첫 사랑의 실연, 주위에 자신들의 사이가 너무 알려져 있던 실연, 친구나 가족이 주위에 없을 때 당하는 실연이다.

(3) 실연의 극복

김중술(2001)은 실연의 아픔을 이겨내는 가장 중요한 것은 절망하지 않는 일이며, 절망하지 않는 가장 효과적 방법은 사랑의 실패를 자기가치의 부정으로 연계시키지 않는 것이다. 따라서 실연의 고통을 치유하기 위한 3단계는 다음과 같다.

❶ 충격과 고통의 단계

실연 직후의 슬픔, 분노, 배신감, 우울, 후회감을 느끼는 단계이다. 이때 실연의 고통을 부인하거나 자신을 기만하지 말고 자신이 실연으로 고통스럽고 괴로워한다는 사실을 마음속 깊이 받아들이고 자신의 감정과 행동은 실연한 사람들의 자연스럽고 정상적인 반응임을 깨닫는 것이 중요하다. 이 단계를 벗어나지 못하면 상대방을 원망하고 모든 원인을 그에게서 찾으며 분노한다. 즉, 술이나 약물로 해결하려고 하고 또한 우울과 절망에서 벗어나지 못해 자살하는 경우도 있다.

❷ 실연의 치유단계

실연의 고통을 주위사람에게 표현하여 도움을 요청하거나 새로운 환경의 변화를 꾀하거나 여행을 통해 기분전환을 하여 실연 전의 평상적 생활로 되돌아간다. 즉, 사랑을 잃어버렸다고 해서 사랑하는 능력이나 사랑받는 능력까지 없어진 것이 아니다. 상실의 정도가 클수록 각 단계에서 경험하는 감정도 격렬하고 치유과정에 시간이 많이 걸릴 수도 있다.

❸ 성장단계

실연과정을 마음속으로 재정리해 보고 실연의 원인을 살펴서 자기반성과 새로운 사랑관을 재정립하여 앞으로 보다 친밀하고 성공적인 관계형성을 할 수 있도록 성숙해 가는 단계이다. 즉, 자존심의 상처나 수치심을 느끼지 않고 자신을 사랑하고 타인을 사랑하는 것을 배우고 성장해간다.

5 성공적인 사랑을 위한 방법

사랑한다는 것은 상대방의 말이나 행동 뒤에 있는 정서적 동기를 내가 알고 있다는 믿음이며, 또한 상대방도 동일하게 나의 동기를 이해하고 있다는 믿음이다. 그러므로 사랑이란 우리가 생각했던 것처럼 그렇게 감성적 혹은 생리적 반응이 아니라 오히려 그것은 인지적 인식이다. 즉, 사랑의 기본요소는 감정이입적 능력이다. 사랑에는 여러 유형이 있고 사람에 따라 선호하는 양식이 있는데 그 차이를 알지 못할 때 감정이입은 근본적으로 불가능하다. 즉, 타인의 입장에 서서 그 사람의 시각으로 사물을 볼 수 없는 사람은 감정이입적 차원의 성숙된 사랑을 하기 어렵다. 성숙이란 자신의 감정을 한 걸음 물러서서 객관적으로 관조할 수 있는 능력을 의미하기 때문이다. 따라서 김중술(2001)의 성공적인 사랑방법은 다음과 같다.

① 가능한 한 정확하게 자신이 선호하는 사랑의 양식과 상대방이 선호하는 사랑의 양식을 구체적으로 파악하는 일이다. 사랑이란 매우 주관적인 체험이다. 그 의미는 말, 행위, 태도가 각자로 하여금 진실로 사랑받고 있다고 느끼게 하는지를 서로 솔직하게 알리고 확인하는 방법이다.

② 자기가 상대방에게 원하는 것이 무엇인지 분명히 알려주어야 한다. 자기의 감정에 대해 말한다는 사실 자체가 너무 적나라하게 드러내 보이는 것 같고 쑥스럽게 느껴지기 때문이다. 사랑하는 사람들끼리 어떻게 사랑받고 싶은지를 자유롭게 말할 수 있다는 것은 그만큼 두 사람의 사랑이 깊고 관계가 돈독함을 나타내는 것이다.

③ 두 사람이 서로 다른 사랑의 양식을 가지고 있다 하더라도 어느 한 쪽만이 전적으로 옳거나 진실한 것은 아니라는 사실을 받아들이는 일이다. 만약 자기가 사랑하는 양식만이 유일하고 올바른 사랑이라고 생각한다면, 다른 양식의 사랑들은 결코 참된 사랑이 아니라는 결론에 쉽게 빠지게 될 뿐만 아니라, 상대방에게 부정적으로 표현하게 되고 서로에게 불필요한 부정적 감정반응을 일으키게 되어 결국은 관계를 더욱 악화시키는 결과를 초래한다.

④ 자신이 해오고 있던 사랑의 표현방법을 상대방의 사랑양식과 어울리게 변화시킬 수 있는 능력과 변화시키려는 의지를 갖는 것이다. 사실, 사람이 달라질 수 있는 능력은 대단하다. 마음만 먹는다면 상대방의 소원이나 기준에 맞춰 자신의 행동을 충분히 변화시킬 수 있다. 또한 그렇게 함으로써 원만한 대인관계를 형성할 수도 있는 것이다. 이와 같은 노력은 두 사람 간의 신뢰와 존경에 어느 정도 근거한다고 볼 수 있고, 또한 두 사람의 관계를 증진시키려는 순수한 의지가 있을 때에만 그 성공을 기약할 수 있다.

사랑을 위한 10계명

하나, 사랑을 얻으려고 흥정하지 말라.
둘, 상대를 사랑하는 것이 진정으로 나를 사랑하는 것임을 알라.
셋, 어려움을 이겨나갈 힘을 길러라.
넷, 결점을 극소화하고 장점을 극대화하라.
다섯, 상대에게 책임을 전가하지 말라.
여섯, 상대를 다른 사람과 비교하지 말라.
일곱, 가까울수록 예절을 지키라.
여덟, 원망이나 저주는 금물이다.
아홉, 사랑은 닦을수록 윤이 나는 것이다.
열, 문제를 두려워하지 말라.

Thema 9

성역할관계의 이해

학습목표

* 성역할의 개념을 이해한다.
* 성역할의 발달 이론에 대하여 이해한다.
* 이성교제와 배우자의 관계에 대하여 이해한다.
* 청소년의 성에 관한 태도와 행동에 대하여 이해한다.

1 성역할의 개념

성에 대한 용어를 살펴보면 섹스(sex)는 원래 세코(seco)라는 단어에서 유래한 것으로 자르다(to cut)는 의미로 수컷과 암컷으로 나눈다는 뜻을 가지고 있다. 그러나 우리말에서는 성이란 남자와 여자를 나타내는 성별 외에 남녀 간 성 행위라는 뜻이 혼용되어 보편적으로 사용되고 있다. 또한 남녀를 구별할 때는 섹스(sex)와 젠더(gender)라는 용어들이 사용된다. 따라서 성에 관련된 개념들은 사회문화적·심리적으로 남성(masculinity)의 혹은 여성(femininity)의 상태를 의미하는 젠더(gender)가 있고, 타고난 생물학적 남녀 구분을 의미하거나 성적인 행동을 언급하는 복합적인 의미의 섹스가 있다. 또한 성적인 자아(sexual self)나 성 정체성(sexual identity)은 일반적으로 자신의 성행동을 유발하게 하는 개인적인 자질, 자아인식, 태도, 가치 및 취향의 복합체를 의미한다. 다른 말로 개인의 성 정체성은 하나의 성적인 인간으로서의 자기 자신됨을 의미한다.

섹슈얼리티(sexuality)는 흔히 성애나 성욕으로 표현되고 있으나 실상은 자기 자신을 성적인

존재(sexual being)로서 정의하는 일련의 가치나 믿음이나 행동들을 포함하는 보다 넓은 개념의 용어이다. 따라서 섹슈얼리티에 관련된 믿음이나 가치 및 행동들이 각기 다르고 무수히 많듯이 우리가 성적인 존재로서의 자기 자신을 정의함에 있어서도 매우 다양하다. 인격적 성을 지칭하는 섹슈얼리티라는 용어는 생물학적 성과 사회문화적 성을 포괄하는 개념으로서 개인의 성격, 감정, 행동뿐만 아니라 성적인 존재 및 성별 등을 나타내는 의미로 사용한다(Spanier, 1979).

성은 단순히 신체적인 성별구분을 의미하는 일반적인 의미와 함께 성관계, 성행위 등의 구체적인 행동까지를 모두 포괄하는 개념이다. 따라서 섹슈얼리티란 인간의 성행동은 물론이고 개인이 지니고 있는 성에 대한 환상, 꿈, 태도, 사고감정, 가치관, 신념, 이해심, 개인의 존재 의미 등의 모든 것을 지칭하는 표현이다(윤기현, 1991). 오늘날 인간의 성은 인격적 성의 개념으로 이해하며, 내용도 생물학적·사회문화적·인격적 성의 다양한 측면을 반영한다.

1) 성역할의 발달단계

헐룩(Hurlock)은 이성에 대한 관심과 태도의 발달은 개인 간의 차이가 있지만 비교적 명확하게 예측 가능한 몇 단계를 거치며 개인에 따라서는 각 단계가 일찍 오기도 하고 다소 늦게 오기도 하지만 정상적인 사람이면 모두 이러한 과정을 따른다.

(1) 초기성적 단계(1~5세)

여기에서는 3단계 과정으로 발달한다. 먼저, 생후 1개월 전까지로 자기 자신에 대한 사랑만을 아는 자신의 애정단계이다. 이후 어머니와 같이 자기를 사랑하는 사람 또는 주변의 물건에 애정을 표시한다. 자신과 같은 나이 또래에 애정을 나타낸다.

(2) 성적 대항기(sex-antagonism, 6~12세)

남녀 신체적 성 차이를 의식하여 동성끼리만 어울리려 하며, 이성 간에 대립적인 경향을 보이며, 이성의 아이들과 함께 노는 것을 꺼려하는 시기이다.

(3) 성적 혐오기(sex-aversion, 13~14세)

이 시기에는 이성에 대한 혐오나 반감을 나타내게 되는데, 이 시기는 1년 반 정도의 단기간으로 남아보다 여아에게서 심하며, 이러한 성적 혐오는 사회적 원인보다는 생리적인 원인에서 오는 것으로 본다.

(4) 성적 애착기(sex crush, 14~15세)

사춘기 초기라 볼 수 있다. 자기보다 나이가 많은 이성이나 동성에게 강한 애정을 느낀다. 사춘기의 불안정한 기분에 대한 보상적 의미도 있고, 동일시의 기능적 의미도 있다고 볼 수 있다. 사춘기 변화에 대한 적응력이 생기게 되면 이제는 심리적으로 안정되면서 주로 동성에 대하여 강한 애착을 느끼는 영웅숭배의 심리가 작용한다.

(5) 송아지 사랑(calf love, 15~16세)

신체적 호기심이나 성에 대한 호기심은 있어도 이성적으로 직접 접촉할 용기가 없는 사춘기에 일어나는 현상이며, 이 시기에는 성적 사물에 대한 호기심이나 좋아하는 사람들을 애정의 대상으로 삼는다.

(6) 강아지 사랑(puppy love, 16~18세)

이 시기에는 성장하면서 사물에 대한 판단력이 생겨서 연장자를 멀리하고, 동년배의 이성에게 관심을 갖게 된다. 이성과의 단독 교제보다 함께 어울리는 데 기쁨을 갖는 시기이다.

(7) 연애 단계(romantic love, 19~20세)

이 시기에는 이성에의 양상이 달라지게 되며, 상대도 고정되고 성적 대화도 오가면서 여가선용도 함께 하게 된다. 연애는 이성의 인격에 접하며 쾌락이나 안정감, 행복감 등의 정서적 충족을 얻기 위해 그 이성과 독점적이고도 영구적인 접촉을 유지하는 경향을 말한다. 따라서 거듭되는 만남을 통해 결혼 상대를 선택하는 관계로 발전한다.

2 성역할의 발달 이론

1) 정신분석학 이론

프로이트(Freud, 1940)는 성역할 발달에 생물학적 요인인 성본능과 사회적 요인, 특히 부모의 자녀양육방법이 영향을 준다고 보았다. 특히 남근기의 3~6세 유아는 이성에 대해 생물학적으로 근거한 사랑을 갖고 근친상간적 욕망의 결과로 내적인 갈등과 불안을 경험하며 동성 부모와의 동일시 과정을 통해 갈등을 해결한다. 즉, 오이디푸스 콤플렉스를 경험하는 남아는 엄마를 사랑하고 아버지가 그를 거세함으로써 보복할지 모른다는 두려움을 가지고 방어적으로 아버지를 동일시한다. 여아는 엄마에 대한 경쟁으로 엘렉트라 콤플렉스를 경험한다. 하지만, 여아는 남아가 아버지를 동일시하는 만큼 강하게 어머니를 동일시하려는 동기화가 낮다. 이유는 이미 자기 자신은 거세되었다고 믿기 때문이다.

2) 사회학습 이론

반두라(Bandura, 1963)는 아동이 상벌의 차이, 주입, 관찰, 모방 등을 통해 성역할에 대한 학습을 한다고 보았다. 즉, 태어날 때부터 성이 다른 아동은 다른 사회화 과정을 거친다는 뜻이다. 따라서 사회학습자들에 의하면 아동은 강화를 통해 자신의 성에 적합한 행동에 대해 격려와 보상을 받는다. 또한 관찰학습을 통해 동성모델의 행동과 태도를 받아들인다. 부모는 여아와 남아에게 다르게 강화를 한다. 여아는 인형을 가지고 놀고 예쁘게 꾸미는 것에 대해서 강화하고 남아들처럼 거칠게 놀거나 로봇을 가지고 놀이를 하면 제한을 가한다. 즉, 사회학습 이론은 성역할 행동의 학습은 강화와 모델링, 모방을 통해 성역할에 적합한 행동을 학습하면서 성역할정체감을 발달시키는데, 이때 부모가 모델이 되어 이루어지는 학습이 중요한 역할을 한다.

일반적으로 사회는 소년에게는 보다 활발하고, 공격적이며, 적대적인 모습을 보이도록 요구하는 반면에, 소녀에게는 조용하고 순종적이고, 깔끔한 행동을 하도록 요구한다. 이와 같이 사회·문화적인 요구와 기준을 받아들일 때에는 정상인으로 간주되지만 그렇지 않은 경우에는 사회로부터 거부된다.

3) 인지발달 이론

인지발달 이론은 아동의 사고발달 과정에 초점을 두며, 인간을 단순히 외부자극에 대한 반응자 또는 무의식적 동기를 지닌 존재로 보지 않고 아동이 성장해감에 따라 자신의 세계를 구축해가는 존재로 보는 입장이며 피아제(Piaget)의 이론을 바탕으로 한 것이다. 이 이론에서는 성역할 발달이 단순히 부모와의 동일시나 부모의 행동을 모방하는 과정을 통해 이루어지는 것이 아니

라, 자신의 성에 관한 어떠한 이해를 획득해야만 하기 때문에 인지발달에 의한다고 강조한다. 콜버그(Kohlberg)는 아동의 성역할 발달은 2~3세에 시작되는데 이 시기의 아동은 자신의 성을 깨닫게 된다. 즉, 자신이 남아이거나 여아임을 인식하나 성이 변할 수도 있다고 생각한다. 5~7세에 보존성의 이해가 이루어지기 시작하므로 아동은 성 안정성 개념을 획득한다. 성은 시간이 지나도 변하지 않고 고정적인 것으로써 남아는 남성으로 여아는 여성으로 성장함을 인식한다. 그리고 사람들의 외모나 옷에 상관없이 성이 변하지 않음을 알게 되는 성 항상성을 획득하게 된다. 성 항상성의 개념을 획득한 유아는 자기가 살고 있는 사회의 여성과 남성의 적절한 행동과 역할을 관찰하고 스스로 강화해감으로써 성역할 고정관념을 배워간다.

콜버그는 아동이 성역할 행동을 획득하는 과정을 3단계로 제시했다.

- 1단계: 아동은 양성 중의 하나로 태어났다는 사실을 인지함으로써 성별정체감이 획득되고, 성별에 따라 타인을 구별하게 된다. 성별정체감은 시간이 경과됨에 따라 더욱 확고하게 되어 성불변성을 받아들이게 되며, 이 시기(5~6세)에 여성 또는 남성의 역할에 맞는 행동과 사물을 구분하기 시작한다.
- 2단계: 아동은 성별정체감, 성역할에 적절한 행동의 분류 그리고 자기중심적 사고를 기초로 자신의 가치체계를 발전시키는데, 특히 이성보다는 동성의 행동, 태도에 더 가치를 부여하고 따르게 된다.
- 3단계: 이와 같은 변별적 가치부여와 모방의 결과 아동은 동성부모에 대한 정서적 애착, 즉 동일시를 하게 되면서 자신의 역할을 구성하고, 지속적이고 다양한 외부세계의 영향을 받아들임으로써 여아는 여성적 특성, 남아는 남성적 특성의 성역할 정체감을 형성하게 된다. 즉, 여아는 어머니, 남아는 아버지를 더 동일시하고 모방함으로써 성역할

정체감이 발달된다(Unger, 1979).

3 이성교제

이성교제는 배우자 선택이라는 중요한 역할을 할 뿐만 아니라 이성교제를 통해 인격의 정상적인 발달이 이루어진다. 즉, 이성교제를 함으로써 사랑의 본질과 기쁨을 알고, 예의에 벗어남이 없이 이성에 대한 관심을 표현하며, 서로의 개성과 인격을 존중할 줄 알고, 나아가서는 배우자 선택이나 앞으로 결혼생활을 원만히 해 나갈 수 있는 기초적 자질을 키울 수 있는 기회를 갖는다. 따라서 이성교제의 기능은 다음과 같다.

- 오락적 기능으로 서로 기쁘고 즐거운 시간을 가질 수 있다. 청년은 영화나 음악 감상, 파티, 여가선용을 함께 함으로써 재미있는 시간을 가진다.
- 데이트 상대의 근사한 용모나 또래 간의 인기를 통해 성취감을 느낀다.
- 이성교제를 통해서 자신의 장단점을 알게 되며, 자기반성을 함으로써 정상적인 인격형성을 도모한다.
- 이성교제는 청년기의 사회화 과정의 일부로써 다른 사람과 어울리는 법을 배우고 예의범절을 익히며, 사회적 기술을 터득한다.
- 이성과 의미 있는 관계를 가짐으로써 친밀감 형성에 대해 배운다.
- 이성교제는 성적 탐구의 장이 될 수 있다.
- 이성교제를 통해 같은 활동을 함께 하고 상호작용을 함으로써 동반자 역할을 익힌다.

- 이성교제의 경험은 정체감 형성과 발달에 기여한다.
- 이성교제의 궁극적 목적인 배우자 선택의 기회로 활용한다. 결혼의 행복·불행은 자기가 선택한 사람에 의해 크게 영향을 받으므로, 이성교제를 통해서 서로 어울리며 사랑할 수 있는 배우자를 선택하는 것이 매우 중요하다.

다양한 이성교제의 여러 기능 가운데 오락적 기능이나 배우자 선택의 기능에 비해 사회화의 기능이나 이성과의 친밀감 형성, 자신의 인격형성 기능 등은 덜 중요시되고 있는 실정이다. 실제로 대학생 집단을 대상으로 남녀의 차이와 관련된 단기과정 프로그램을 실시한 결과, 참가자들은 남녀의 차이에 긍정적으로 대처하는 구체적인 방법을 습득함으로써 이성교제에서 갈등을 감소시키고 친밀감을 증진시킬 수 있다(이재림 외, 2002).

4 배우자의 관계

케리쵸프와 데이비스(Kerchoff & Davis, 1962)는 배우자 선택이 단순히 사회적 배경의 유사성이나 보완욕구에 의해 결정되는 것이 아니라 일련의 여과망을 거치면서 이루어진다고 보았다. 이성교제의 궁극적인 목표는 배우자 선택에 있다고 강조한다. 남녀가 배우자를 선택하여 결혼하게 되는 데에는 많은 과정이 있다.

1) 우드리의 여과 이론(Filter Theory)

우드리(Udry, 1971)는 배우자 선택과정에 대한 연구 결과를 통해 6가지 여과망(filter)을 통과한 사람을 선택해야 한다고 보았다. 따라서 배우자 선택의 여과 이론은 그림 9-1과 같다.

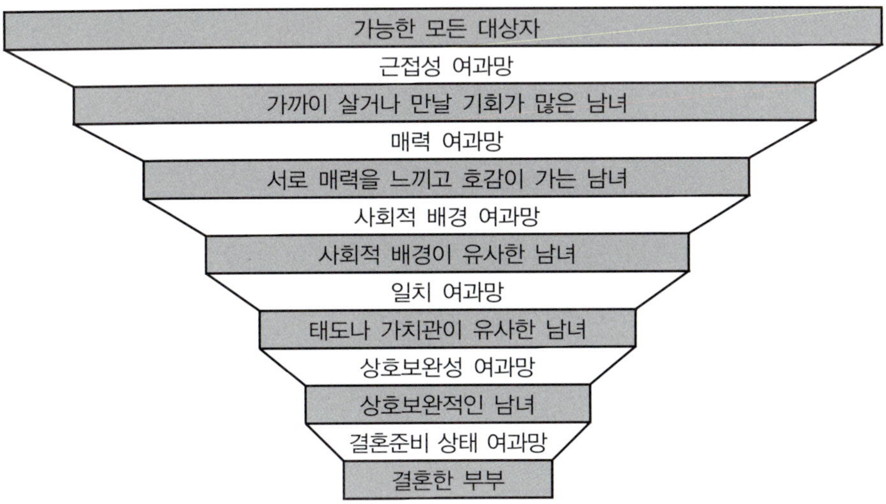

그림 9-1 배우자 선택의 여과 이론(Udry, 1971·1974)

① 모든 대상자 가운데서 거리적으로 가까운 근접성 여과망(propinquity filter)에 의해 배우자를 선택하게 된다는 것이다. 다른 조건이 잘 맞아도 외국, 기타 먼 장소에 위치하고 있으면 배우자로 만나게 될 확률이 감소하는 것으로 알려져 있다. 고향이나 이웃, 같은 학교와 단체의 사람들과 결혼이 용이한 이유도 이 때문으로 본다.

② 매력 여과망(attactiveness filter)이 있다. 특히 신체적 매력이 중요하며 연령도 매력 여과망으로 생각하고 있다. 여성이 남성보다 연하일 때 매력경향이 높다고 한다.

③ 사회적 배경 여과망(social background filter)이 있다. 종교, 교육수준, 직업 그리고 사회 경제적 직위가 비슷한 수준에 있는 사람들과 결혼하는

경향성이 높은 것으로 알려졌다.

④ 정치, 사회, 가정, 기타 여러 가지 측면에 있어서 의견의 일치가 중요한 변인이 된다. 이것을 의견합치 여과망(consensus filter)이라 부른다. 경제적 지위, 교육 수준, 종교에 있어서 유사성이 있어도 금전의 중요성, 여성의 지위와 역할, 인생관, 가치 등에 있어서 많은 차이를 보일 수 있는 것으로 밝혀졌다.

⑤ 상호보완성(complementarity)은 여과망이 많은 관심의 대상이 되고 있다. 이때 배우자 어느 한 사람이 가지지 못한 특성을 상대자가 가지고 있을 경우 결혼할 가능성은 높게 될 것이다.

⑥ 준비상태(ready)라는 마지막 여과망이 나타난다. 남성의 경우 대학졸업, 취직, 병역필 등을 포함하고, 여성의 경우는 학교졸업, 적절한 연령, 건강 등이 이에 포함되고 있다.

2) 배우자 선택 시 고려할 점

행복한 결혼 생활을 위해 배우자 선택에서 고려해야 할 요인들은 무엇일까? 여러 학자들이 배우자 선택에서 고려해야 할 여러 가지 사항들을 제시하고 있는데 이러한 관점은 다음과 같다(정옥분, 2005).

① 결혼은 냉혹한 현실 생활이므로 두 사람의 사랑만 있으면 모든 것이 잘 될 것이라는 생각은 잘못된 것이다.

② 애정, 존경, 신뢰감 등이 수반되지 아니하고 단지 성적 매력만으로는 그 관계가 오래 지속되지 않는다.

③ 인생관이나 가치관이 서로 조화될 수 있어야 한다.

④ 이 세상에 완전한 사람은 없다. 한 사람을 배우자로 선택한다는 것은 상대방의 약점이나 부족한 점도 함께 받아들임을 의미한다.

⑤ 마음에 안 드는 점이 있더라도 '결혼을 하면 변하겠지' 하는 생각은

착각이다. 따라서 상대방을 변화시키려는 시도보다는 상호적응하려는 노력이 중요하다.

⑥ 충분한 교제기간과 대화를 통하여 상대방을 잘 파악한 후에 결혼하는 것이 적응에 도움이 된다.

5 청소년의 성에 관한 태도와 행동

청소년들에게 유해한 영향을 줄 가능성이 있는 사회 환경은 청소년의 건전한 발달과 인격형성에 대한 부정적인 영향을 주게 된다(김영한, 2005). 최근에 도시화, 산업화, 과학화로 인해 우리 사회의 급격한 변동은 가부장적 가족제도에 의해 유지되어 온 전통적 성규범을 해체시키고 있으며 서구 문화의 유입으로 성 개방과 성 정보의 홍수 속에 성에 대한 태도가 급격히 변화하고 있다. 과거보다 10대들의 성행동이 더 적극적이고 결혼 전 성경험을 하는 사람들의 비율이 높아지고 있으며, 결혼 전에 성경험을 하는 연령이 낮아지고 있다. 이러한 이유는 영화나 텔레비전 그리고 비디오를 통해서 무수히 많은 성적 묘사를 접하게 되기 때문이다. 이로 인해 불건전한 성관계는 미혼모나 성병 감염의 위험을 초래한다. 청년들이 이른 나이에 성관계를 갖는 것에 대해 사랑, 호기심, 성적 욕망, 남자친구를 붙잡아두는 수단을 그 이유로 들고 있다. 부정적인 자아개념도 청년의 성행위와 관련이 있는데, 열등감이 많은 청년은 성을 통해 자신을 증명해 보이려 한다.

홍강의(1996)는 우리나라 청년을 대상으로 한 연구에서 많은 청년들이 분별없이 너무 이른 나이에 성경험을 하는 것으로 나타났다.

성관계를 이른 나이에 갖게 되는 이유는 성의 개방화와도 관련이 있지만, 청년들의 자제력 결핍과 도덕성의 결여와도 관련이 있는 것으로 보인다. 일부 청소년들은 부모에 대한 반항의 의미로 성관계를 갖기도 하고,

또 다른 청소년들의 경우는 부모로부터의 관심이나 애정 결핍에 대한 보상으로 이른 나이에 성경험을 한다.

많은 사회가 혼전 성관계에 대한 4가지 기준을 가지고 있다.

① 이중 기준으로 남자가 혼전 성관계를 갖는 것은 무방하지만 여자는 안 된다는 것이다.
② 애정이 있으면 혼전 성관계를 허용해도 괜찮다는 것으로 결혼할 상대나 사랑하는 사이라면 무방하다는 것이다.
③ 서로 육체적으로 매력을 느낀다면 혼전 성관계는 허용해도 좋다는 것이다.
④ 어떤 경우라도 혼전 성관계는 허용되어서는 안 된다는 기준으로 혼전순결은 반드시 지켜야 한다는 것이다.

우리나라에서 많은 지지를 받고 있는 기준은 "혼전순결은 반드시 지켜야 한다."는 것이다. 많은 사람들이 혼인 전에는 절대로 성관계를 가져서는 안 된다는 태도를 보이지만, 실제 행동에서 이러한 믿음이 지켜지는가는 또 다른 문제이다. 최근 혼전 성관계에 관한 조사에 의하면, 점차 혼전 성관계가 증가하고 있고, 혼전순결의 신화는 깨어지고 있다.

1) 대중문화

우리나라의 대중매체의 폭력물 및 음란물과 청소년 비행에 관한 연구는 1970년대에 들어 대중문화 연구와 함께 본격화되었다. 대중문화 연구는 한편으로 전체문화와 사회구성원의 취향 수준을 저하시킨다는 '저질 문화론'과 다른 한편으로 대중문화에 묘사되는 폭력과 범죄내용이 청소년에게 미치는 영향으로 '사회일탈 행위론'으로 시행되었다. 즉, 영화, 텔레비전의 극중 범죄수법이 모방되어 청소년의 범죄성향이 높아지고 있다는 주장에 대한 사회적 관심이 높아졌다.

대중매체의 행동적 효과란 폭력물 및 음란물은 수용자 태도와 정서에 영향을 주고 있을 뿐 아니라 궁극적으로 그들의 외적 행동에 영향을 미친다(박천일, 1998). 대중매체의 폭력물 또는 음란물에 의한 외적행동의 효과로 대표적인 것은 공격 행위 또는 성적 행위와 같은 '행동화'를 들 수 있는데, 이것은 수용자가 대중매체의 폭력물 또는 음란물로부터 어떤 메시지를 받은 결과로써 그 무엇을 하게 되는 것을 말하는데, 이러한 행동화는 대중매체 폭력물 및 음란물의 제2차적 효과이다.

2) 성차별

성역할(sex role)이란 여성과 남성의 행동, 성격특징, 태도를 포괄하는 용어이다. 우리 사회는 여전히 남성이 여성보다 높은 가치가 부여되는 활동을 독점하거나, 독점은 아니라도 최소한 여성에 비해 월등한 선취권을 쥐는 남성지배적 상황을 인정하는 성차별적 성역할 고정관념이 팽배해 있다. 이러한 성차별은 여성에게 보다 엄격한 성에 대한 태도를 요구, 강요하고 있으며, 이에 반해 남성에게는 개방적 성 태도를 부여하고 있다.

3) 성충동

건강한 청소년이라면 보편적인 생리현상이 바로 성충동이다. 청소년들은 이것을 해결하기 위해 자위의 문제에 직면하게 된다. 2차 성징이 정상적으로 발달한 청소년은 기본적으로 성적 충동을 경험한다. 성적 충동이 유발되었을 때, 남자 청소년은 주로 성에 관한 잡지나 책 등을 보면서, 여자 청소년은 직접적인 성행위보다는 낭만적인 환상에 빠져들면서 이를 해결하려고 한다. 성충동은 여성에 비해 남성이 더 강하다. 남성의 경우 화장품 냄새, 여성의 체취 등 후각을 통해서나 성적 그림, 여성의 속옷 등의 시각적 자극을 통해 성충동을 강하게 느끼며, 이때 몸 안에 축적된 정액을 방출하고 싶은 사정의 욕구와 함께 이성에 대한 존재를 명확하게 의식하고 육체적으로나 정신적으로 가까이 하고 싶은 접촉 욕구가 형성된다. 이에 비해, 여성은 분위기에 약하며, 단지 이성과 함께 있고 싶고 친밀감을 느끼고 싶어 한다. 이러한 차이 때문에 성행동에 있어서 남성이 여성보다 더 적극적인 역할을 하게 된다(김정옥, 2001).

4) 자위행위

슈워드(Schward, 1956)에 의하면 성충동을 만족시키는 방법이 사회금기와 사회규준에 의해서 문화적으로 전수되고 있으며, 전통적으로 결혼할 사이에만 허용되므로 청소년에게는 억제가 요구되고 다른 성욕구의 배출구가 없으므로 이 시기에 빈번하게 나타나는 성행동이 자위라고 하였다. 청소년은 신체적 성장에 따른 성욕의 증가, 자극적인 성 매체물의 영향, 과도한 학업 부담과 입시 불안의 도피수단으로 자위행위에 탐닉하기 쉽다. 예를 들어, '자위행위를 해도 되는가?', '일주일에 몇 번하는 것이 좋은가?', '자위행위를 하면 성기가 작아지는가?', '자위행위를 하면 머리가 나빠지는가?' 등이다. 청소년기의 자위행위는 비정상적인 것이라고 할 수는 없으나 그 정도가 지나치면 신경쇠약, 심신의 피로, 집중력 감소, 음낭이완, 성기의 상처로 이어질 수 있으며, 학업이나 기타 다른 활동에 지장을 줄 수 있다(김정옥, 2001).

청소년기의 자위행위는 행위 자체보다도 오히려 자위행위는 해서는 안 되는 것으로 인식하고 있기 때문에 그에 대해 부끄러워하고 심지어 죄책감과 불안을 느끼는 데 문제의 초점이 맞추어져야 한다. 이 시기에는 보다 생산적이고 창조적인 활동에 성적 에너지를 활용할 수 있도록 안내하며 적절한 운동이나 취미생활, 원만한 교우관계 등에 관심을 기울이고, 스스로 억제하려고 노력하도록 도와주어야 한다(김상원, 2000).

5) 성폭력

상대방의 동의에 의하지 아니한 성 비행 중 강도 높은 폭력에 의한 성폭력을 제외한 경미한 성추행이나 그 이하의 행위이며, 간혹 강제추행 등 다소 무거운 성추행을 포함하기도 하며, 법률에 의해 처벌되지 아니하는 정도의 성폭력을 포괄하는 의미로 사용한다. 노골적 음담패설, 신체부위와 관련된 조롱, 진한 농담 등의 언어적 희롱과 옷 위로 성기 만지는 모습을 보이거나 과다한 신체노출, 음탕한 눈빛 등 시각적 희롱, 술 따르기나 안마하도록 하는 행위요구 희롱, 포옹이나 키스, 손 집어넣기, 엉덩이 두드리기, 툭툭 치기 등의 추행, 포르노 사진이나 성기 대체물 등을 보이는 음란물 희롱 등이 해당된다.

성폭력은 수치스러운 사건이 아니라 인격을 침해한 범죄이며, 심각한 사회문제이다. 성폭력 피해자 중 대부분이 말에 의한 협박을 받았으며, 공포, 불안, 강박 등의 심리적 후유증을 겪고 있다. 성폭력은 개인의 자유로운 성적 결정권을 침해하는 범죄로 강간뿐 아니라 추행, 성희롱 등 모든 정신적·언어적·신체적 폭력을 포괄한다.

한국청소년상담원(2005)이 보고한 바에 따르면 "우리 사회에서 여자와 남자는 유아기 때부터 차별적인 교육을 받고 성장해 청소년기에 이르면 남녀 간 행동양식이 큰 차이를 보이는데, 여자는 어릴 때부터 좋은 인간관계를 형성하도록 요구받고 이에 좌절해 고민을 많이 하고, 여성은 성폭력 피해를 입어도 인간관계가 깨지고 문제가 커지는 것을 우려해 신고를 꺼리는 측면이 있다."고 하여 여고생의 성희롱 피해가 잘못된 남녀 차별 교육에 있음을 시사하기도 했다.

6) 미혼모

청소년들의 성적 성숙은 과거보다 빨라지고 있는데 비해 결혼 연령은 늦어지고 있다. 청소년들이 정상적으로 성적 욕구를 충족시킬 수 있는 기회는 거의 없다. 따라서 청소년들의 당면한 성 문제는 성교경험 시기의 연소화, 성병 감염의 증가, 원치 않는 임신의 증가, 임신중절 시술의 증거 등으로 인한 미혼부모의 문제가 사회문제화 되기에 이르렀다(이춘재, 1994).

신체적으로도 미성숙하고 사회적으로도 부모가 될 준비를 채 갖추지 않은 10대 청소년의 임신은 개인적으로나 사회적으로 많은 위험 요소를 지닌다. 이는 경제적 빈곤, 부적절한 영양섭취, 임신 전의 비위생적인 건강상태 등의 사회경제적 요인뿐만이 아니다. 더 심각한 위험 요인은 흡연, 음주, 약물남용, 성병 감염 등의 의학적 요인을 들 수 있다. 특히, 10대 초반의 임신은 산모의 신체적 미성숙으로 말미암아 산모와 태아에게 미칠 수 있는 위험이 증대되며, 임신중독증에 의한 저체중아 출산 빈도도 성인 산모에 비해 더 높게 나타난다(한국청소년개발원, 2006).

정옥분(2005)은 미혼모가 아기를 낳은 경우의 문제점을 다음과 같이 하였다.

① 건강문제로서 생식기관이 완전히 성숙되지 않은 10대에 임신과 출산을 하게 되면 미숙아 등 건강하지 못한 아이가 태어날 가능성이 많으며, 태아와 산모의 사망률도 높아지게 된다.

② 사회·경제적 문제로서 미혼모들은 임신이나 출산으로 인해 학교를 도중에 그만두게 되어 저학력으로 인해 취업의 기회가 줄어들게 된다.

③ 아이의 아버지에게 정신적·경제적 도움을 받게 되는 경우가 거의 없으며, 90% 이상이 버림받게 되어 정신적 고통을 겪게 된다.

④ 아기를 낳게 되면 입양을 보내거나 자신이 키우게 되는데, 입양도 문제지만 자신이 키울 경우에도 개인적 문제, 가족적 문제, 사회적 문제가 심각하게 뒤따르게 된다.

또한 성인 산모에게서 태어난 영아에 비해 10대 미혼모에게서 태어난 영아는 생후 28일 내에 갑작스러운 사망이나 다른 원인으로 사망할 가능성이 훨씬 더 높으며, 행동상의 문제를 더 많이 나타내며, 지능지수도 더 낮고, 학교에서 유급하는 비율도 더 높은 것으로 나타났다. 그러므로 미혼 부모 문제를 개인의 도덕성의 차원에서만 판단하고 개인의 책임으로만 돌릴 것이 아니라 사회적인 교육과 시각에서 접근할 필요가 있다.

7) 원조교제

청소년 성매매와 동일시되는 원조교제는 일본에서 유래한 용어로 주로 성인 남성과 나이 어린 여중·고생 사이에 이루어지는 성적 교제를 가리킨다. 우리나라에서는 1998년경부터 사회문제로 부각되었는데, 성의 수요자(성인 남성)와 공급자(여중 · 고생)가 한쪽은 금전이나 경제적 이익을 제공하고, 다른 한쪽은 그 대가로 성적인 교제를 제공하는 합의에 의해 이루어지는 교제현상이다(전대양, 2000).

원조교제는 첨단 통신기기를 사용한다는 점에서 그리고 많은 '돈'을 벌 수 있다는 점에서 많은 10대 청소년이 관심을 가지며, 은밀하고 익명이 철저히 보장된다는 점에서 성인 남성 역시 선호하는 성매매이다(민유선, 2007). 그러나 현재 우리 사회에서 이루어지고 있는 '청소년 성매매'는 인터넷 채팅 등을 고수하는 방식의 '일회성 윤락'이기 때문에 지속적인 '교제' 관계나 이에 기초한 '원조' 행위로 보기는 어렵고, 따라서 일본의 원조교제라는 개념과 거리가 있기 때문에 '청소년 성매매'로 용어를 정리하는 것이 더 적절하다고 하겠다.

8) 후천성면역결핍증(AIDS)

최근에 AIDS(Acquired Immune Deficiency Syndrome) 만큼 우리의 경각심을 불러일으킨 성병도 없다. AIDS는 인체면역결핍바이러스(HIV: Human Immunodeficiency Virus)에 의해 감염되는 성병으로 HIV에 감염되면 몇 단계의 과정에 걸쳐 진행되는데, 마지막 단계가 AIDS이다. 이 바이러스에 감염되면 면역체계가 파괴되기 때문에 일단 병에 걸리면 죽게 된다. 따라서 AIDS는 성교, 주사바늘, 수혈을 통해서 감염되고, 매독과 마찬가지로 임부에게서 태아에게 감염되기도 한다.

AIDS 발병환자 90%가 동성애 남성과 정맥주사 사용자이지만, 최근에 와서 여성, 청소년, 이성과의 성관계에서도 발병률이 크게 증가하고 있다(Strong & DeVault, 1997). 즉, AIDS로부터 안전한 사람은 아무도 없으며, AIDS로부터 안전할 수 있는 유일한 방법은 금욕뿐이다. 또한 최초의 항바이러스 약품은 AZT(Zidovudine)로 1987년 미국 FDA(Food and Drug Administration)의 공인을 받았으며, 1991년 DDT(Didonosine), 1992년 DDC(Zalcitabine), 1994년 D4T(Stavudine), 1995년 3TC(lamivudine) 등이 HIV의 증식을 억제하는 데에 어느 정도 효과가 있기는 하지만 아직까지 AIDS를 완치시키는 치료약은 개발되지 않았다(Cohen, 1996; Ezzel, 1996; Flasker & Ungvarski, 1992).

따라서 금욕이야말로 모든 성병을 예방하는 가장 효율적인 방법이며, 청소년의 금욕은 도덕적으로 옳은 일이다. 그러나 금욕이 도저히 불가능한 경우는 성병에 걸리지 않은 한 사람과만 성관계를 가져야 하는 것으로 알려야 한다. 자신의 건강을 돌보는 것도 중요하지만 상대방의 건강에도 책임을 져야 한다.

'야한' 어른들에게 쌩기초 성교육을…

대구 초등학생 집단 성폭력 사건에 대해 교육과학기술부가 거의 한 달 만에 내놓은 대책은 전국적인 학교 성폭력 실태 조사와 함께 보건교사와 전문 상담교사 등을 확대 배치하고, 아이들이 인터넷·유선방송 등을 통해 음란물에 노출되는 것을 막는 기술적 방도를 강화한다는 것이다. 교과부 대책뿐 아니라 사건 이후 나온 이야기는 대부분 이것이 성폭력 사건이니 원인은 성교육이 미흡한 것이고 방지나 처방은 성교육 강조라는 일종의 순환에 사로잡혀 있다. 그리고 늘 공공의 적은 '포르노'다.

'요즘 애들이란' 담론은 때로는 매혹과 아부로("한 손에 촛불을, 다른 한 손으론 휴대폰 문자로 갈 길을 알려주는"), 때로는 몰이해와 매도로("네 가지 없는 것들") 나타나는데, 사는 환경을 구성하는 물건들이 첨단화되고 그것이 관계의 양상을 바꾸었다고 해도 사람살이의 본질은 비슷할 것이다. 무슨 기술 결정론자도 아니고 말이지. 부모세대(남자)가 청계천에서 구한 빨간책을 돌려보고 〈선데이서울〉을 훔쳐보며 자랐다면, 요즘(남자)애들은 극사실주의의 동영상을 보며 자란다. 문제는 포르노인가?

10대 초반의 사내아이들이 무슨 섹스 머신도 아니고, 성욕을 주체할 수 없어 벌건 대낮에 학교 안에서 집단적으로 성폭력을 저지른 것이 아니잖은가. 그것이 성폭력이 아니라는 말이 아니다. 성폭력은 '성' 폭력이고 성 '폭력'인데 초·중등생들이 걸려 있는 이 경우 방점은 폭력에 찍혀야 한다는 것이다. 그들은 저들이 생각할 수 있는 가장 나쁜 방법으로 다른 사람을 공격하고 모욕하고 벌 준 것이다. 그러면서 권력을 과시하고 주먹서열을 다진 것이다.

문제는 유해 사이트이고 성인 오락물인가. 섹슈얼리티 강의를 수년째 하는 나는 지인들로부터 전에 없이 버벅대는 전화를 받을 때가 있는데, 고만한 아이들을 둔 부모의 걱정 태반이 '우리 아이가 … 포르노를 … 보는 것 같은데 … 어떻게 … 해야 할까?'다. 일찍이 야동순재님의 거침없는 활약도 있었고, '음지를 벗어나 양지'로 커밍아웃하여 명랑야동이나 포르노 등으로 거듭난 문화가 일각에 있지만 대부분의 (전통적^^;;) 야동은 10대 초의 야들야들하고 침윤성 강한 정신에 위험한 것일 수 있다. 그런데 그것이 위험할 수 있는 것은 야해서가 아니라 사람 사이의 (성적인) 관계에 대해 아주 나쁜 시각을 담고 있기 때문이다. 그래서 그것에 노출되는 시기를 늦추고 노출량을 줄여야 한다는 발상은 일면 자연스럽다. 그러나 아무리 차단에 심혈을 기울이고 레이더망을 24시간 가동시켜도 아이는 언젠가는 곳곳에서 자의 반 타의 반 거기에 노출될 거다. 그렇다면 관건은 아이들의 판단력이다.

필요한 것은 인간관계 교육이다. 성욕은 식욕이나 수면욕 같은 본능적 욕망이지만 다른 것들과 달리 필시 또 하나의 몸이 관련되고, 그 몸은 몸으로 그치는 것이 아니라 정신과 불가분한 몸이니 성은 인간에 관련된 일이다. 그렇다면 성교육은 무엇보다 인간관계 교육이어야 한다. 사람이 사람을 그렇게 대해서는 안 된다고, 성이든 먹고사는 문제든 사람이 사람을 물건이나 장난감인 양해서는 안 된다고 결연히 가르쳐야 하지 않는가. 그것이 제대로 먹힐지는 아이들의 분노와 소외감을 어루만질 인간적인 사회를 향한 어른들의 노력일 것이다. 제대로 된 성교육 한번 받아본 적 없는 '야한' 어른들이 '성'에 짓눌려 그 뒤에 달린 '교육'을 미처 돌보지 못하니, 참으로 기초적인 성교육은 멀기만 하고 포르노그래피는 반면 해결사(?)로 주야장천 활용되고 있다.

– 김미영(http://www.hani.co.kr/arti/SERIES)

PART

03

인간관계와 의사소통의 개선 이해

Thema 10

스트레스의 이해

학습목표

* 스트레스의 개념과 원인에 대하여 이해한다.
* 스트레스의 반응과 취업 스트레스에 대하여 이해한다.
* 직무 스트레스와 스트레스 대처법에 대하여 이해한다.
* 스트레스의 방어기제와 직장에서의 인간관계에 대하여 이해한다.

1 스트레스의 개념

스트레스(stress)라는 말의 어원은 라틴어의 'stringer'로서 '팽팽하게 되다'라는 뜻에서 유래되었는데, 14세기에 이르러 'stress'라는 용어로 사용되었다. 이 당시에는 곤란, 고통, 역경 등의 의미로 사용되며, 17세기는 신체적 긴장이나 압박의 의미로 쓰였다. 18~19세기에는 주로 격렬한 노력, 긴장, 압박 등으로 사용되다가 19세기 이후 20세기에 이르러 의학계에 소개되면서 이에 대한 반응 양상이 생겨나면서 다양하게 정의되었다.

스트레스란 적응의 과정에서 불가피하게 경험하는 심리적 현상이라고 할 수 있다. 이 말은 원래 생리적 현상이라는 차원에서 이해한다. 유해한 혼합형 자극에 대한 인간의 방어적 반응, 즉 긴장상태를 스트레스라고 한다. 이러한 스트레스의 개념은 생리적인 차원에서 만이 아니라 심리적인 차원에서도 적용될 수 있다.

일상의 활동이나 인간관계에 있어서 적응상의 문제, 즉 좌절이나 갈등을 경험하거나 여러 가지의 환경적·사회적 자극에 대하여 제대로 반응할 수 없을 때, 과도한 외부의 압력 때문에 어려움을 경험할 때 그러한 자극이나 압력은 스트레스 자극이 되는 것이다. 스트레스는 삶의 한 부분이며, 요구적인 상황이 개인의 자원이나 대응 능력에 부담과 부정적인 영향을 미치는 광범위한 경험을 말한다.

셀리(Selye, 1956)는 스트레스를 일으키는 외부적인 자극을 스트레스원(stressor)이라고 하고, 이러한 스트레스원에 의한 유기체의 비특이적 반응을 스트레스라고 한다. 따라서 스트레스는 자체의 크기나 강도보다는 각자가 이 스트레스에 어떻게 대처하느냐에 대해 더욱 관심을 보인다. 때때로 스트레스는 개인으로 하여금 각성 및 동기 수준을 높이며 생활에 활력을 불어넣어 자신감을 심어주고 생산성과 창의력을 높여줄 수 있다는 점에서 긍정적인 측면도 있다.

2 스트레스의 원인

우리는 환경의 요구에 대처할 수 없다고 느낄 때, 신체적 혹은 심리적인 손상으로 위협 당할 때, 우리는 긴장과 불편을 느끼기 시작한다. 우리는 스트레스를 경험하고 있는 것이다. 생활에 있어서의 중대하거나 사소한 사건과 상황들은 모두 스트레스의 원천으로 작용할 수 있다. 이러한 생활 사건들이 스트레스를 주는 이유는 이것들이 압박감, 좌절감, 갈등 및 불안 등을 일으키기 때문이다. 이러한 정서적 경험들 각각은 스트레스에 대한 우리의 전반적인 느낌이 원인이 되는 것이다.

압력은 우리가 우리의 행동경향에 박차를 가하고, 격하게 하거나 혹은 변경하지 않을 수 없다고 느낄 때 일어난다. 우리의 지능, 외모, 인기, 재능 등에 관한 관심사 때문에 우리는 한층 높은 우수한 표준에 도달하기 위해서 우리 자신을 밀어붙일 수도 있다. 이러한 압력감은 건설적일 수 있다. 또한 압력감은 외부의 영향으로부터도 나올 수 있다. 이러한 외부영향들 중 가장 중대하고 일관된 것은 우리가 경쟁하고, 우리 사회의 급속한 변화속도에 맞추고, 우리의 가족 및 가까운 친구들이 우리에게 기대하는 것에 따라 행동하는 외관상 냉혹한 요구들이다. 우리로 하여금 경쟁하도록 밀어붙이는 모든 힘들은 생활의 거의 모든 관계에 영향을 미친다.

좌절 역시 스트레스를 느끼는 원인이 된다. 좌절은 어떤 일이나 사람이 방해가 되기 때문에, 개인의 목표달성이 막힐 때 일어난다. 인생의 모든 걱정 중에서, 갈등은 아마도 가장 흔한 것이라고 할 수 있다. 갈등은 우리가 두 개의 양립할 수 없는 요구, 기회, 욕구 및 목표에 당면할 때 일어난다. 그런 경우 완전히 갈등을 해결하는 방법은 결코 없다. 우리는 우리의 목표 중 하나를 포기하거나, 그들 모두 혹은 그들 중 하나를 수정하거나, 아니면 목표 중 하나에 대한 추구를 지연시키거나 혹은 그렇지 않으면 어떤 목표도 완전히 획득될 수 없다는 사실을 수용하는 것을 배워야만 한다.

마지막으로 불안은 매우 복잡하고 알기 힘든 스트레스 유발인이다. 불안한 사람들은 왜 이런 상태를 느끼는지를 항상 모르고 있다. 불안한 사람들은 두려움의 모든 증상을 경험하지만(지긋지긋한 것, 얄은 호흡, 근육긴장, 분명히 사고할 수 없는 것 등) 그러나 왜 그러는지 그 이유는 알지 못한다.

스트레스 연구가들은 생활변화 평가척도를 개발하였는데, 표 10-1은 대학생과 일반인을 위한 생활변화 척도이다.

표 10-1 생활변화 스트레스 측정표

1. 대학생 생활변화 측정표		2. 일반인 생활변화 측정표	
생활사건	점 수	생활사건	점 수
가까운 가족의 사망	100	자식 사망	74
수감(복역)	80	배우자 사망	73
대학입학이나 졸업	63	부모 사망	66
임신(임신했거나 시킴)	60	이혼	63
심한 개인적 질병이나 상해	53	형제자매 사망	60
결혼	50	혼외정사	59
대인관계 문제	45	부모의 이혼, 재혼	53
경제적 고충	40	별거	51
친한 친구의 사망	40	해고, 파면	50
방 친구와의 말다툼(2일 1회 이상)	40	정든 친구의 사망	50
가족과 중요한 의견의 불일치	40	결혼	50
개인적인 습관의 변화	30	징역	49
생활환경의 변화	30	결혼 약속	44
직업을 새로 갖거나 그만둠	30	중병, 중상	44
상사나 교수와 문제	25	사업의 일대 재정비	43
뛰어난 개인적 성취	25	직업 전환	43
몇 가지 교과목의 실패	25	정년퇴직	41
기말시험	20	해외 취업	39
데이트 횟수의 증감	20	유산	38
직업(연구)조건의 변화	20	임신	37
전과	20	입학시험, 취직 실패	37
수면 습관의 변화	18	자식의 분가	36
수일간의 변화	15	새 가족 등장	36
식사 습관의 변화	15	가족 1명의 병	35
가족과의 재결합	15	성취	35
취미생활의 변화	15	주택, 사업, 부동산 매입	35
사소한 질병이나 상해	15	정치적 신념의 변화	35
사소한 법규의 위반	11	시댁, 처가, 친척과의 알력	34
		학업의 시작, 중단	34
점수 계:		점수 계:	

1) 갈등

두 가지 이상의 동등한 힘을 가진 동기, 태도, 가치, 목표들이 동시에 유발되는 상태를 갈등(conflict)이라고 한다. 생활에서 경험하게 되는 이러한 갈등은 우리에게 많은 스트레스의 원인이 된다. 갈등을 여러 유형으로 구분할 수 있으나 개인적 갈등의 영역에서 레빈(Lewin)의 4가지 유형을 살펴본다(임재창, 1997; 추정선, 2003; 한국청소년연맹, 2000). 따라서 갈등 모형의 그림은 그림 10-1과 같다.

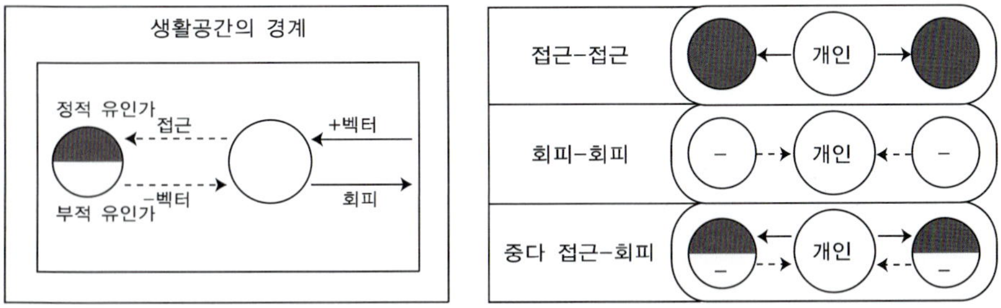

* 화살표는 운동, 즉 접근과 회피경향을 의미함

그림 10-1 Lewin이 분석한 접근 – 회피 갈등(장선철, 2006)

(1) 접근-접근 갈등(approach-approach conflict)

접근-접근 갈등은 정적 유의성을 갖는 두 개의 긍정적인 목표 중 둘 다 가질 수는 없어서 하나를 선택해야 하는 경우를 말한다. 이런 경우 어느 한 쪽을 선택하면 괴로운 갈등상태나 심각한 행동의 혼란을 일으키지 않고 효과적으로 적응해 나갈 수 있을 것이다. 그러나 한 쪽 목표를 획득하여 욕구를 만족시키면 나머지 반대쪽에 대한 미련이 강해져서 강한 유의성을 가지게 된다. 예를 들어, 조건이 좋은 직장이 동시에 두 군데 나타났는데, 어느 직장을 선택해야 할지 망설이는 경우이다.

(2) 회피-회피 갈등(avoidance-avoidance conflict)

회피-회피 갈등은 두 가지 대안이 모두 바람직하지 못한 경우 부정적인

갈등이 동시에 나타나 이럴 수도 없고 저럴 수도 없는 경우이다. 학교에 가기 싫고 안 가자니 벌이 겁나는 경우이다. 이런 경우에는 어느 한 쪽을 택하기도 싫고 다 포기할 수도 없는 경우를 말한다. 갈등의 경우 그 장면으로부터 도피하여 다른 행동을 취함으로써 해결하려 하거나 공상의 세계에서 일시적인 도피를 꾀한다든지 함으로써 갈등을 해소하려 들 것이다. 이러한 방법에 의해서도 갈등이 해소되지 않으면 정서적 불안과 긴장 상태가 지속되는 부적응 사태를 유발하게 된다.

(3) 접근-회피 갈등(approach-avoidance conflict)

접근-회피 갈등은 대안이 바람직한 측면과 바람직하지 않은 측면을 동시에 갖고 있는 경우이다. 즉, 끌리는 목표와 싫은 목표가 동시에 존재하는 경우에 생긴다. 승진 시험에 합격하고 싶으나 공부는 하기 싫다든지, 성적 충동이나 공격욕은 있지만 사회적 비난이나 벌을 두려워하는 경우이다. 이러한 갈등은 적극적으로 해결하지 못하는 경우 그러한 장면으로부터 도피함으로써 해결하려 할 것이다. 그러나 욕구가 완전히 없어지지 않고 오히려 긴장이 더 커진 상태로 남아 있기 쉽다. 이 긴장이 오래 지속되면 불안, 신경증 등의 부적응 행동을 유발하기 쉽다. 따라서 인간관계에서 갈등이란 견해가 다른 두 사람이나 그 이상의 사람들 사이에서 일어나는 충돌로 해석한다.

(4) 이중접근-회피 갈등(double approach-avoidance conflict)

이중접근-회피 갈등은 각각 접근-회피 갈등을 보이는 두 개의 목표 중 하나를 선택해야 하는 갈등으로 가장 흔한 경우이다. 선택한 후 어떤 선택이라도 단점이 있기에, 결정을 잘 한 것인지 아닌지 계속 고심할 수 있으며 이에 따라 스트레스를 느끼게 된다.

3 스트레스의 반응

박문태 등(2003)은 스트레스의 원인을 심리적·사회적·생물/생태학적·성격적 원인으로 설명하고 반응도는 3가지 범주로 제시한다.

1) 일반적 적응증후군

스트레스에 대한 평가는 매우 주관적이지만 과다한 업무에 시달리거나 심리적 좌절 상황이 반복되면 긴장이 고조되어 심리적 위협으로 스트레스가 증가된다. 그 결과 심한 두통과 피곤함을 느끼며 현실을 피하고 싶은 욕구가 생기는 등 자극에 대해 대응하려는 방어로서 일반적인 적응증후군이 나타난다. 스트레스에 대한 일반적 적응증후군은 경고기, 저항기, 탈진기(소진단계)의 3단계로 인체가 건강할 때는 스트레스에 적절히 대응하는 방어체계를 갖고 있기 때문에 잘 견딜 수 있다. 그러나 지나친 스트레스를 받게 되면 몸의 균형이 깨지고 감기, 몸살 등의 증상으로 경고를 하며 저항을 한다. 따라서 각 단계의 특징은 다음과 같다.

(1) 경고단계

초기 충격기(shock stage)와 후기 역충격기(counter-shock stage)로 구분된다. 충격기는 스트레스 자극에 의해 유기체가 일시적으로 위축되는 시기이며, 역충격기는 캐넌(Cannon)이 말한 투쟁-도피반응(fight-fight response)이 일어나는 단계로, 위협적인 상황이 되면 교감신경계와 부신수질 호르몬의 영향으로 신체가 위험에 대비하도록 억제작용과 촉진작용이 동시에 일어난다. 특히 동공을 확장하여 시각정보를 쉽게 얻게 하고, 땀을 분비하여 골격근 활동으로 인한 체온 상승에 대처하며, 심장박동이 빨라져 필요한 부위에 혈액을 신속하게 공급한다.

부신피질에서는 지속적인 스트레스 반응을 유지하기 위한 호르몬을 분

비하는데 코르티솔(cortisol)은 에피네프린의 불활성화를 억제하고, 저장된 지방과 단백질을 분해하여 사용할 수 있는 당 에너지와 아미노산으로 변환한다. 스트레스가 계속 존재할 경우 다음의 저항 단계로 이행된다.

(2) 저항단계

스트레스가 지속되거나 증가될 것으로 예측되면 새로운 요구를 충족시킬 추가 에너지를 얻기 위해 여러 가지 호르몬이 분비된다. 코르티솔이 분비되어 염증을 막고, 콜레스테롤 산출을 증가시켜 혈당 부족을 보충하고, 티로신(thyroxine)이 갑상선에서 분비되어 인슐린 대사를 증가시킴으로써 신체의 대사율을 높여 스트레스 반응에 필요한 에너지 요구에 대응한다. 이 단계에서 스트레스가 사라지면 다시 인체는 정상 수준으로 회복된다. 그러나 스트레스 상황이 지속되면 다음 단계인 소진 단계에 이르게 된다.

(3) 탈진기(소진단계)

스트레스에 대한 대응이 장기간 지속되는데도 스트레스가 줄어들지 않으면 적응 에너지의 고갈로 인해 질병이 발생하거나 심하면 사망에 이르기도 한다. 심리적으로는 자포자기하거나 우울해진다. 즉, 경보반응 단계에서도 스트레스로 인해 한두 시간 이내에 사망하는 급성 반응을 보일 수도 있다. 또한 스트레스가 멈추지 않고 지속되면 인체의 방어체계가 무너져 탈진하고 그 결과 불면증, 만성두통, 고혈압 등의 증상이 나타나게 되며, 신진대사마저 원활하지 못하게 되면 심장병, 암 등 최후의 치명적인 피해로 이어진다.

2) 심리·사회적 반응

심리적 부담으로 자신의 기대수준이나 주변의 요구수준이 자신의 능력을 벗어나면 압력을 느끼게 되는데 압력은 외부에서도 오고 내부에서도

온다. 내적 압력은 외부요구를 내면화한 결과로 개인적인 포부나 욕심으로 나타나게 되는데, 이러한 자기-부과적(self-imposed stress)인 스트레스는 외부에서 주어지는 스트레스에 비해 일반적으로 더 통제력을 갖는다고 본다. 자기-부과적인 스트레스는 최선을 다하게 하여 성장을 촉진하는 힘이 될 수 있지만 내적 압력이 비현실적이거나 지나치면 욕구 성취는커녕 오히려 좌절하여 포기하거나 병을 얻게도 한다. 일반적으로 원하는 목표가 내·외적 장애물에 의해 지연되거나 차단될 때는 좌절을 겪게 되는데 심한 좌절은 자살, 범죄, 정신장애, 질병의 원인이 되기도 한다.

우리가 일상생활 속에서 겪게 되는 갈등은 복잡해서 많은 경우 선택이나 결정 자체를 피해버리기도 하고, 충동적으로 결정을 내리거나 생각 없이 남의 말을 따르게 되어 나중에 더 큰 불이익과 스트레스를 받게 될 수도 있다. 또한 사람들은 대개 좌절했을 때나 부당한 대우를 받았을 때, 또 자신이 어리석은 짓을 했을 때 신경질을 부리고 쉽게 화를 내는 등 분노를 느끼게 될 수 있다. 분노는 투쟁욕구와 직결된 감정으로 정상적인 공격행위로 발전되는 정서이다. 따라서 분노는 긴장이나 불안과 마찬가지로 자신을 방어하기 위한 자연스러운 감정이나 스트레스로 인한 분노는 적절하게 표현하지 못하면 일이나 인간관계를 그르치게 하고, 반대로 지나치게 억압하면 정신건강을 해치고 신체적 질병을 가져오게 하는 문제다.

심각한 스트레스 상황이 지속되면 긴장, 불안, 분노 등에 이어 무기력과 좌절로 우울 증상이 온다. 일차적으로 스트레스 상황에 정신력을 집중시키는 마음의 준비가 긴장인데, 이러한 준비에도 불구하고 스트레스와 대항하여 이겨내지 못하고 자포자기해 버리면 준비한 긴장과 에너지가 사용되지 못해 긴장의 해소가 느려져 불안해진다. 그리고 반복되는 스트레스와 좌절을 경험하게 되면 무기력해져 더 이상의 노력을 포기하고 결국 우울해진다. 우울은 타인이나 세상이 아닌 자신을 향한 깊은 분노와 죄책감의 다른 표현일 수 있으므로 부정적 사고와 자기 패배의식을 자각하고 자존감을 기르면 극복할 수 있다. 그러나 가벼운 우울은 의지로 극복할 수 있지만 심각한 우울은 약물치료와 다른 사람의 도움이 필요하다.

3) 생물·생태학적 반응

스트레스를 받으면 교감신경계가 작용하여 심박수가 빨라지는 등 신체를 각성시킨다. 자극이 적응능력을 능가하게 되면 스트레스 반응을 일으키게 되어 피로, 두통, 소화불량, 식욕감퇴 등의 증세가 나타나며 면역기능이 전반적으로 저하되어 질병으로 연결되기 쉽다. 두통, 심장병, 위장장애, 암, 피부질환 등은 스트레스와 관련된 질병으로 밝혀졌다.

4 대학생의 취업 스트레스

청년 후기에 속하는 대학생들은 새로운 환경에 적응해 나가며 이상과 목표 간의 갈등 상황에 놓이기도 하고, 직면한 어려움들을 해결해 나가면서 성인의 세계를 경험하기 시작한다. 이런 적응과정을 통해 개인의 자신의 자질과 한계를 인식하는 동시에 자신과 사회에 대한 재평가를 시도하게 된다. 이 시기 동안 청년들은 개인적 가치와 목표를 설정하고 정체감을 확립해야 하며, 동시에 부모로부터의 독립의 성취와 함께 직업에 대한 준비와 결정을 해 나가야 한다(김태련 외, 1985).

청년기는 안정된 정체감을 형성하는 데 있어서 부모로부터의 심리적 독립이 절정에 이르는 시기로, 취업에 대한 준비와 실제 선택을 하는 데 있어서도 다양한 역할경험을 통해 진로를 결정하는 때이다. 어떤 의미에서 청년기의 마감은 '실제적인 일의 세계'에 들어가는 것을 통해 가능하다. 청년기의 젊은이들이 직업을 선택하는 일은 한 개인이 결정해야 하는 수많은 문제들 중의 하나이다. 자신이 어떤 직업을 선택하느냐에 따라, 생활양식은 물론, 가치관과 태도까지 변화될 수 있다는 것을 인식하는 청년기

에 속한 개인은 만족스런 직업을 갖기 위해 노력하게 된다. 때론 발달과정 중에 있는 대학생들은 취업을 준비하는 과정에 있어서 어려움을 겪을 수 있고 미결정 상황에 직면할 수도 있다.

홀랜드와 홀랜드(Holland & Holland)는 진로결정상황에서 결정을 하지 못하고 있는 미결정자(indecidedness)를 결정을 할 수 없는 성향을 지닌 사람으로 취급하는 것은 잘못된 생각으로, 미결정자의 대부분은 결정에 장애가 되는 개인적 특성을 가지고 있기보다 스스로를 그렇게 가정하는 것이다. 특히 개인의 각 진로발달단계에서 미결정은 예상할 수 있는 상황으로, 진로의 결정은 매우 복잡한 문제이다. 따라서 미결정자가 되는 개인의 심리적 요인으로 불안, 수동성, 복종성, 인정에 대한 과도한 요구, 자기비판, 정체감의 혼란, 부모로부터의 심리적 독립 등을 들고 있다.

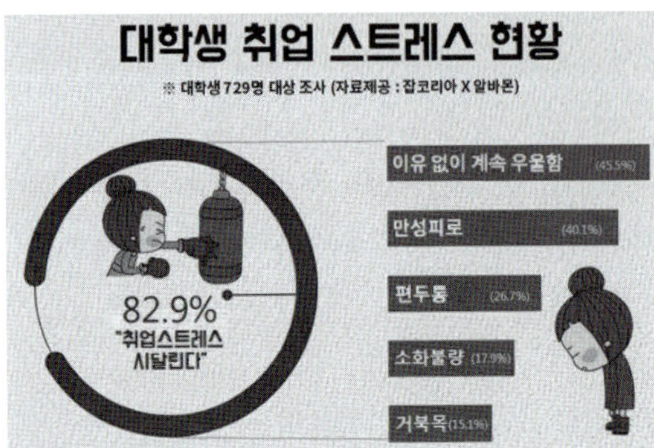

대학생 10명 중 8명은 진로 및 취업에 대한 고민을 하고 있으며, 취업에 성공한 직장인 역시 10명 중 9명 이상이 취업준비 당시 스트레스를 받았던 것으로 나타났다.

31일 취업 포털 업체인 잡코리아와 아르바이트 전문 포털 업체인 알바몬에 따르면 남녀 대학생 및 직장인 1,306명을 대상으로 '취업 스트레스 정도와 해소법'에 대한 설문 조사를 실시한 결과, 이 같이 조사됐다.

설문에 참여한 대학생 729명 중 71.6%(복수응답)는 '현재 가장 고민은 진로 및 취업'이

라고 응답했다. 이어 '등록금 및 용돈 등 금전문제'(25.4%), '학점 관리'(18.5%), '가족 및 교우관계 고민'(12.9%) 등의 순이었다.

실제 이들 대학생을 대상으로 취업 때문에 스트레스를 받고 있는지 질문한 결과, 82.9%가 취업으로 인해 스트레스를 받고 있다고 답했다. 학년별로는 4학년이 93.6%로 가장 높았으며, 3학년 77.8%, 2학년 48.4%, 1학년 44.0% 순이었다.

취업 스트레스로 인한 증상(복수응답)으로는 '이유 없는 우울증'을 겪고 있다는 응답이 45.5%로 가장 많으며, 만성피로 증상도 응답률 40.1%로 많았다. 이 밖에 편두통(26.7%)과 소화불량(17.9%), 거북목, 손목 통증(15.1%), 어깨결림(11.4%), 대인기피증(7.5%) 등을 호소하는 경우도 있었다.

반면 취업과 진로에 대한 고민으로 인한 스트레스 증상을 겪으면서도 이를 해소하기 위한 마땅한 방법은 없는 것으로 드러났다. 학생들에게 스트레스 해소를 위해서 무엇을 하는지 질문한 결과(복수응답) '맛있는 것을 먹거나 폭식을 하는 등 먹는 걸로 해결한다'(45.5%)가 가장 많았다. 이어 '영화나 공연, TV 등을 보면서 잠깐 취업 생각을 잊는다'(35.9%), '빨리 취업하도록 노력한다'(32.3%), '주위 사람들에게 상담을 한다'(22.5%), '술을 마신다'(17.5%) 등의 순이었다.

한편 설문에 참여한 577명의 남녀 직장인들도 취업준비 당시 취업 스트레스를 겪었다는 응답이 93.6%로 나타났다. 이들이 후배에게 추천해 주고 싶은 취업 스트레스 해소법으로는 '친구나 선배 등 주위 사람들과의 상담'(39.8%)을 가장 많이 꼽았다. 이어 '가까운 곳으로라도 훌쩍 여행을 떠나라'는(33.3%) 조언도 내놨다.

또한 선배들이 취업 준비생들에게 전한 조언으로는 '대기업만 노리지 말고 탄탄한 중소기업도 지원하라'(60.7%)와 '회사만 보지 말고 하고 싶은 직무에 지원하라'(46.5%), '너무 조급하게 생각하지 마라'(31.9%) 등이 뒤따랐다.

– 한국일보(2017. 3. 31) 대학생 82.9%, 취업 스트레스에 우울증
https://news.v.daum.net/v/20170331085634672

5 스트레스의 대처

아무리 어려운 일이라도 그것을 해낼 수 있는 능력을 갖고 있다면 큰 위협이 되지 못할 것이다. 이런 개인의 대처 능력으로는 우선 성격 유형이 있고, 또한 문제해결 기술이나 인간관계 기술이 효과적인 대처방식을 결정하는 요인이 된다. 이 밖에 사고방식이나 자아의 강도에 따라 달리 대처하게 되고, 개인의 대처 능력과 관련해서 사회적인 지지가 효율적인 대처에 중요한 요인이 된다.

1) 성격요소에 의한 대처

사람마다 개인에게 일어나는 사건이나 그 결과에 대해서 그 원인을 자기 자신에게 돌리거나 환경이나 외부에 돌리는 성격적인 특질을 가지고 있다. 이러한 성격 유형 중에는 외부 환경에 대해서 민감성 성격과 감정을 억압하는 억압형이 있는데, 이들은 성취 스트레스나 질병에 따르는 스트레스에 대처하는 방식이 각기 다르기 때문에 이런 성격 특질을 이해하는 것은 효과적으로 스트레스를 대처하는 데 도움이 된다.

2) 자신의 내부 규칙 또는 사고방식의 강화

엘리스(Ellis, 1979)는 이를 비합리적이라고 보는 것은 누구나 타인을 실망시킬 수도 있고, 약속을 어길 수도 있기 때문이다. 이러한 비합리적인 내적 규칙 또는 사고방식 때문에 오는 스트레스를 줄이기 위해서는 내적인 규칙을 의식하고, 그런 규칙이나 사고방식을 수반하는 생각들을 잘 살펴본 후 다른 사람들과 함께 토론해 보고, 규칙들을 논박해 보고, 좀 더 합리적이고 현실성 있는 사고방식으로 바꾸는 노력이 필요하다. 이러한 내용을 정리하면 표 10-2와 같다.

표 10-2 엘리스(Ellis)의 A-B-C-D-E 이론의 구성 요소

- A(선행사건, Activating events): 실제로 경험한 사건, 사실, 행동을 의미한다. 즉, 낙방, 실직, 가까운 사람과의 이별 등을 들 수 있다.
- B(신념, Belief): 어떤 사건이나 사실 등의 환경적 자극에 대해 개인이 갖게 되는 생각으로 C의 원인이 된다.
- C(결과, Consequences): 선행사건에 대한 개인의 정서적 반응이다. 즉, 비합리적 사고의 결과 느끼는 불안, 원망, 비관, 죄책감 등을 들 수 있다.
- D(논박, Dispute): 비합리적 사고를 바꾸도록 지금의 생각들이 사리에 맞고 합리적인지 다시 생각하도록 돕기 위해 논박하는 것을 말한다.
- E(효과, Effect): 자기 파괴적인 생각에서 벗어나 보다 합리적인 사고와 현실적인 생의 철학, 자신과 타인에 대해 보다 폭넓은 수용 및 긍정적인 감정을 느끼게 되는 것이다.

스트레스를 일으키는 생각을 바꾸는 방법 외에 스트레스 상황의 의미를 달리 해석해 보는 방법이 도움이 될 수 있다. 즉, 합리화, 전이, 부정, 주지화와 같은 방어기제로 스트레스를 일으키는 생각 대신에 스스로 안심시키고 정당화하는 생각을 할 때 스트레스의 강도를 줄일 수 있다.

3) 자존심의 향상

자존감을 향상시키려면 문제해결 능력을 키워야 한다. 그리고 인간관계를 잘 할 수 있도록 사회적인 기술을 향상시켜야 한다. 최근 상담분야에서는 인간관계 기술 가운데 자기표현 능력의 개선을 강조하고 있는데 이런 능력을 개발하기 위해서 계속 노력하는 것은 자존심을 향상시키는 데 도움이 될 수 있다(이순영, 2002). 미국 보건교육과정에서는 자기 이미지 증진, 자기 이미지와 자신감, 목표 세우기와 달성, 부끄러움 다루기 등에 관한 내용을 포함하고 있다.

4) 사회적 지지

스트레스 상황에 대처하기 위해 활용하는 자원은 타인이나 사회기관에

서 얻을 수 있다. 스트레스로 인해 불안과 긴장이 계속될 때 이를 공감해 주고 사랑과 관심을 통해 소속감과 안정감을 갖게 하여 대처할 수 있는 힘을 제공한다. 서영미(2001)는 사회적 지지는 스트레스와 대처행동에 유의미한 영향을 미친다는 것을 밝혔는데 부모 관련 스트레스에는 가족, 친구, 교사 지지가 도움이 되고, 친구 관련 스트레스에는 친구, 가족 지지자, 학업 관련 스트레스에는 가족, 교사의 지지가 도움이 되는 것으로 나타났다. 이러한 사회적 지지를 확보할 수 있는 방법을 강구하는 것은 효과적인 대처에 도움이 된다.

5) 부정적인 스트레스 반응의 해소

스트레스의 부정적인 반응에 대처하는 가장 손쉬운 방법은 자신을 돌보는 것이다. 적절한 휴식을 취하고, 모든 일을 생각하면서 천천히 하고, 긴장을 풀고 이완하는 시간을 가지며 명상, 요가, 바이오 피드백을 통한 이완 훈련 등도 도움이 된다. 특히 신체적인 건강을 위해서는 규칙적인 운동을 하거나 환경을 바꿔보기도 하고, 일상에서 벗어나 휴식을 취하거나 여행을 하는 것도 도움이 된다.

6) 일상생활에 대한 스트레스 대처방법

스트레스를 받았을 때 최초의 대처방법은 자신을 보호해 주고 위로해 주는 사람에게 의지하는 것이다. 허심탄회한 대화를 통해 자신의 일상생활에서 받은 여러 가지 스트레스를 해소할 수 있다. 일상생활에서 갈등이나 고민으로 스트레스를 받게 될 때 그것을 일으킨 문제를 놓고 혼자 깊이 생각해 보며 합리화를 하는 것 또한 긴장해소에 도움이 된다. 울고 웃는 것도 긴장을 해소하는 하나의 방법이다. 최근에 웃음치료사의 자격이 나오는 것처럼, 마음껏 크게 소리 내어 웃고(울고) 나면 속이 시원해지는 경험은 누구나 해 보았을 것이다. 그것은 웃음(울음)을 통해 내부의 긴장된 에너지가 외부로 방출되고 위로의 효과를 얻는다.

6 스트레스의 방어기제

방어기제(defense mechanism)는 자아를 불안으로부터 보호하기 위하여 무의식적으로 채택하게 되는 현실 왜곡의 전략이다. 방어기제에 의한 행동은 일시적으로 긴장과 스트레스를 해소해 주고, 현재의 자아가 체제를 유지하도록 하기 때문에 스트레스로 인한 혼란을 막아주며, 용인되는 것도 있다. 그러나 방어를 위한 반응이 지나쳐 습관화되면 스트레스를 주는 요소가 그대로 누적되어 그것이 새로운 스트레스 유발요인으로 작용하여 심각한 부적응의 원인이 된다. 이러한 방어기제는 기만형, 대체형, 도피형의 기제 등 3가지의 범주로 나눈다(방선욱 외, 2003; 원호택 외, 1999; 조수환, 2007; 추정선, 2003).

1) 기만형

기만형 방어기제는 자신의 불안이나 위협이 되는 스트레스를 자기의 감정이나 태도를 변경시킴으로써 스스로 그것에 인식을 달리하려는 무의식적 방어기제인 합리화, 억압, 투사 등이다.

(1) 합리화(rationalization)

자아가 경험한 상황이 고통스럽거나 받아들이기 어려운 경우, 사실적인 이유 대신에 그럴 듯한 이유를 찾는 것을 합리화라고 한다. 예를 들어, 이솝 우화에 보면 목마른 여우가 길을 가다가 포도를 발견하고는 따먹으려고 갖은 방법을 시도하다가 도저히 딸 수가 없자 그동안 노력을 기울인 것이 창피하기도 하고 그것을 딸 능력이 없다는 것을 스스로 인정하기가 싫기 때문에 "신포도이기 때문에 따봐야 먹을 수가 없다."고 선언을 하고 길을 간다는 일화가 있다.

(2) 억압(repression)

고통스러운 감정이나 경험을 봉쇄하기 위하여 가장 흔히 사용되는 기제가 억압이다. 억압은 망각의 한 형태라고 할 수 있다. 억압의 극단적인 한 형태가 기억상실증(amnesia)이다. 억압된 불안과 비합리적인 행동을 유발하는 원인이다. 또한 억압은 억제(suppression)와는 다르다. 억제란 의도적으로 충동적인 행동이나 충동을 저지하는 능력을 말한다. 즉, 어떤 일에 몰두하기 위하여 고통스런 기억을 일시적으로 보류해 두는 것과 같은 식이다. 억제된 생각은 개인이 알고 있으나 억압된 충동이나 기억은 알 수 없는 경우가 많다.

(3) 투사(projection)

인정하고 싶지 않은 감정이나 소망, 태도, 성격 특징이 자신에게 속한 것이 아닌, 다른 사람에게 속한 것이라고 지각하게 된다. 즉, 자신의 감정이나 소망이 견디기 어려운 고통스런 감정을 불러일으키는 경우 이러한 감정이나 소망이 자아 밖에 존재하는 것으로 생각한다. 따라서 비난하거나 경멸할 만한 특징을 개인 자신이 소유하고 있음을 깨닫지 못하게 된다. 이러한 투사기제를 사용하는 경우, 다른 사람의 무의식에 지나치게 민감하게 되고, 편견, 부당한 의심이나 경계, 오해 그리고 남에게로의 책임전가, 현실왜곡이 나타나게 된다. 이와 같이 투사는 정신증 상태에서, 특히 망상증후군에서 발견되며, 또한 정상상태에서도 널리 사용되는 기제이다.

2) 대체형

인간은 욕구충족 과정에서 장애가 나타날 때 스트레스를 경험하게 되며, 아울러 달성할 수 있는 다른 목표를 설정하여 그것을 달성하므로 스트레스를 해소하는 기제이며, 보상, 치환, 반동형성, 승화, 주지화 등이 있다.

(1) 보상(compensation)

어떤 일에 실패했다든가 자신에게 약점이 있을 경우, 이를 극복하기 위해서 다른 특성을 강조하는 것을 말한다. 예를 들어, 학업성적이 열등하여 운동이나 다른 활동을 대신하여 만족을 추구하거나 스트레스를 해소시키려는 경우나, 자기의 무식을 자녀의 교육을 통하여 대신하려는 경우가 모두 이러한 보상 행위에 속한다.

(2) 치환(substitution)

바라던 목표에서 대용의 목표로 에너지를 전환시킴으로써 스트레스를 해소시키고자 하는 적응양식이다. 혹자는 이를 전이된 보상이라 부르기도 한다. 세발자전거를 갖고 싶어 하던 욕구가 좌절되면 장난감 자전거를 갖고 만족해한다든지 상사에게 꾸중을 들은 사람이 부하 직원에게 화풀이를 하는 등의 기제가 여기에 속한다.

(3) 반동형성(reaction formation)

자기에게 불안을 주고 위협이 되는 상황에서 벗어나기 위하여 그와는 반대되는 태도나 행동양식을 과장하여 그것을 방패삼으려는 기제이다. 가령 자기의 성적 충동을 그대로 나타낼 수 없는 것이어서 반대로 성에 대해 극히 혐오를 나타낸다거나, 계모가 전처의 소생을 사랑하지 않으려 하나 그럴 수가 없어서 친자식 이상으로 돌보게 되는 경우가 이러한 기제에 속한다.

(4) 승화(sublimation)

당초에 목표나 욕구 에너지를 사회적으로 용인된 다른 목표나 욕구로 충족시킴으로써 긴장이나 스트레스를 해소시키려는 심리적 기제이다. 프로이트는 승화란 리비도가 사회적으로 수용될 수 있는 출구로 방향이 변경되는 무의식적 과정이라고 하면서 예술적 작품은 이렇게 승화된 예가 되는 것으로 간주하였다. 즉, 무의식적 성적 욕구를 사회적으로 받아들여질 수 있는 보다 보람 있고 바람직한 행동양식으로 대치하여 간접적으로 만족하고 있는 것으로 보인다. 성적 욕구만이 아니라 공격성 따위도 그렇게 전환시켜 긴장이나 불안을 해소시킬 수 있다.

(5) 주지화(intellectualization)

인지적 과정을 통하여 자기의 불안이나 스트레스를 해소시키려는 노력이다. 가령 지능이나 교육 수준이 높은 사람들은 궤변이나 분석적 사고를 통하여 불안이나 스트레스에 대처하려 드는 경우가 있다.

3) 도피형

현실에서 도피함으로써 만족을 얻거나 스트레스를 해결하려는 기제들로서 공상, 퇴행, 동일시, 현실부정, 히스테리 등이 여기에 속한다.

(1) 공상(fantasy)

좌절된 욕구 충족을 비현실, 즉 상상의 세계에서 충족하려는 기제이다. 흔히 백일몽이라고 하는데, 현실에서 도피함으로써 만족을 구하는 것이다. 이러한 공상의 기제에는 지식, 지위, 명예 따위를 상상적으로 얻는 승리의 주인공으로 미화시켜 자기실현, 우월감, 지배성을 나타내는 형태가 있는가 하면 비극의 주인공으로 고난과 핍박을 과대시하여 자기 자신의 존재 가치나 중요성을 돋보이게 하려는 기제이다.

(2) 퇴행(regression)

보다 원시적이고 유치했던 이전의 수준으로 돌아가는 반응으로 스트레스를 해소시키려는 노력을 말한다. 즉, 유아나 원시적인 감정과 사고, 태도로의 복귀인 것이다. 노신사가 친구들과 어울려 중학생처럼 떠들고 행동하는 따위가 이에 해당하는 예가 된다.

(3) 동일시(identification)

자신보다 훨씬 훌륭하다고 인정되는 어떤 개인이나 집단과 강한 정서적 유대를 형성함으로써 만족을 추구하거나 스트레스를 해결하려는 심리적 기제이다. 가령 자기가 존경하는 사람의 옷차림, 머리 모양 혹은 여러 가지 행동양식을 구하며 자기의 가치를 확대시킴으로써 약점이나 결함 혹은 스트레스를 완화시키려는 따위가 그것이다.

(4) 현실부정(denial)

불쾌하고 위협이 되는 현실이나 스트레스에 대한 기각을 거부함으로써 자아를 지키려는 심리적 기제로서 두 가지의 유형이 있다. 하나는 유입되는 정보를 의도적으로 거부하는 형태이며, 또 다른 하나는 그 정보를 받아들이되 타당하지 않은 정보로 의식화하여 처리해 버린다.

(5) 히스테리(hysteria)

불안, 위협, 스트레스를 신체적인 증상을 통하여 해소시키려는 기제이다. 즉, 신체적으로는 이상이 없지만 하나의 증상으로 나타냄으로써 그것을 해소시켜 보려는 도피기제이다.

7 직장에서의 인간관계

'인간은 사회적 동물이다'라고 말하듯이 인간은 어떤 집단에 소속되어 살게 된다. 이 소속된 집단 속에서 인간 대 인간 사이에서 일어나는 여러 가지 관계, 즉 인간과 인간 사이에 존재하는 상태를 말한다(최민, 2005). 그것은 사람과의 화합을 원만하게 할 수 있을까 하는 것을 의미하며, 타인과의 관계를 더욱 좋게 유지하기 위한 모든 내용을 인간관계라 하고 이를 소극적인 의미라 한다. 적극적인 의미로는 일정한 집단의 협동관계를 구축하는 방법, 기술, 관점으로 볼 수 있다.

1) 조직체와 직장

사회나 단체, 관공서 등의 조직체는 일정목표를 달성하기 위해 만들어진 하나의 시스템이다. 목표가 회사라면 이윤의 확보, 관공서라면 공공이익 봉사이고 사람, 사물, 화재보험, 정보를 사용하여 그 달성을 완수하는 것이다. 일반적으로 직장이라고 하면, 한 개의 회사나 관공서 전체를 가리키는 경우와 부(部)와 과(課) 등의 단위 조직의 어느 범위를 가리키는 경우가 있다. 물론 인간관계라는 말은 개인과 개인, 개인과 집단, 집단과 집단 간의 각종 관계의 총칭을 의미한다고 한다면 거래선 등 다른 조직체의 종업원과의 관계도 '직장의 인간관계'에 포함한다.

2) 직장조직 단위의 성격

직장의 세부조직은 업무목표를 달성하는 단위조직이며 특성의 업무가 할당되어 있다. 이 업무는 책임의 정도와 업무의 종류에 따라 개별적인 직원에게 배분된다. 따라서 직장은 업무 모임인 동시에 인간의 집합이기도 한 성격을 가진다. 여러 개성을 가진 인간이 협력하여 여러 업무를 행하고 감정이나 욕구의 상태도 여러 가지다. 이러한 다양한 인간이 공동의 목표를 위해 활동하는 과정에서는 문제가 일어나는 것은 불가피한 문제를 집단의식, '나는 곧 회사다' 하는 일체감, 참가의식 등으로 해결한다.

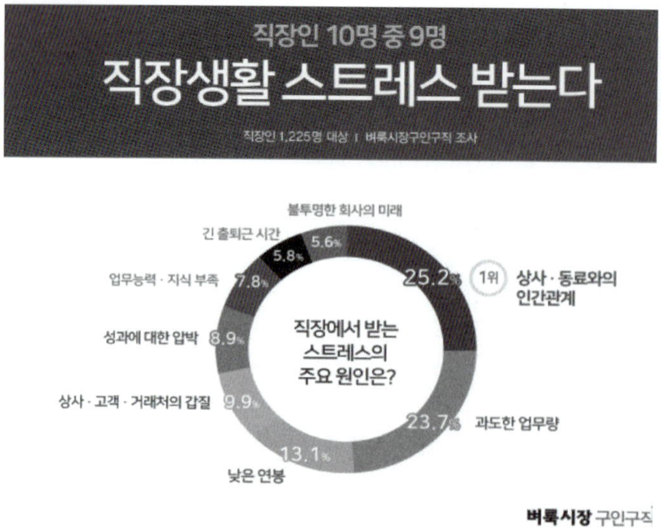

출처: 벼룩시장구인구직(2020.7.2.), https://www.newswire.co.kr/newsRead.php?no=907209

3) 비공식집단

모든 조직에서 조직도상에 나타는 공식조직만 존재하는 것이 아니라 직장에서는 관리조직체상의 조직에 없는 비공식조직, 즉 자연발생적으로 생기기도 하고 없어지기도 하는 집단을 비공식집단이라 한다. 공식집단은 조직상의 직제(부장, 과장, 계원 등)와 권한배분에 의한 집단(○○부서)을 말한다. 비공식집단은 조직상의 집단과의 관계없이 취미나 지역, 학연, 성격의 이유로 이루어지는 직장에서 무시할 수 없는 집단이다. 따라서 생산성을 높이기 위해서는 종업원의 인간적인 대우와 인간적인 환경개선이나 내심의 만족감, 안정감, 소속감을 줄 수 있는 욕구를 만족시키는 조치를 취하는 것이 특히 중요하다.

4) 상하 간의 수직·수평적 인간관계

(1) 상사와 비서의 인간관계

상사와 비서의 인간관계에서 비서는 상사를 직접, 간접적으로 상사를 보좌하여 상사가 본래의 업무에 전념할 수 있도록 하는 것이 본연의 업무이기 때문에 상사와의 인간관계 성립은 불가결한 것이다. 일반적으로 직장에 있어서 인간관계에는 공식적인 조직계열에 의한 수직의 흐름과 과장과 과장, 계원의 계원들과의 수평의 흐름이 있고 기타에 공식적 그룹의 성원끼리 여러 가지 흐름이 있다. 상사와 비서와의 관계는 업무면에서 지휘, 명령, 복종, 보고를 축으로 하는 수직의 인간관계이다. 이 관계를 원활히 유지시키기 위해서는 상사의 인품, 성격이나 경력, 학력, 사내에서의 위치, 공과 사의 교류관계, 가족 구성, 취미, 인간관, 인생관, 건강 상태 등을 파악하여 머리에 넣어두는 것이다.

비서는 상사에게 자신을 잘 알도록 해야 하며, 상사가 자신을 잘 이해하도록 해야 하고, 인품, 성격의 장·단점을 알려야 하며, 사무능력, 대인관계 처리 능력에 신뢰감 등을 쌓아 상호이해와 신뢰의 관계와 직업의 세계에서는 어려운 면도 있지만 비서와 상사의 인간관계도 의사가 통하는 관계로 하는 것이 하나의 이상이다.

20대여! 꿈이라도 꾸어보자

2009년이 어떤 해가 될 것 같으냐는 질문을 받았지만, 방송 시간이 모두 끝나버린 시간에 켜져 있는 텔레비전 채널처럼 명멸하는 점과 지지직~ 하는 소리만 날 뿐, 아무것도 안 보여서 차마 대답할 말이 없었다. 그도 그럴 것이, 2008년을 살아낸 우리들이 2009년을 어찌 밝게 전망할 수 있을까. 물가와 몸무게를 포함해 싹 다 올라가기만 하는데, 그 중 안 올라가는 건 내 월급뿐이라는 웃지 못할 농담처럼 아직 1월인데도 일어나는 사건 사고들을 보면 또 올 한 해를 어찌 견디나 싶어 덜컥 겁이 먼저 든다.

다만 살아서 견디는 것만이 지상 과제가 된 88만 원 세대에게는 올 한 해가 또 어떤 해가 될까. 어떤 해가 되든, 더 늦기 전에 오늘의 88만 원 세대들은 한번 꿈이라는 것을 꿔 봐야 할 필요가 있을 것 같다. 영악하단 말 듣는 요즘 애들은 사소한 계산, 자잘한 계획을 세우는 데는 무척 강하다. 물건 하나 사는데도 지마켓이니 다나와니 하는 사이트를 두드려 순식간에 몇 백 원 차이까지 척척 가격비교를 해내고, 연봉을 얼마를 올리겠다, 토익 점수를 얼마만큼 올리겠다, 적금을 얼마를 들겠다 그런 계획들은 잘 세우지만, 정작 우리는 그 와중에 '꿈'이란 걸 품어 본 적은 없는 것 같다.

직업을 바꾸어 선생님이 되겠다, 인사고과를 잘 관리해 승진을 하겠다, 올해 안에 천만 원을 모으겠다는 건 구체적 목표일 뿐 꿈이 아니다. 그런 것이 아니라 추상적으로 보일 만큼 커다랗고, 대책 없어 보일 만큼 낭만적인 그런 꿈 말이다. 전쟁 없이 평화로운 세계라든가, 비정규직 없는 세상이라든가, 굶는 아이가 없었으면 좋겠다는 등의, 한 사람이 꾸어서는 아무것도 안 되지만 여러 사람이 품으면 아주 약간이라도 까딱할 수도 있는 그런 초대형의 것으로 올해가 우리 88만 원 세대에게 스케일이 큰 꿈 하나 정도 가슴에 품고 살아가는 한 해가 되었으면 한다. 다시 말하지만 로또가 당첨되었으면 좋겠다, 스피디백(루이비통 가방 인기 모델)을 하나 갖고 싶다 따위는 '꿈'이라고 할 만큼의 것이 못 된다. 이루어지지 않을 것을 알면서도 계속해서 가슴속에 간직하고 끊임없이 꿈꾸는 것, 그리고 그것을 향해 계속해서 나아가는 것, 그게 꿈이다. 어디 미칠 게 그렇게 없어서 20대 보고 재테크에 미치라고 하는 세상, 걱정 말자. 재테크에 미칠 때는 얼마든지 온다. 아니, 미쳐야만 할 때가 곧 오기 싫어도 와 버린다. 밥걱정만 해야 될 때가 곧 온다. 눈 한 번 깜빡하면 스물다섯, 두 번 깜빡하면 이내 서른이다. 그 다음부터는 꿈을 꿔보고 싶어도 그런 것들과는 어쩔 수 없이 격리되어 이 험한 나라에서 조그만 밥그릇 요만큼이라도 채우려 계속해서 싸워야 하기에, 꿈 같은 건 뒷세대에게 조용히 물려주어야 한다. 그게 어른이라는 것이다.

그러나 어쩌면 오늘의 88만 원 세대는 재테크에 미치고 가난한 아빠가 되지 않으려 벌벌 떨다가 꿈이라는 그것에는 손 하나 안 대고 마치 가져 본 적도 없는 것처럼 완전히 새것의, 미개봉 상태로 뒤따라오는 이들에게 고스란히 넘겨주어 버린 최초의 세대가 될지도 모른다. 생각만 해도 슬프고 참담한 일이다. 눈 깜짝할 사이 그때가 오기 전에, 아무것도 확실하게 손에 쥔 것이 없는 지금만 누릴 수 있는 특권을 누리자. 그 대책 없는 꿈은 가소로워 보일 정도로 연약한 힘일지언정, 아주 조금이라도 세상을 바꿀 수 있을지도 모르는 생생한 동력이기도 하다. 세월 더 가기 전에, 제발 꿈을 꾸자. 꿈이라도 꾸어 보자, 88만 원 세대!

– 김현진(http://www.hani.co.kr/arti/SERIES)

Thema 11

이상행동의 이해

학습목표

* 심리적 장애의 정의에 대하여 이해한다.
* 심리적 장애의 종류(불안장애, 우울장애, 신체형장애, 조현병, 급식 및 섭식장애, 성격장애-A·B·C군, 해리성 장애, 물질사용 장애)에 대하여 이해한다.

1 심리적 장애의 정의

청년기의 심리적 부적응이 정상적인(normal) 상태인지 아니면 비정상적인(abnormal) 상태인지를 구분하는 데 사용되는 기준은 매우 중요하다. 이러한 심리적 부적응 혹은 심리적 장애에 대한 정상·비정상적인 판별기준은 학자들마다 다르나 네이비드, 루터스와 그린(Nevid, Rathus & Greene, 1997)은 다음의 6가지 기준을 제시하고 있다. 따라서 간략하게 살펴보면 다음과 같다.

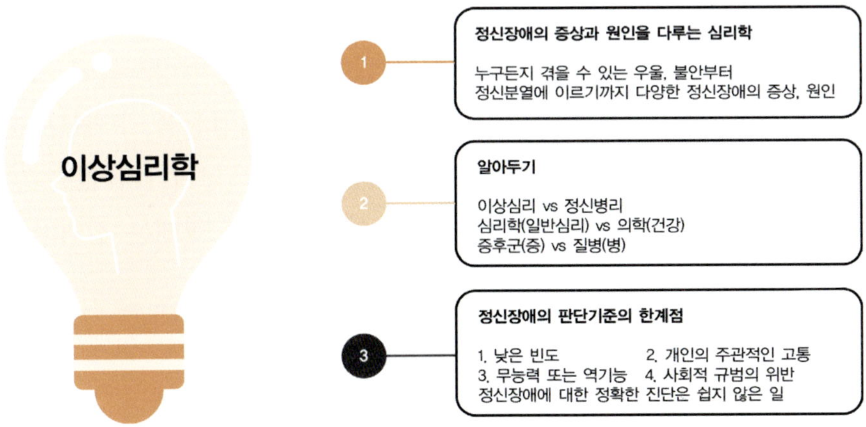

1) 통계적 기준

정상·비정상을 판단할 때 가장 흔히 사용되는 기준으로 개인의 어떤 특성이 비슷한 연령대에 있는 다른 사람들의 평균치에 비해 너무 높거나 낮을 때 이를 정상에서 벗어난 것으로 보는 것이다. 예를 들어, 어떤 사람이 또래집단에 비해 지나치게 소극적이며 겁이 많다든지 혹은 행동이 몹시 공격적이고 난폭할 경우, 이를 비정상으로 간주한다.

2) 사회적 규범

자신이 속한 사회의 규범에 적응하지 못하고 일탈된 행동을 하는 경우를 말한다. 자신이 속한 사회의 법이나 규칙을 어긴다든지, 그 사회나 문화에서 수용되지 않는 부적절한 일탈 행동을 반복하는 사람들의 행동을 비정상으로 간주한다.

3) 사고 능력의 상실

개인의 사고가 지나치게 비현실적이어서 대인관계나 일상생활에 지장을 줄 때 이를 비정상으로 간주한다. 다른 사람들이 듣거나 볼 수 없는 것을 보거나 듣는 환각 경험을 나타낼 경우 혹은 실제로 일어나지 않은 일에 대해 망상적인 추론을 하는 경우와 같이 이러한 사고 형태는 심리장애의 의미 있는 증상으로 해석될 수 있다.

4) 심리적 불편

외면상으로는 특별히 비정상적인 혹은 부적응적인 행동이 관찰되지 않는다. 본인이 느끼는 고통의 정도가 너무 커서 일상생활을 효율적으로 영위하는 데 지장을 준다면 심리적 부적응으로 간주한다. 예를 들어, 시험에 대한 불안이 너무 지나쳐서 학업 수행에 지장을 받는다든지, 다른 사람 앞에서 이야기하는 것에 대한 공포로 정상적인 대인관계를 맺거나 유지할 수 없는 경우, 혹은 우울증으로 인해 삶에 대한 의욕을 상실한 채 비관적으로 생활하는 사람들의 경우에는 개인이 느끼는 고통 자체만으로도 비정상으로 간주한다.

5) 비효율적 행동

매우 실용적인 기준으로, 자신이 속한 사회 속에서 맡은 바 역할과 책임을 다하고 대인관계를 원만히 수행하는 등 생활인으로서 효율적으로 기능하지 못할 경우 이를 부적응 행동으로 규정한다. 예를 들어, 어떤 학생이 갑자기 학교에 가지 않고 친구를 만나지도 않고 방에 틀어 박혀 지낸다면 이런 행동이 부적응적 행동이다.

6) 위험한 행동

개인의 심리적 장애에 대한 정상·비정상의 여부를 판단하는 데는 여러 가지 측면이 고려될 수 있기 때문에 어떤 한 가지 기준만을 가지고 간단하게 정의할 수 없다. 즉, 앞에 제시되어 있는 각각의 기준들은 절대적인 기준이 될 수 없으며, 각 기준의 의미도 문제가 일어나는 상황이나 배경에 따라 다르게 해석될 수 있다.

현재 전 세계적으로 가장 널리 사용되고 있는 심리적 장애진단체계인 DSM-5(Diagnostic and Statistical Manual of Mental Disorders, 5th edition, American Sychiatric Association, 1994/2000)를 중심으로 청년기에 나타나는 대표적인 심리적 장애에 대하여 살펴본다.

2 심리적 장애의 종류

1) 불안장애(anxiety disorders)

불안이란 정서(emotion)의 한 유형으로서, 긴장감이나 두려움 등의 주관적 경험을 주요 특징으로 한다. 그러나 불안은 이와 같은 정서적 반응 외에도 생리적인 반응이나 행동적인 반응을 통해 경험하게 된다. 즉, 심장 박동이 빨라진다거나 손바닥에 땀이 난다든지, 호흡이 가빠지고 혈압이 높아지는 것과 같은 반응은 불안과 함께 경험되는 몇 가지 생리적인 반응이다. 마틴(Martin, 1971)은 성인의 경우 만성적으로 불안한 성인들은 정상적인 성인에 비해 다음과 같은 결과를 제시했다. 첫째, 불안한 사람들은 스트레스에 대해 더 큰 생리적 각성을 보이며, 둘째, 스트레스에 쉽게 대처하지 못하며, 셋째, 정상인과 달리 신속하게 습관화되지 못한다는 것이다. 그러나 이러한 차이의 원인은 유전적 요인에 의한 것인지는 아직 밝혀지지 않고 있다.

(1) 공황장애(panic disorder)

공황장애는 공황발작을 반복적으로 경험하는 장애이며, 전혀 예기치 못한 극심한 두려움이 갑자기 몰려오는 것을 말한다. 공황장애 환자들은 흔히 공황발작 시 죽거나 통제력을 상실하게 될까 봐 두려워하며, 한 번 공황발작을 경험하게 되면 이후 또 다른 공황발작을 경험하게 될까 봐 지속적으로 염려하게 된다. 진단기준 DSM-5의 13개 증상 중 적어도 4개 이상이 나타나야 한다.

그리고 예기치 못한 공황발작이 반복적으로 일어나며, 이후에 발작이 다시 일어나는 것에 대해 지속적으로 걱정하고, 발작 시 나타날 수 있는 가능성(통제력 상실, 이러다가 죽는 게 아닐까 혹은 미치지는 않을까)을 두려워한다.

표 11-1 DSM-5의 공황장애 분류기준

1. 심장박동이 빨라지고 점점 강렬하여 심장박동수가 점점 더 빨라짐
2. 진땀을 흘림
3. 몸이나 손발이 떨림
4. 숨이 가빠지고 막히는 느낌
5. 질식할 것 같은 느낌
6. 가슴의 통증이나 답답함
7. 구토감이나 복부통증이 있음
8. 어지럽고 몽롱해지며 기절할 것 같은 느낌
9. 한기 혹은 열감을 느낌
10. 몸이 감각적으로 마비감이나 찌릿찌릿한 감각을 느낌
11. 비현실감이나 자기 자신과 분리된 듯한 이인감을 느낌
12. 자기통제를 상실하거나 미칠 것 같은 두려움을 느낌
13. 죽을 것 같은 두려움을 느낌

주의점: 이 증상은 갑작스럽게 나타나 10분 이내에 그 증상이 최고조에 도달하여 극심한 공포를 느끼며, 첫 공황발작은 피곤, 흥분, 성행위, 정서적 충격 등을 경험한 후에 나타나는 경향이 있으나, 대부분의 경우 예측하기가 어렵고 갑자기 나타남

(2) 광장 공포증(agoraphobia)

광장 공포증은 즉각적으로 피하기 어려운 장소나 상황에 처하는 것에

대해 두려움을 보이는 장애를 말한다. 즉, 상황에 처해 있다는 데에 대한 불안 혹은 예기치 못한 공황발작이나 공황유사증상이 일어났을 때 도움을 받기 어려운 장소나 상황에 처해 있다든지, 다리 위에 있다든지, 여행을 하는 것 등에 대한 불안을 나타낸다. 그러한 상황을 회피하거나 그 상황 속에서 심한 불안감이나 불편감을 참고 견디거나 동반자를 필요로 한다는 것이다.

(3) 대인 공포증(social phobia)

대인 공포증은 다른 사람을 만나거나 다른 사람들 앞에서 무엇인가를 수행할 때 두려움을 경험하는 장애를 말한다. 즉, 진단기준은 대인관계 상황 혹은 수행 상황에 대하여 뚜렷하고도 지속적인 두려움을 보이며, 본인 스스로 그러한 두려움이 지나치거나 불합리하다는 것을 인식한다. 또한 두려워하는 대인관계 상황 혹은 수행 상황을 회피하려 하거나 심한 불안을 경험한다. 두려워하는 상황에 예기 불안, 상황의 회피, 실제 상황에서의 고통 등으로 인해 직업기능, 학업기능, 사회적 활동 및 일상생활에 상당한 지장을 보인다.

대인 공포증 진단을 받는 사람들 중에는 대인관계 상황과 여러 사람 앞에서 수행 상황 모두에 대해 두려워하는 사람도 있고, 이 중 어느 한 가지 상황만을 두려워하는 사람도 있다.

(4) 특정 공포증(specific phobia)

특정 공포증의 핵심 증상은 특정 대상이나 상황에 대한 현저하고도 지속적인 두려움이다. 따라서 특정 자극에 노출되면 예외 없이 즉각적인 공포 반응이 발생한다. 즉, 동물이나 곤충을 두려워하는 동물형, 천둥이나 폭풍 등 자연 환경을 두려워하는 형, 피를 보거나 주사를 맞거나 신체적 손상을 두려워하는 혈액-주사-손상형, 폐쇄공포증(폐쇄된 공간)이나 고소공포증(높은 장소, 비행기)처럼 특정 상황을 두려워하는 상황형 등이 포함된다.

(5) 강박장애(obsessive-compulsive disorder)

강박장애의 주요증상은 강박관념과 강박행동이다. 강박관념이란 본인도 불합리하다는 것을 알지만, 통제할 수 없는 어떤 생각이 반복적이고 지속적으로 떠오른 것을 말하며, 강박행동이란 강박관념에 대한 반응으로서, 어떤 의식적 행동(손 씻기, 정돈하기, 확인하기, 기도하기, 숫자 세기 등)을 몇 번이고 되풀이하여 반복하려는 억제할 수 없는 충동에 따른 행동을 말한다. 따라서 강박행동은 고통을 예방하거나 감소하고, 두려운 사건이나 상황을 방지하거나 완화하려는 시도로서 나타나며, 강박장애 환자들은 대개 그들의 강박관념이나 행동이 지나치거나 불합리한 것을 인식한다.

2) 우울장애(depressive disorder)

우울증은 흔히 정신적 감기에 비유될 정도로 현대를 살아가는 사람들에게 빈번하게 일어나는 보편적인 현상이다(Rosenhan & Seligman, 1989). 우울증은 특히 청년기에 매우 두드러진 정신 건강 문제로서 미국의 한 대학에서 실시한 조사 연구에 따르면 39%가량의 학생들이 가벼운 우울증을 경험하고 있는 것으로 나타났다(Wong & Whitaker, 1993).

마호니(Mahoney, 1980)는 우울증을 심리장애로 진단하기 위해서는 경험한 스트레스에 비하여 우울증이 지나치게 심하게 나타나는 경우, 우울증을 일으키는 선행사건이 불분명한 경우, 우울 증상이 너무 심해 일상생활에 지장이 있는 경우, 우울 증상이 심한 상태에서 만성화되어 장기간 지속될 경우 등 4가지 기준이 적용된다. 따라서 우울장애는 일반적으로 주요 우울장애와 기분부전장애로 구분하면 다음과 같다.

(1) 주요 우울장애(major depressive disorder)

주요 우울장애의 증상은 정상인에게서 보이는 단순한 우울증상과는 달리 기분이 저조해서 일상생활을 유지하지 못할 정도이고, 식욕을 잃어서 체중이 감소하고 정신적으로 초조하거나 활동이 지체된다. DSM-5에서 제시하고 있는 주요 우울장애의 진단기준은 9개의 증상 중 5개 이상의 증상이 매일 연속적으로 2주간 나타난다.

표 11-2 DSM-5의 주요 우울장애 진단기준

A. 다음의 증상 가운데 5가지 또는 그 이상의 증상이 2주 연속으로 지속되며, 이전의 기능 상태와 비교할 때 변화를 보이는 경우 증상 가운데 적어도 하나는 (1) 우울 기분이거나 (2) 흥미나 즐거움의 상실이어야 한다.

주의점: 명백한 다른 의학적 상태로 인한 증상은 포함되지 않아야 한다.

1. 하루 중 대부분 그리고 거의 매일 지속되는 우울 기분에 대해 주관적으로 보고(예: 슬픔, 공허함 또는 절망감)하거나 객관적으로 관찰됨(예: 눈물흘림)

주의점: 아동 청소년의 경우는 과민한 기분으로 나타나기도 함

2. 거의 매일 하루 중 대부분 또는 모든 일상 활동에 대해 흥미나 즐거움이 뚜렷하게 저하됨
3. 체중 조절을 하고 있지 않은 상태에서 의미 있는 체중의 감소(예: 1개월 동안 5% 이상의 체중 변화)나 증가, 거의 매일 나타나는 식욕의 감소나 증가가 있음

주의점: 아동에서는 체중 증가가 기대치에 미달되는 경우

4. 거의 매일 나타나는 불면이나 과다수면
5. 거의 매일 나타나는 정신운동 초조나 지연(객관적으로 관찰 가능함, 단지 주관적인 좌불안석 또는 처지는 느낌뿐만이 아님)
6. 거의 매일 나타나는 피로나 활력의 상실
7. 거의 매일 무가치감 또는 과도하거나 부적절한 죄책감(망상적일 수도 있는)을 느낌(단순히 병이 있다는데 대한 자책이나 죄책감은 아님)
8. 거의 매일 나타나는 사고력이나 집중력의 감소 또는 우유부단함(주관적인 호소나 객관적인 관찰 가능함)
9. 반복적인 죽음에 대한 생각(단지 죽음에 대한 두려움이 아닌), 구체적인 계획 없이 반복되는 자살 사고 또는 자살시도나 자살수행에 대한 구체적인 계획

B. 증상이 사회적, 직업적 또는 다른 중요한 기능 영역에서 임상적으로 현저한 고통이나 손상을 초래함

C. 삽화가 물질의 생리적 효과나 다른 의학적 상태로 인한 것이 아니다.

주의점: 진단기준 A부터 C까지는 주요우울 삽화를 구성하고 있다.

주의점: 중요한 상실(예: 사별, 재정적 파탄, 자연재해로 인한 상실, 심각한 질병이나 장애)에 대한 반응으로 진단기준 A에 기술된 극도의 슬픔, 상실에 대한 반추, 불면, 식욕저하 그리고 체중의 감소가 나타날 수 있고, 이는 우울 삽화가 유사하다. 비록 그러한 증상이 이해될 만하고 상실에 대해 적절하다고 판단된다 할지라도 정상적인 상실 반응 동안에 주요 우울 삽화가 존재한다면 이는 주의 깊게 다루어야 한다. 이러한 결정을 하기 위해서는 개인의 과거력과 상실의 고통을 표현하는 각 문화적 특징을 근거로 한 임상적인 판단이 필요하다.

D. 주요 우울 삽화가 조현정동장애, 조현병, 조현양상장애, 망상장애, 달리 명시된 또는 명시되지 않는 조현병 스펙트럼 및 기타 정신병적 장애로 더 잘 설명되지 않는다.

E. 조증 삽화 혹은 경조증 삽화가 존재한 적이 없다.

주의점: 조증 유사 혹은 경조증 유사 삽화가 물질로 인한 것이거나, 다른 의학적 상태의 직접적인 생리적 효과로 인한 경우라면 제외 기준을 적용하지 않는다.

주요 우울장애의 발생은 빠르면 아동기 때부터 시작되며, 14세경까지는 그리 높지 않은 발생률을 보이다가 청년 후기나 성인 초기부터 발생률이 증가하기 시작한다(Ruthus & Nevid, 1991). 미국의 경우는 주요 우울장애의 평생 유병률은 성인 5명당 1명(17%)꼴로 발생하는 것으로 보고되고 있으며, 현재 유병률은 20명당 1명씩(5%)으로 보고되고 있다(Blazer, 1994; Kessler, 1994). 우리나라 사람들의 우울증 유병률이 5.4~5.9%로 나타났으며, 남자보다 여자에게서 더 많이 발생한다.

(2) 기분 부전 장애(dysthymic disorder)

주요 우울장애는 증상이 매우 심하고 한정된 기간에 나타나는데 비해, 기분 부전 장애는 증상의 정도는 심하지 않지만 장기간 동안 만성적으로 지속되는 경우가 있다. 이런 경우를 DSM-5에서 기분 부전 장애로 진단한다.

적어도 2년 동안 우울한 기분을 느끼는 것을 진단기준으로 하며, 대개 아동이나 청소년기에 시작되는 것이 보통이다(Klein, 1998).

기분 부전 장애 환자들은 지속적으로 고통을 호소하는 경향을 보이므로 주위 사람들에게는 불평이 많고 늘 힘들어하는 사람으로 보이기 쉽다. 이들은 직장이나 사회생활에서 어려움을 겪기도 하며, 자살을 생각하기도 한다.

(3) 조울증(manic-depression)

조울증은 양극성 장애(bipolar disorder)라고도 하며, 정서 상태가 울상태(depressive type)와 조상태(manic type) 양극을 이동하며 사고와 행동이 변하는 양극성 장애이다. 조증상태는 우울증과는 반대되는 행동이며, 경조증 상태에서는 기분이 상쾌하고 정력적으로 활동하며 열정적이고 자신감에 차 있다. 또한 조증상태가 심할 경우 과도하게 흥분하고 혼란스럽게 행동하며 무절제하고 수치감 없는 행동을 보인다. 계속 움직이고 소리 지르며 이를 제지하는 사람에게 분노하거나 욕설을 한다.

과대망상을 하거나 두서없이 이야기를 하는 등 의상분일(flight of idea) 상태가 나타난다. 조증상태는 결국 우울상태로 전환되는 경우가 대부분이다.

3) 신체형장애(somatoform disorders)

신체형장애란 신체 의학적 조건으로 충분히 설명되지 않는 신체적 증상을 나타내는 심리적 장애로서 전환장애(conversion disorder), 건강 염려증(hypo-chondriasis), 신체화 장애(somatization disorder) 등이 속한다. 따라서 신체형장애의 하위유형의 특성은 다음과 같다.

(1) 전환장애(conversion disorder)

전환장애란 심리적인 갈등이나 압박이 신체 기능에 변화를 가져오는 경우이며, 대개 이러한 증상에 대한 의학적 증거를 찾기는 어렵다. 전환장애는 주로 감각 기관이나 운동 기관의 장애이며, 신체적 원인 없이 갑자기 볼 수 없게 되거나 팔다리가 마비되어 걸을 수 없게 되는 것이다. 때로는 손발에 경련을 일으키고 손발이 뒤틀리기도 한다. 따라서 전환장애의 진단기준은 표 11-3과 같다.

표 11-3 DSM-5의 전환장애 진단기준

A. 하나 또는 그 이상의 변화된 수의적 운동이나 감각 기능의 증상이 있다.
B. 임상 소견이 증상과 인정된 신경학적 혹은 의학적 상태의 불일치에 대한 증거를 제공한다.
C. 증상이나 결함이 다른 의학적 상태 또는 정신질환으로 더 잘 설명되지 않는다.
D. 증상이나 결함이 사회적, 직업적, 다른 중요한 기능 영역에서 임상적으로 현저한 고통이나 손상을 초래하거나, 의학적 평가가 필요하다.

증상 유형을 명시할 것:
- 쇠약감이나 마비 동반
- 이상운동 동반(예: 떨림, 근육긴장이상, 간대성 근경련, 보행장애)
- 삼키지 못하는 증상 동반
- 언어 증상 동반(예: 발성곤란, 불분명한 언어)
- 발작 동반
- 무감각증이나 감각 손실 동반
- 특정 감각 증상 동반(예: 시각, 후각, 청력 장애)
- 혼합증상 동반

다음의 경우 명시할 것:
급성삽화: 증상이 6개월 이하로 존재할 때
지속성: 증상이 6개월이나 그 이상 지속될 때

다음의 경우 명시할 것:
심리적 스트레스 요인을 동반하는 경우(스트레스 요인을 명시할 것)
심리적 스트레스 요인을 동반하지 않는 경우

전환장애의 발병 연령은 일반적으로 10대 이후이며, 청년기에서 성년 초기까지의 연령층에서 자주 발생하는 것으로 보고되고 있다. 전환장애로 정신과에 입원하는 환자들은 대개 2주 내에 증상이 회복되지만, 1년 내에 재발되는 경우가 20~25%에 이른다(원호택, 1997).

(2) 질병불안장애(illness anxiety disorder)

질병불안장애란 자신의 신체 기능에 대하여 지나치게 염려하거나 사소한 증상을 과장해서 걱정하는 것을 주요 증상으로 하는 신체형장애이다. 즉 이러한 증상의 환자들은 암이나 심장병과 같은 심각한 질병에 기인할지도 모른다는 두려움을 갖고 있으나, 실제로 증상에 대한 의학적 증거를 찾기는 어렵다. 이와 같은 두려움은 의학적 검진을 받아본 후에도 지속되는 경우가 많다.

건강 염려증은 남녀에게서 모두 비슷한 비율로 발생하며, 20대와 30대 사이에 가장 빈번히 발생하는 것으로 보고되고 있다(Nevid, Rathus & Greene, 1997). 최근에 의하면 건강염려증 환자들은 주요 우울장애나 불안장애와 같은 다른 심리적 장애를 경험한다(Barsky, 1992; Noyes, 1993).

표 11-4 질병불안장애 진단기준

A. 심각한 질병에 걸려 있거나 걸리는 것에 대해 몰두한다.
B. 신체증상들이 나타나지 않거나 신체증상이 있더라도 단지 경미한 정도다. 다른 의학적 상태가 나타나거나 의학적 상태가 악화될 위험(예: 강한 가족력이 있음)이 클 경우 병에 대한 몰두가 분명히 지나치거나 부적절하다.
C. 건강에 대한 높은 수준의 불안이 있으며, 건강 상태에 대해 쉽게 경각심을 가진다.
D. 지나친 건강 관련 행동(예: 반복적으로 질병의 신체 징후를 확인)을 보이거나 순응도가 떨어지는 회피행동(예: 의사 예약과 병원을 회피함)을 보인다.
E. 질병에 대한 집착은 적어도 6개월 이상 지속되지만, 그 기간 동안 두려움을 느끼는 구체적인 질병은 변화할 수 있다.
F. 질병에 대해 집착하는 것이 다른 정신질환, 즉 신체증상장애, 공황장애, 범불안장애, 신체이형장애, 강박장애, 신체형 망상장애 등으로 더 잘 설명되지 않는다.

다음 중 하나를 명시할 것:
진료추구형: 왕진 또는 검사와 시술을 진행하는 것을 포함하여 의학적 치료를 자주 이용한다.
진료회피형: 의학적 치료를 거의 이용하지 않는다.

(3) 신체화 장애(somatization disorder)

신체화 장애의 여러 가지 증상(소화기 장애, 두통, 요통, 생리통, 성적 기능의 장애)을 반복적으로 호소하는 장애이다. 즉, 대개 30세 이전에(주로 10대에) 발병하여 수년간 지속되는 장애이다. 신체화 장애환자들은 지속되는 신체적 증상으로 인해 자신에게 주어진 사회적 및 직업상의 역할을 수행하는 데 지장을 준다. 신체화 장애 환자의 95%가 의사의 진료를 받은 적이 있으며, 45%는 병원에 입원한 적이 있는 것으로 보고된다(Nevid, 1997).

신체화 장애 환자들은 다른 정신과적 장애를 경험하였거나 현재 경험하고 있는 경우가 많은데, 그 중 65%는 공포증, 55%는 우울증을 경험한다.

표 11-5 신체증상장애의 진단기준

A. 현저한 스트레스와 관련된 한 개 이상의 신체적 증상과 일상생활의 지장
B. 과도한 생각, 감정, 행동
  1. 증상에 대한 치우친, 지속적인 생각들
  2. 건강과 증상에 대한 높은 불안의 지속
  3. 증상과 건강 염려에 대한 과도한 시간, 에너지 투자
C. 신체적 증상이 현재에도 지속되지 않더라도 6개월 이상 증상이 지속되어온 경우
  주의점: 통증이 주가 되어야 하며, 6개월 이상 지속되어야 함
  주의점: 경도는 기준 B 중 한 개, 중등도는 기준 B 중 2개 이상, 고도는 기준 B 중 2개 이상 그리고 여러 개의 증상 혹은 심각한 1개의 증상

4) 조현병(schizophrenia)

조현병은 정신병(psychosis)으로 알려진 심리장애 중 가장 대표적인 장애이며, 치료 면에서 가장 심각한 장애이다. 조현병이란 지각, 사고, 의식의 변화를 포함하는 장애로서 정신병 환자는 자신이나 현실에 대해 비합리적이며 부적절한 추론을 하고 이를 실제라고 믿는다.

조현병은 인지, 정서, 행동 등 심리과정의 전 영역에 걸쳐서 심각한 결함을 나타내는 조현병에서는 무엇보다도 사고의 장애가 뚜렷하고, 많은 환자들이 주의 집중의 어려움을 호소한다. 또한 조현병이 나타나는 양상은 환자마다 다르기 때문에 조현병의 증상적 특징을 나타내는 단일 행동 유형을 제시하기 어렵다. 따라서 DSM-5의 조현병 진단기준은 표 11-6와 같다.

표 11-6 DSM-5의 조현병 진단기준

A. 다음 증상 중 2가지(혹은 그 이상)가 1개월(성공적으로 치료가 되면 그 이하)의 기간의 상당 부분의 시간에 존재하고, 이들 중 최소한 하나는 (1), (2), (3)이어야 한다.
   1. 망상
   2. 환각
   3. 와해된 언어(예: 빈번한 탈선 혹은 지리멸렬)
   4. 극도로 와해된 또는 긴장성 행동
   5. 음성 증상(즉, 감퇴된 감정표현 혹은 무의욕증)

B. 장해의 발병 이래 상당 부분의 시간 동안 일, 대인관계 혹은 자기관리 같은 주요 영역의 한 가지 이상에서 가능 수준이 발병 전 성취된 수준 이하로 현저하게 저하된다(혹은 아동기 또는 청소년기에 발병하는 경우, 기대 수준의 대인관계적 · 학문적 · 직업적 기능을 성취하지 못함).

C. 장해의 지속적 징후가 최소 6개월 동안 계속된다. 이러한 6개월의 기간은 진단기준 A에 해당하는 증상(즉, 활성기 증상)이 있는 최소 1개월(성공적으로 치료되면 그 이하)을 포함해야 하고, 전구기 증상이나 잔류기 증상의 기간을 포함할 수 있다. 이러한 전구기나 잔류기 동안 장해의 징후는 단지 음성 증상으로 나타나거나, 진단기준 A에 열거된 증상의 2가지 이상이 약화된 형태(예: 이상한 믿음, 흔치 않은 지각 경험)로 나타날 수 있다.

D. 조현정동장애와 정신병적 양상을 동반한 우울 또는 양극성 장애는 배제된다. 왜냐하면 ① 주요 우울 또는 조증 삽화가 활성기 증상과 동시에 일어나지 않기 때문이거나, ② 기분 삽화가 활성기 증상 동안 일어난다고 해도 병의 활성기 및 잔류기 전체 지속기간의 일부에만 존재하기 때문이다.

E. 장해가 물질(예: 남용약물, 약물치료)의 생리적 영향이나 다른 의학적 상태로 인한 것이 아니다.

F. 자폐스펙트럼장애나 아동기 발병 의사소통장애의 병력이 있는 경우, 조현병의 추가 진단은 조현병의 다른 필요 증상에 더하여 또렷한 망상이나 환각이 최소 1개월(성공적으로 치료되면 그 이하) 동안 있을 때에만 내려진다.

(1) 정신분열증의 주요 하위유형

국제질병분류(ICD-10: International Classification of Disease)에서는 정신분열증 환자가 나타내는 주요한 증상에 따라 편집형, 파괴형, 긴장형, 미분화형, 정신분열증 후의 우울증, 잔류형, 단순형 등의 하위유형들을 간략하게 살펴본다(추정선, 2005).

❶ 편집형(paranoid type)

피해망상, 과대망상과 같은 망상과 환청이 가장 특징적인 증상이며, 주로 사건의 해석 착오에서 생긴다. 망상은 주로 관계 망상 그 밖의 각종 피해망상이 흔하나 과대망상도 드물지 않고 건강 염려증 망상, 각종 우울 망상, 애정 망상도 보인다. 사회와 단절이 시작되고 외부적 사건이 특별하게 자기 자신과 개인적 관계가 있다고 믿기 시작한다. 라디오 방송을 듣고는 그 안에 특별히 자기를 겨냥한 위장된 메시지가 들어 있다고 확신한다. 이런 그릇된 신념인 망상 등이 이에 해당된다.

편집형 정신분열증은 사회적 스트레스와 관련하여 단기간에 증상이 발전하는 장애로 나타날 수 있다. 다른 유형에 비해 지능의 저하 퇴행적 감정 반응, 인격의 황폐화가 비교적 적으며 예후가 양호한 편이라고 진단한다.

❷ 파과형(hebephrenic type)

사고와 부조화가 주 증상이며 성격의 황폐화가 가장 심하게 나타나는 것이 특징이다. 초기 청년기에 서서히 발병한다. 즉, 초기에는 주의 집중이 잘 안 되며 학교 성적이 부진한 원인을 과로, 신체장애 탓으로 보기 때문에 건강 염려성 파과증이라고 한다.

사고는 산만하고, 꿈꾸듯 하며 사이비철학이나 과학에 관심이 많으며, 주위 상황에 조화롭지 않은 웃음을 보이면서 초기에는 정동반응이 아주 부적절하고 예측할 수 없는 정동을 보이나 조용해지기도 한다. 행동은 의욕을 잃고 꿈속에 있는 것 같은 반응을 보이는 것으로 보고되고 있다(강봉규, 1993). 사고와 감정의 혼란, 연상 작용의 와해, 인격의 황폐화 및 퇴행이 가장 심하다. 원시적이고 조직화되지 않은 말이나 행동을 특징으로 하며, 부적절한 감정 반응이 두드러지며, 현실과의 접촉에 문제를 보이며, 환각을 나타내는 특징이 있다.

❸ 긴장형(catatonic type)

긴장한 자세로 오랜 시간 움직이지 않는 강직증이나 부동증이 특징적이며, 15~25세경에 호발하며 정신적 외상(psychic trauma) 후 급성으로 발생한다. 흔히 장시간 동안 부적절하고 괴기한 자세를 취하며, 몇 시간씩 계속해서 그 자세를 유지하기도 한다. 긴장형 정신분열증 환자에게서 혼미와 흥분상태가 단독으로 또는 교대로 나타난다. 혼미상태가 더 흔하며, 이때는 일시적인 운동중단에서부터 장시간의 부동상태(catalepsy)의 긴장증상을 보인다. 흥분상태에서는 강한 긴장을 보이고 잠시도 쉬지 않고 안절부절 못 하며 난폭한 행동을 한다. 심할 경우에는 수면을 취하지 않으며, 자해를 하기도 학고, 고열을 동반하여, 식사도 거부하여 결국 탈진하여 사망하는 경우도 있다.

❹ 미분화형(undifferentiated type)

감별 불능형이라고도 부른다. 정신분열증의 첫 번째 진단기준(A)형에 해당되어 정신분열증 장애의 활동기의 특징적인 증상들을 보이지만 망상형, 혼란형, 긴장형 세 하위유형 중 어떤 준거에도 맞지 않는다면 미분화형 정신분열증 장애로 진단한다.

❺ 잔류형(residual type)

정신분열증의 증상이 뚜렷하지 않은 경우를 말한다. 즉, 이전에 정신분열증 장애의 진단기준에 해당되었지만 현재 뚜렷한 양성 증상이 없고, 음성 증상은 계속해서 존재하거나 특이한 행동이나 괴기한 신념 등 극히 경미한 잔류성 양성 증상이 계속 존재하는 것으로 진단된다. 잔류형의 경과는 한시적이며, 장애의 활성기와 회복기 사이의 과도기적 단계로 보고 있다.

5) 급식 및 섭식장애(feeding and eating disorders)

식습관은 아동기에서 청년기에 이르는 발달 과정 동안 매우 중요한 영향을 미친다. 식습관은 단지 신체적 건강에만 영향을 미치는 것이 아니라 개인의 심리적 및 사회적 적응과도 밀접한 관련이 있기 때문에 중요하게 다루어져야 할 장애이다.

DSM-5의 급식 및 섭식장애의 대표적인 신경성 식욕부진증(anorezia nervosa)과 신경성 폭식증(bulimia nervosa)으로 대표되는 섭식장애는 대개 청년기에 시작되는 경우가 많으며, 서로 밀접한 관련을 갖는다.

(1) 신경성 식욕부진증(anorexia nervosa)

신경성 식욕부진증은 식용을 상실하지 않았는데도 불구하고 자신의 체중을 최소화하기 위하여 불필요하게 음식 섭취를 거부하는 심리적 장애이다. 보통 12~18세 사이에 발생하는 경우가 많다. 체중감소는 신경성 식욕부진증의 눈에 띄는 특징 중의 하나이다. 사실 가장 두드러진 특징은 비만에 대한 공포이다. 신경성 식욕부진증 환자들은 대부분 자신의 체중에 대해 실제 체중보다 높게 지각하는 경향이 있다고 한다. 따라서 다른 사람이 보기에는 말라 보이는 경우에도 신경성 식욕부진증 환자들은 자신이 살이 쪘다고 지각한다. 여러 가지 합병증을 유발시킬 수 있는데, 심할 경우는 빈혈이 일어나며, 피부가 건조해지고 갈라지며, 머릿결이 지나치게 가늘어지며 혹은 색소 침착과 같은 피부 문제를 경험한다. 신장 기능의 약화, 저혈압, 현기증, 졸도, 소화계 질환, 월경 불순, 근육 약화, 골다공증 등도 자주 나타나는 증상이다.

표 11-7 신경성 식욕부진증 진단기준

A. 필요한 양에 비해 지나친 음식물 섭취 제한으로 연령, 성별, 발달 과정 및 신체적인 건강 수준에 비해 현저하게 저체중을 유발하게 된다. 현저한 저체중은 최소한의 정산 수준보다 체중이 덜 나가는 것으로 정의되며, 아동과 청소년의 경우 해당 발달단계에서 기대되는 최소한의 체중보다 체중이 적게 나가는 것을 의미한다.
B. 제중 증가나 비만에 대한 극심한 두려움, 또는 현저한 저체중 상태임에도 불구하고 체중 증가를 저해하는 지속적인 행동.
C. 기대되는 개인의 체중이나 체형을 경험하는 방식에서의 장해, 자기평가에서 체중과 체형에 대한 지나친 압박, 혹은 현재의 저체중에 대한 심각성에 대한 지속적 인식 결여가 있다.

부호화 시 주의점: ICP-9-CM에서의 신경성 식욕부진증의 부호는 307.1이며, 아형이 나눠지지 않는다. ICP-10-CM에서는 다음의 아형에 따른다.

다음 중 하나를 명시할 것:
- (F50.01) 제한형: 지난 3개월 동안, 폭식 혹은 제거 행동(즉, 스스로 구토를 유도하거나 하제, 이뇨제, 관장제를 오용하는 것)이 반복적으로 나타나지 않는다. 해당 아형은 저체중이 주로 체중관리, 단식 및 과도한 운동을 통해 유발된 경우를 말한다.
- (F50.02) 폭식/제거형: 지난 3개월 동안, 폭식 혹은 제거 행동(즉, 스스로 구토를 유도하거나 하제, 이뇨제, 관장제를 오용하는 것)이 반복적으로 나타났다.

다음의 경우 명시할 것:
- 부분 관해 상태: 이전의 신경성 식욕부진증의 진단을 모두 만족한 후 진단기준 A(체중 감소)가 삽화 기간에 나타나지 않았으나, 진단기준 B(체중 증가 혹은 비만이 되는 것에 대한 극심한 두려움 혹은 체중 증가를 막기 위한 행동) 혹은 진단기준 C(체중과 체형에 대한 자기지각의 장애)가 지속되고 있는 경우를 말한다.

신경성 식욕부진증
- 완전 관해 상태: 이전의 신경성 식욕부진증의 진단을 모두 만족한 후 삽화 기간에 진단기준에 해당되는 행동이 아무것도 나타나지 않는다.

현재의 심각도를 명시할 것:
- 성인의 경우, 심각도의 최저 수준은 현재의 체질량 지수(body mass index, BMI)를 기준으로 한다(다음을 참조할 것). 아동/청소년의 경우, BMI 백분위수를 기준으로 한다. 다음의 범위는 세계보건기구(WHO)에서 제공하는 성인의 마른 정도의 범주에 따른다. 아동/청소년의 경우, BMI 백분위수에 해당하는 기준을 사용한다. 심각도의 수준은 임상 증상, 기능적 장애 정도, 그리고 관리의 필요성을 반영하여 증가될 수도 있다.

경도: BMI $\geq$ 17kg/m^2
중등도: BMI 16~16.99kg/m^2
고도: BMI 15~15.99kg/m^2
극도: BMI $<$ 15kg/m^2

(2) 신경성 폭식증(bulimia nervosa)

신경성 폭식증은 많은 양의 음식을 한꺼번에 섭취하고 체중 증가를 막기 위해 부적절한 행동을 반복적으로 나타내는 심리장애이다. 체중 증가를 막기 위해 폭식증 환자들이 가장 애용하는 두 가지 방법은 구토와 지사제를 사용한다(Tobin, 1992). 신경성 식욕부진증 환자들은 대개 마른 상태를 보이나, 신경성 폭식증 환자들은 정상인데 비해 음식이나 체중에 대해 훨씬 많은 생각을 하며, 폭식증이 발생하기 전에 과체중을 보이는 경향이 있다(Fairburn, 1995; Nevid, 1997).

표 11-8 신경성 폭식증 진단기준

A. 반복되는 폭식 삽화. 폭식 삽화는 다음 2가지로 특징지어진다.
  1. 일정 시간 동안(예: 2시간 이내) 대부분의 사람이 유사한 상황에서 동일한 시간 동안 먹는 것보다 확실히 많은 양의 음식을 먹음
  2. 삽화 중에 먹는 것에 대한 조절능력의 상실감을 느낌(예: 먹는 것을 멈출 수 없거나, 무엇을 혹은 얼마나 많이 먹어야 할 것인지를 조절할 수 없는 느낌)

B. 체중 증가를 막기 위한 반복적이고 부적절한 보상행동(예: 스스로 유도한 구토, 이뇨제, 관장약, 다른 치료약물의 남용, 금욕 혹은 과도한 운동 등)이 나타난다.

C. 폭식과 부적절한 보상행동이 둘 다, 평균적으로 적어도 3개월 동안 일주일에 1회 이상 일어난다.

D. 체형과 체중이 자기평가에 과도하게 영향을 미친다.

E. 장해가 신경성 식욕부진증의 삽화 기간에만 발생하지 않는다.

다음의 경우 명시할 것:
- 부분 관해 상태: 이전에 신경성 폭식증의 진단기준을 전부 만족시켰으며, 현재는 기준의 일부만 부합되는 상태가 유지되고 있다.
- 완전 관해 상태: 이전에 신경성 폭식증의 진단기준을 전부 만족시켰으며, 현재는 어떠한 기준도 만족시키지 않는 상태가 유지되고 있다.

현재의 심각도를 명시할 것:
심각도의 최저 수준은 부적절한 보상행동(다음을 참조할 것)의 빈도를 기반으로 하고 있다. 심각도 수준은 다른 증상 및 장애의 정도를 반영하여 증가할 수 있다.
- 경도: 평균적으로 주단 1~3회의 부적절한 보상행동 삽화가 있다.
- 중등도: 평균적으로 주단 4~7회의 부적절한 보상행동 삽화가 있다.
- 고도: 평균적으로 주단 8~13회의 부적절한 보상행동 삽화가 있다.
- 극도: 평균적으로 주단 14회 이상의 부적절한 보상행동 삽화가 있다.

6) 성격장애(personality disorder)

어린 시절부터 서서히 발전하여 성인기에 개인의 성격으로 굳어진 심리적 특성이 부적응적 양상을 나타내는 경우를 성격장애라고 한다. 따라서 성격장애는 일시적인 적응문제나 특정한 불안, 우울 등 심리적인 문제라기보다 어렸을 때부터 개인의 성격에 뿌리 깊이 내재되어 있는 것이 대부분이다. 그러나 정작 본인은 이런 장애를 가지고 있다는 것을 전혀 모른다.

DSM-5에서는 성격장애를 10가지 하위유형으로 크게 3가지로 분류한다.

(1) A군 성격장애는 사회적으로 고립되어 기이한 성격특성을 나타낸다. 즉, 편집성 성격장애, 조현성(분열성) 성격장애, 조현형(분열형) 성격장애가 있다

❶ 편집성 성격장애(paranoid personality disorder)

이 장애를 지닌 사람은 대인관계를 맺기가 어렵고 주변 사람과 적대적인 관계를 형성하는 경우가 많다. 과도한 의심과 적대감으로 인해 반복적인 불평, 격렬한 논쟁, 냉담하거나 공격적인 행동을 나타낸다. 주위 사람들과 지속적인 갈등을 경험하기 때문에 스트레스를 많이 경험하며, 우울증, 공포증, 강박장애, 알코올 남용과 같은 정신장애를 나타낼 가능성이 높다.

❷ 조현성(분열성) 성격장애(schizoid personality disorder)

타인과의 친밀한 관계형성에 관심이 없고, 감정표현이 부족하여 사회적 적응에 현저한 어려움을 나타내는 성격장애이다. 즉, 타인에 대해 무관심하며, 주로 혼자서 지내는 경우가 많다. 가족을 제외한 극소수의 사람을 제외하고는 관계를 맺는 사람이 없다. 특히, 이성에 관심이 없어서 독신으로 생활하는 경우가 많다.

❸ 조현형(분열형) 성격장애(schizotypal personality disorder)

사회적으로 고립되어 있어서 기이한 생각과 행동을 나타내어 사회적 부적응을 초래하는 성격장애이다. 이는 대인관계의 형성에 심한 어려움을 나타낼 뿐만 아니라 경미한 정신분열증 증상을 동반하는 성격장애로서 과거에 단순형 정신분열증이라고 불렸다. 다른 성격보다 심각한 사회적 부적응을 경험하며, 심한 스트레스를 받으면 일시적으로 정신증적 증상을 나타내기도 한다. 분열성, 편집성, 회피성, 경계선 성격장애의 요소를 함께 지니는 경우가 흔하다.

(2) B군 성격장애는 정서적이고 극적인 성격특성을 나타내는 유형으로 반사회성 성격장애, 연극성 성격장애, 경계선 성격장애, 자기애성 성격장애가 있다

❶ 반사회성 성격장애(antisocial personality disorder)

사회의 규범이나 법을 지키지 않으며 무책임하고 폭력적인 행동을 반복적으로 나타내어 사회적 부적응을 초래한다. 이 성격에 속하는 자들은 사회구성원의 권리를 존중하는 규범이나 법을 무시하고 자신의 쾌락과 이익을 위해서 수단과 방법을 가리지 않는다. 그 결과 폭력, 사기, 절도 같은 범죄행동을 반복하여 구속되는 경우가 많다. 따라서 이 성격장애는 대가족 출신의 남자, 도시의 빈민층, 약물 남용자, 교도소에 수감된 죄수에게 흔하며, 아동기에 주의력결핍과잉행동장애(ADHD)를 나타내거나 혹은 품행장애를 나타낸 경향이다.

❷ 연극성 성격장애(histrionic personality disorder)

타인의 애정과 관심을 끌기 위한 지나친 노력과 과도한 감정표현이며, 이 성격을 지닌 사람은 정서적으로 불안정하며 대인관계의 갈등을 초래한다. 연극성 성격장애자의 마음 깊은 곳에는 다른 사람의 관심을 끌고 그들에게 사랑과 인정을 받고 싶은 강렬한 욕구가 있다. 다른 사람들이 각

별한 관심을 주지 않으면 그들이 자신을 싫어하는 것으로 생각하고 우울하거나 불안해하는 경향이 있다. 관심의 대상이 되는 다른 사람에 대해서는 시기와 질투, 경쟁심, 강한 분노를 느낀다.

❸ 경계선 성격장애(borderline personality disorder)

강렬한 애정과 분노가 교차하는 불안정한 대인관계를 특징적으로 나타내는 성격장애이다. 이러한 증상은 대인관계, 자아상 및 정서의 불안정성과 더불어 심한 충동성이 생활 전반에서 나타나야 한다. 즉, 이러한 것들이 극단적인 심리적 불안으로 나타난다. 가장 두려워하는 것은 타인으로부터 버림받는 것이며 이러한 상황이 예고되는 생각, 감정, 행동에 심한 동요가 일어난다. 예를 들면, 영화 '위험한 정사'에서 연기한 글렌 클로즈(Gleen Close) 여배우가 있다.

❹ 자기애성 성격장애(narcissistic personality disorder)

자기에 대한 과장된 평가로 인한 특권의식을 지니고 타인에게 착취적이거나 오만한 행동을 나타내어 사회적인 부정을 초래한다. 자기애라는 용어는 연못에 비친 자신의 아름다운 얼굴을 너무 사랑하여 연못 속에 몸을 던져 죽었다는 그리스 신화 속의 인물 나르키소서(Narcissus)에서 유래되었다. 즉, 과도한 자기사랑과 자기도취로 인해 사회적 부적응을 초래하는 장애이다.

(3) C군 성격장애는 불안하고 두려움을 많이 느끼는 특성을 지니고 있으며, 강박성 성격장애, 의존성 성격장애, 회피성 성격장애가 있다

❶ 강박성 성격장애(obsessive-compulsive personality disorder)

지나치게 완벽주의적 세부적인 사항에 집착하며 과도하게 성취지향성과 인색함을 특징적으로 나타낸다. 즉, 정리정돈, 완벽주의, 마음의 통제와 대인관계의 통제에 집착하는 행동특성이 생활 전반에 나타나며 이런 특성으로 인해 융통성, 개방성, 효율성을 상실하는 대가를 치르게 된다. 즉, 돈에 매우 민감하며 씀씀이가 매우 인색하다. 경제적 여유가 있음에도 불구하고 만일의 재난을 위해 저축해 두어야 한다는 생각으로 자신과 가족을 위해서 돈을 쓰지 않는다.

❷ 의존성 성격장애(dependent personality disorder)

스스로 독립적인 생활을 하지 못하고 다른 사람에게 과도하게 의존하거나 보호받으려는 행동을 말한다. 즉, 보호받고 싶은 과도한 욕구로 인하여 복종적이고 매달리는 행동과 이별에 대한 두려움을 나타낸다. 따라서 늘 주변에서 의지할 대상을 찾으며 그러한 대상에게 매우 순종적이고 복종적인 태도를 보이며, 자신의 연약한 모습으로 나타내어 지지와 보호를 유도하는 경향이 있다. 힘든 상황에서는 다른 사람에게 매달리거나 눈물을 잘 흘린다.

❸ 회피성 성격장애(avoident personality disorder)

다른 사람과의 만남에 대한 불안과 두려움 때문에 사회적 상황을 회피함으로써 적응에 어려움을 나타내는 경우를 말한다. 즉, 낯선 상황이나 새로운 일을 두려워한다. 당혹스러움이나 불안을 피하기 위해, 늘 익숙한 환경 내에 머물려야 한다. 타인이 자신을 좋아하고 완전히 받아줄 것이라는 충분한 확신이 없는 한, 인간관계를 피하려고 한다. 극소수의 사람에게만 매우 집착하고 의지하기 때문에 의존성 성격장애와 같이 진단하는 경우가 많으며 종종 A군의 성격장애와 같이 진단한다(권석만, 2003).

7) 해리성 장애(dissociative disorder)

자동차 사고, 전쟁, 질병, 심한 부부싸움, 배우자의 사망이나 이별, 재난 등의 외상이나 심리적 충격으로 인해 의식, 기억, 정체감, 운동 행동 등이 일시적으로 변화하는 것이다. 특히 해리성 장애에는 기억상실증, 둔주, 다중성격, 이인증 장애가 있다.

(1) 기억상실증(dissociative amnesia)

과거 경험을 기억하지 못하는 것을 말한다. 즉, 어떤 외상이나 심한 스트레스 후에 자신의 신상이나 과거의 중요한 경험에 관해 부분적으로 또는 완전히 잊어버리는 것을 말한다. 심리적 억압이나 심인성 건망증이 여기에 속하며, 장기간에 걸쳐 일어난 스트레스 때문에 완전하게 회복되는 것은 어렵다. 심인성 기억상실증은 몇 시간 또는 여러 해 지속되면 최면 상태에서 잊어버린 내용을 회복할 수 있다.

(2) 둔주(dissociative fugue)

둔주(fugue)를 해석하면 '달아난다'는 뜻이다. 해리성 둔주는 개인적 정체감에 혼란이 있거나 변화를 나타내는 경우가 많다. 즉, 자신의 과거나 정체성에 대한 기억을 완전히 상실하고 다른 곳에서 새로운 신분이나 직업을 갖고 생활하는 경우도 있다.

(3) 다중성격(multiple personality disorder)

한 사람 안에 둘 이상의 각기 다른 정체감을 지닌 인격이 존재하며, 상황에 따라 각기 다른 사람이 의식에 나타나서 말과 행동을 하는 것 같은 모습을 나타낸다.

(4) 이중성격(depersonality disorder)

자기와 세상에 대해서 평소와 다른 변화된 지각경험을 하게 됨으로써 현실감각이 일시적으로 손상되는 장애이다. 즉, 이중성격은 흔한 경험이므로 증상이 명백한 고통이나 기능의 장애를 초래할 정도로 충분히 심한 경우에만 이인증 장애로 진단해야 한다.

8) 물질사용 장애(substance use disorder)

물질과 관련된 심리적 장애를 말한다. 즉, 알코올, 코카인 등 각성제, 신경안정제 등 행동을 변경시키는 약물의 과용, 마리화나나 니코틴 등의 남용과 중독으로 인한 장애를 말한다. 알코올중독은 자신의 신체적 건강, 대인관계, 사회생활, 직장생활을 해칠 정도로 술을 마시거나 정상적 기능을 위해서 술을 마시는 상태이다. 30~40%를 차지하는 것이 알코올 중독이다. 또한 약물 중독은 아편, 모르핀, 헤로인, 코카인, 암페타민 등의 남용으로 인한 중독을 말한다. 처음에는 호기심과 스트레스를 없애고 쾌감을 얻기 위해 친구의 권유나 친교 모임에서 시작하지만 차츰 내성이 생겨 끊기 어렵게 된다. 그러므로 일상생활에도 장애를 가져온다.

최근 사이코패스(psychopath)에 관심이 증폭되고 있다. 인터넷에서는 사이코패스인지 가늠해 볼 수 있는 간단한 심리테스트가 올라 네티즌들에게 많은 호응을 얻고 있다. 이 검사는 캐나다 범죄심리학자 로버트 헤어 박사가 제시한 사이코패스 판정 도구(PCL-R)로 한림대학교 심리학과 조은경 교수가 번역한 20개 문항의 검사지이다.

문항	내 용	전혀 그렇지않다 (0점)	조금 그렇다(1점)	정말 그렇다(2점)
1	말 잘하는 것을 매력적이라고 생각한다.			
2	자기의 가치에 대해 자랑하고 다닌다.			
3	거짓말을 입에 달고 산다.			
4	속임수를 경멸하거나 극단적으로 싫어한다.			
5	범죄를 저질러도 양심의 가책 느끼지 않는다.			
6	감동적인 것을 봐도 감동인지 모른다.			
7	매사에 냉담하고 남이 말하는 것에 공감하지 않는다.			
8	책임감이 없거나 부족하다.			
9	일상생활에서 많은 정신적 자극이 필요하고 지루함이 많다.			
10	기생충처럼 남에게 빌붙어 산다.			
11	나쁜 행동을 자제할 능력이 부족하다.			
12	소년비행을 경험하거나 영유아기 때 잔인한 짓을 많이 하였다.			
13	현실성에 부족한 목표를 길게 끌며, 그것을 할 수 있다고 믿는다.			
14	매사에 충동적이다.			
15	무책임하다.			
16	소년비행			
17	약속을 잘 깬다.			
18	아무데서 성적인 행동을 서슴지 않는다.			
19	많고 짧은 연애를 한다.			
20	범죄적인 재능이 타고났거나, 재능을 범죄로 이용하려고 한다.			

* 40점에 가까울수록 사이코패스 성향이 있다.

Thema 12

대인관계를 위한 심리검사

학습목표

＊심리검사의 특징과 중요성에 대하여 알아본다.
＊심리검사의 목적과 표준화검사에 대하여 알아본다.
＊심리검사의 지적 영역평가에서 알아본다.
＊심리검사의 성격검사에 알아본다.

1 심리검사의 특징

심리검사(psychological testing)란 개인의 지능, 성격, 능력, 태도, 적성, 진로 등의 심리적인 속성을 파악하고자 다양한 도구를 이용하여 체계 및 수량적인 방법으로 측정(measurement)과 평가(evaluation)를 하는 것을 의미한다. 따라서 심리검사는 상담자와 내담자 모두에게 많은 정보를 제공한다. 상담자는 내담자의 문제를 이해하고 그에게 적절한 도움을 주기 위해 정보가 필요하며, 내담자는 자신을 더 잘 이해하고 미래를 위한 계획을 세우는 데에 심리검사의 정보를 사용한다. 그러므로 이 장에서 심리검사란 인간의 성격, 능력 및 그 밖에 그 사람이 갖고 있는 심리적 특성의 내용과 그 정도를 밝힐 목적으로 일정한 조건하에 이미 마련한 문제나 혹은 작업을 제시한 다음 그 사람의 행동표본(behavior sample) 또는 행동의 결과를 어떤 가정의 표준적 관점에 비추어 질적 혹은 양적으로 기술하는 기술적 절차를 의미한다.

2 심리검사의 중요성

심리검사의 중요성은 인간 행동에 대한 객관적인 평가를 통해서만이 자신과 타인의 행동을 정확히 이해하며, 미래의 행동을 예견할 수 있다는 점이다. 인간 행동을 객관적으로 이해한다는 것은 특별히 임상 장면이나 연구 분야에 국한하여 필요한 것은 아니며, 우리의 일상생활에서 항상 요구되는 문제이다. 또한 심리검사는 인간 행동의 모든 것을 완전하게 설명해 주는 도구가 아니라 단지 인간 행동을 이해하는 보조도구이므로 너무 과신하거나 불신하는 것은 바람직하지 않다. 따라서 심리검사는 객관적 평가를 신뢰도(reliability)와 타당도(validity)에 의해서 결정된다. 신뢰도는 동일한 검사 혹은 동등한 형태의 검사로 동일한 내담자에게 재검사했을 때 측정한 점수가 일관성이 있어야 한다. 또한 타당도는 측정하고자 하는 내용을 이 검사가 실제로 어느 정도 측정할 수 있는지를 점검하는 것이다.

3 심리검사의 목적

심리검사는 한 개인의 행동을 예측하는 것이다. 학업성취도의 예측이나 특정 활동에서 개인의 행동을 예측하는 데 유용한데, 심리검사의 결과는 개인 간의 상호 비교에 그 근거를 두어 앞으로 한 개인이 수행할 행동을 상대적으로 혹은 확률적으로 예측할 수 있다. 또한 한 개인의 행동상의 원인적인 요인을 진단하는 것이다 적절한 심리검사의 사용을 통해 행동에서 나타나는 결함이나 결점뿐만 아니라 그 원인을 찾을 수가 있다. 이러한 검사를 통하여 집단의 일반적인 경향을 조사 또는 연구하여 기술하거나 규명하려는 목적으로 사용하기도 한다. 끝으로 개성과 적성의 발전을 통하여 자신의 발전을 도모하고, 인력의 적재적소의 배치를 위해 검사를 사용하기도 한다. 이와 같은 목적의 심리검사는 교육, 임상의학, 상담과 생활지도, 산업 장면, 범죄의 분류심사, 교정 등의 다양한 분야에서 사용한다.

4 표준화검사

표준회검사란 검사의 실시, 기구, 채점방식이 일정하게 고정되어 있어 동일한 검사과정이 행해지므로, 시행 결과로 나타난 반응의 차이는 순수한 개인차로 해석할 수 있다. 표준화검사에는 규준표가 제시되는데 규준집단에 의해 얻어진 점수분포가 제시되어 있다. 이와 같은 규준표의 사용은 심리검사결과를 일정한 기준에 따라 객관적으로 해석하게 해주며 개인간의 비교가 가능하게 해 준다.

표준화(standardization)에서 검사 실시과정의 표준화는 결과의 객관화를 위해 중요한 조건이며, 검사 실시과정의 표준화가 되어 있지 않다면 제시된 규준표 역시 정확하지 않다. 심리검사의 표준화가 완전하게 이루어지려면 검사 사실에 영향을 줄 수 있는 가능한 조건들이 구체화되어야 하며, 보다 완전한 표준화검사는 검사자나 장소의 변화에 상관없이 거의 동일한 점수가 측정될 수 있어야 한다.

5 지적 영역의 평가

1) 지능검사

지능은 인간의 일반적인 지적 능력을 말하는 것으로서, 그것이 의미하는 바는 무엇이며 구체적으로 어떤 능력들로 구성되어 있는지는 학자에 따라 다양한 주장이 있어 왔다. 전통적인 지능 이론들은 대개 지능을 일반적인 학습능력이나 문제해결능력으로 파악하고 있는데, 지금까지 개발·사용되어 온 지능검사들은 크게 개인용 지능검사와 집단용 지능검사로 분류할 수 있다. 개인용 지능검사는 검사자가 한 명의 피검사자를 대상으로 하여 지능을 측정하는 것이고, 집단용 지능검사는 검사자가 여러 명의 피검사자를 대상으로 하여 지능을 측정하는 것이다.

(1) 개인용 지능검사

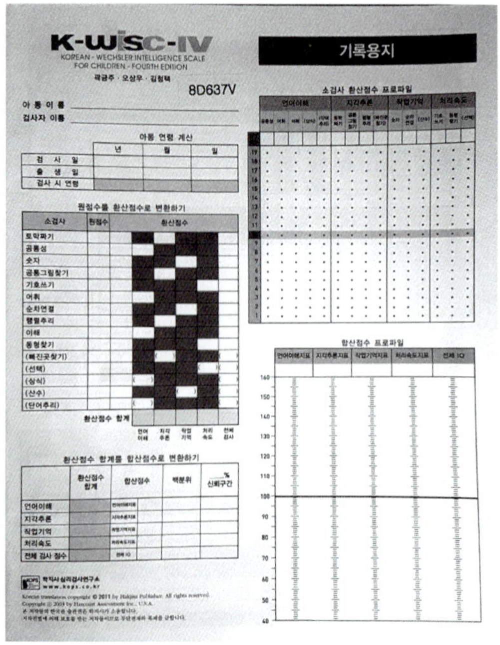

1905년 프랑스의 비네(Binet)와 시몽(Simon)이 학업부진아를 판별하기 위해 개발한 것이 효시(嚆矢)이다 이 검사는 1916년 미국 스탠포드 대학의 터만(Terman)에 의해 개정되었으며(스탠포드-비네 지능검사), 국내에서는 1960년 번안되어 고대-비네 지능검사라는 이름으로 출판되었다. 오늘날 세계적으로 가장 널리 사용되고 있는 개인용 지능검사는 웩슬러(Wechsler) 지능검사인데, 성인용(WAIS: Wechsler Adult Intelligence Scale)과 아동용(WISC: Wechsler Intelligence Scale for Children)이 있다. 비네 지능검사가 정신연령을 생활연령으로 나눈 값에 100을 곱하여 지능지수를 산출하는 방식(비율 I.Q.)을 채택하고 있는 언어성 검사인 반면, 웩슬러 지능검사는 동일 연령 집단 내에서의 상대적인 위치를 알 수 있게 해주는 편차 IQ를 적용하고 있는 지능지수의 분류가 있는데, 표 12-1과 같다. 언어성 검사뿐만 아니라 비언어성(동작) 검사를 포함하고 있다는 특징이 있다.

표 12-1 지능지수의 분류

IQ	분류	IQ	분류
130 이상	최우수	80~89	평균 하
120~129	우수	70~79	경계선
110~119	평균 상	70 미만	정신지체
90~109	평균		

(2) 집단용 지능검사

제1차 세계대전 당시 미국에서 군인을 징병할 때 적절한 수준의 지능을 가진 사람을 선발할 목적으로 제작된 군대 알파(Army-α) 검사(언어성 검사)와 군대 베타(Army-β) 검사(동작성 검사)가 그 효시이다. 국내에서는 1957년 정범모 박사에 의해 간편 지능검사가 최초로 개발되었으며, 그밖에 여러 종류의 지능검사들이 제작되어 왔다.

2) 적성검사

① 개인이 가지고 있는 지적인 능력들이 어떤 구체적인 일과 관련을 맺을 때 '적성'이라는 말로 표현된다. 다시 말해서 적성이란 직업이나 학업 등과 같이 구체적인 일에 대한 앞으로의 성공 가능성을 예언하는 심리적인 특성이다. 흔히 "아이들의 적성에 맞는 학과에 진학하기를 희망한다"고 말할 때의 적성은 아이들의 지적인 능력뿐만 아니라 성격이나 흥미 등을 모두 종합한 의미로 사용되지만, 엄밀한 의미에서의 적성은 지적인 능력을 의미한다. 그렇다면 지능과 적성은 어떻게 구분되는 것일까? 지능이 일반적인 지적인 능력을 의미하는 것이라면, 적성은 특수한 분야에서의 지적인 능력을 의미하는 것으로 이해할 수 있다.

② 개인의 적성을 평가·측정하는 검사도구는 검사내용에 따라 여러 종

류가 있을 수 있는데, 특수한 직업 수행과 관련된 능력을 측정하기 위한 직업적성검사와 순수한 기본적인 기능을 다루는 여러 개의 검사를 배터리로 배열해서 적성의 패턴을 알아보는 적성분류검사로 구분된다. 검사의 목적에 따라서는 상급학교 진학을 할 때 학과, 전공 등을 선택하기 위해서 필요한 정보를 얻을 수 있는 진학적성검사와 직업을 선택할 때 필요한 적성정보를 얻을 수 있는 직업적성검사로 구분된다. 국내에는 1967년 정범모 박사가 제작한 일반적성분류검사를 비롯해서 여러 종류의 적성검사가 개발되어 있다.

3) 특수적성검사

지능검사나 종합적성검사 또는 일반적성검사는 인간의 광범위한 능력을 평가하고 있기 때문에 특정한 하나의 전문 분야에 어느 정도의 적성이나 능력을 가지고 있는지를 측정하기에는 부적합하다. 기계, 미술, 음악 등과 같은 특수한 영역의 능력을 평가하는 데 동원되는 측정도구가 바로 특수적성검사이다.

6 성격검사

성격이란 다양한 환경적 자극에 대해 일정한 방식으로 반응하게끔 하는 우리 내부의 가설적인 조직체이다. 성격검사는 이러한 개인의 독특한 행동 및 사고 유형을 예언하거나 기술해 주는 도구이다. 성격에 대한 정의가 성격학자의 수만큼 있을 정도로 다양하고 성격 이론도 매우 다양한 만큼 성격검사도 다양하지만, 성격검사는 크게 자기보고형 검사와 투사형 검사로 구분할 수 있다.

1) 자기보고형 검사

자기보고형 검사란 검사지의 문항을 읽고 '예' 또는 '아니오'로 응답하도록 되어 있는 것으로서, 해사웨이와 맥킨리(Hathaway & McKinley)에 의해 개발된 미네소타 다면 인성검사(MMPI: Minnesota Multiphasic Personality Inventory), 거프(Gough)가 개발한 캘리포니아 성격검사(CPI: California Psychological Inventory), 카텔(Cattell)의 16성격요인검사(16 Personality Factor Questionnaire)가 대표적이다.

이 세 검사는 한 개인의 성격특성(trait)을 측정하고 있는데, 보다 근래에 개발되어 국내에서 활용되고 있는 MBTI(Myers-Briggs Type Indicator) 성격검사는 한 개인의 성격 종류(type)를 파악하려는 검사라는 점에서 앞의 두 검사와 이론적 배경에 차이가 있다.

(1) 미네소타 다면 인성검사(MMPI: Minnesota Multiphasic Personality Inventory)

1943년 해사웨이와 맥킨리가 개발하였으며, 문항 수는 567개이다. 그리고 미네소타 주립대학 출판부에서 1989년에 MMPI-2를 출판하였고, 1992년에 MMPI-A 청소년을 개발하였다. 한국에서는 MMPI를 1963년에 정범모, 이정균, 진위교가 한국판 표준화 작업을 하여서 처음 출판을 하였고, 1989년 한국임상심리학회에서 재표준화 작업을 시작하여 2001년에 한국판 MMPI-2가 표준화위원회를 통해서 본격적으로 개발되었고 2005년 ㈜마음사랑에서 출판하였다. 이후에 MMPI-A도 한국판으로 표준화 작업화하여 출판하였다. 이 검사를 통해 정상인의 행동을 설명하고 일반적 성격특성에 대해 유추하는 것도 어느 정도 가능하지만, 이 검사는 일차적으로 정신과적 진단을 목적으로 하고 있다. MMPI-2 질문 예시는 다음과 같다.

문항번호 및 구성 내용	그렇다	아니다
41. 언제나 진실만을 말하지는 않는다.		
42. 사람들이 고의적으로 내게 못되게 굴지만 않았어도 나는 훨씬 더 성공했을 것이다.		
43. 지금의 내 판단력은 예전보다 훨씬 더 좋다.		

MMP-2I 프로파일은 그림 12-1과 같다. 임상척도의 프로파일 정상범위는 50~65이다. 환자들은 여러 척도가 동시에 상승된다.

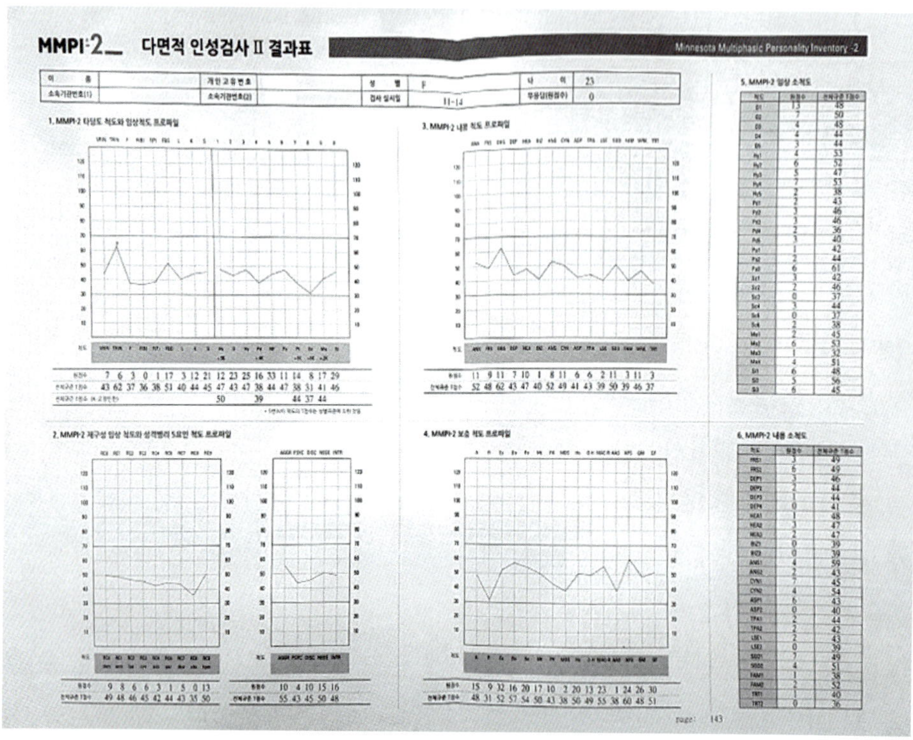

그림 12-1 MMPI-2 임상척도 프로파일

MMPI-2 프로파일은 3개의 타당성 척도와 10개의 임상척도로 구성되어 있다. 즉, 건강염려증(Hs), 우울증(D), 히스테리아(Hy), 정신병리적 일탈(Pb), 남성성-여성성(Mf), 편집증(Pa), 정신쇠약(Pt), 정신분열증(Sc), 경조증(Ma), 사회적 내향성(Si)이다. 10가지의 기본 척도 외에 3가지 통제척도가 고안되었는데 '스스로를 잘 보이려고 꾸미는' 거짓말 척도(L), 사회적으로 보다 바람직한 방식으로 자신을 나타내려는 방어성(K), 드물고 있을 것 같지 않은 특성을 갖는다고 기술하는 것으로 부주의하고 혼동되게 답하는 방해적인 효과를 측정한다.

(2) CPI 검사(California Psychological Inventory)

캘리포니아 성격검사는 1951년 해리스 고흐(Harrison Gough)가 사회문화적 개념으로 개발하였고, 사회성, 관용성, 책임성과 같은 일반적인 성격특성을 파악하기 위해 문항 수는 480개로 개발하였다. 이 검사는 MMPI를 기초로 만들었지만(1/3 이상의 문항을 MMPI에서 따옴) 정상적인 개인의 사회적 적응과 내부적 적응을 이해하는 데 도움을 주는 검사이다. 특히 CPI 검사는 정상적으로 적응한 사람들의 성격을 평가하기 위한 측정 검사이기에 정상적인 내담자에게 사용할 수 있는 것이 최대 장점이다.

처음에는 15개 척도로 구성되었지만, 1956년에 18개 척도로, 다시 1997년에 성차별문항을 수정하여 총 20개 척도로 개정하였다. 해석이 용이하도록 4개 척도군과 20개 척도를 구성하며, CPI의 해석은 프로파일을 분석한다. 더욱이 학업이나 직업 영역에서 성공을 예언하는 데 유용하게 활용할 수 있다(대학생, 성인용, 중고등학생용 KPI 등).

(3) 16PF 검사(16 Personality Factor Questionnaire)

1949년 카텔(Cattell)과 에버(Eber)가 인간의 성격특징을 기술하는 형용사를 요인·분석하여 만든 검사이다. 16PF는 5차례에 걸쳐 개정판이 나오면서 인간의 성격을 전반적으로 평가할 수 있는 유용한 도구로 16 성격요인검사편람(1970)이 출판되었다. 사전을 통해 인간에게 적용되는 모든 형용사 목록을 추려서 4,500개의 성격특성 목록을 작성한 후, 이 중 인간특성을 가장 잘 나타낸다고 생각되는 171개 단어 목록을 선정하였다. 그리고 대학생들이 선정된 단어 목록을 얼마나 잘 알고 있는지 평정하게 하고 요인분석하여 16PT는 187개의 문항으로 A형과 B형, 105문항으로 구성된 C형과 D형 및 독해력이 낮은 사람을 위해 12문항으로 구성된 E형도 있다. 또한 16PF의 A유형에는 좋다 및 나쁜 방향으로 반응을 왜곡하거나 무선적인 반응을 살펴볼 수 있는, 3개의 타당도로 구성되어 있다. 그리고 MMPI나 CPI와 다르게 중복되는 문항이 없고 재검사 신뢰도가 .65~.93 이상으로 나타났다.

(4) NEO-PI-R 검사(NEO Personality Inventory-Revised)

NEP-PI 검사는 1992년 코스타와 맥크레이(Costa & McCrae)에 의해 개발된 것으로서, CPI, MMPI, MBTI 등의 성격검사들을 결합요인분석(joint factor analysis)하여 공통적으로 추출되는 요인을 발견하고자 한 결과의 산물이다. 이 척도의 요인분석한 결과 신경증적 성향(N: neuroticism), 외향성(E: extraversion), 개방성(O: openness of experience)의 3가지 하위요인을 중심으로 1978년에 질문지형 성격검사의 앞글자를 구성하여 NEO-I(NEO-Inventory)로 창안한 검사이다. 후속연구를 통하여 우호성(A: agreeableness)과 성실성(C: conscientiousness)의 하위요인이 추가되어 1985년에 성격 5요인을 개발하여 NEO-PI(NEO-Personality Inventory)로 개칭하였다. 그리고 1992년에 5대 요인은 각각

6개의 하위척도로 구분되며 개정판 NEO-PI-R(NEO Personality Inventory-Revised), 각 척도당 8문항씩 모두 240문항으로 구성되어 있다. 최근에 안현의 박사와 안창규 박사가 2014년 NEO 성격검사를 211문항으로 새롭게 개발한 것을 inpsyt(인싸이트)에서 구매할 수 있다.

NEO의 질문 예시는 다음과 같다.

문항번호 및 구성 내용	전혀 아니다	아니다	보통 이다	그렇다	매우 그렇다
106. 공부나 일에 대해 집중력이 매우 강하다.	0	1	2	3	4
107. 조용하고 내향적인 성격이다.	0	1	2	3	4
108. 아무 이유없이 두려워질 때가 많다.	0	1	2	3	4

(5) MBTI(Myers-Briggs Type Indicator)

1920년대 브릭스(Briggs)와 마이어(Myers)가 연구를 시작하여, 융(Jung)의 성격유형 이론을 차용하였다. 한국판 MBTI는 1988~1990년 심혜숙과 김정택에 의해 미국 CPP와 MBTI 한국판 표준화에 대한 법적 계약을 맺고, MBTI From G 표준화 작업이 완성되었다. 1992년 2월에 한국심리유형학회를 창립하고, 2002년에 MBTI From K 표준화, 2012년 MBTI Form M, Q 표준화 작업이 완성되었다. 이는 자기보고식 검사로 인사선발 과정에서 가장 많이 사용하는 방법이다.

MBTI의 선호 방향인 외향(E: extraversion)과 내향(I: introversion)은 주의집중의 방향과 에너지의 원천에 따라 구분되며, 감각(S: sensing)과 직관(N: intuition)은 정보 수집(인식) 기능에 따라 구분된다. 사고(T: thinking)와 감정(F: feeling)은 의사결정(판단) 기능에 따라 구분되며, 판단(J: judging)과 인식(P: perceiving)은 행동(생활)양식에 따라 구분된다. 이상과 같은 4개 선호축의 조합에 따라 16가지 성격유형 분류는 그림 12-2와 같다.

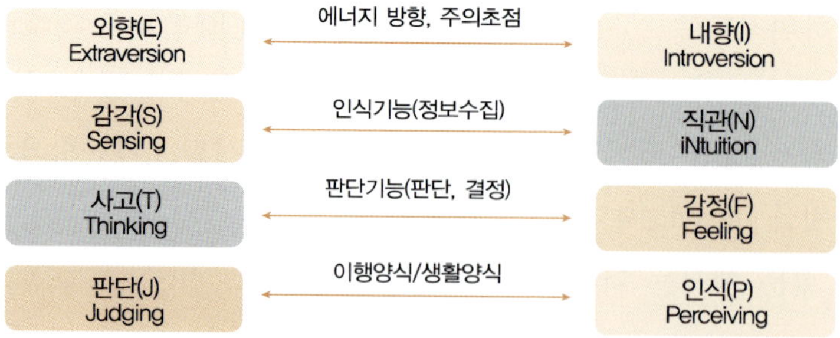

그림 12-2 MBTI 성격유형 분류

MBTI의 질문 예시는 다음과 같다.

나의 생각에 더 좋은 칭찬이라고 생각하는 것은?
(A) 선견지명을 가졌다고 말해 주는 것이다.( )
(B) 상식이 있는 사람이라고 말해 주는 것이다.( )

(6) 성격평가 질문지(PAI: Personality Assessment Inventory)

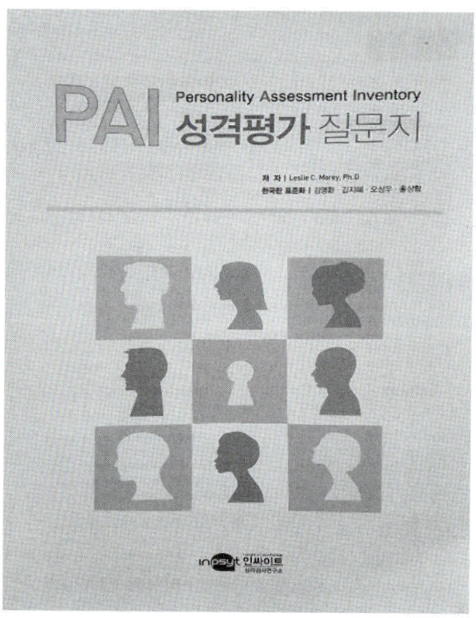

1991년에 모레이(Morey)는 진단체계의 변화와 심리검사에 관한 이론을 발전시키면서 임상적인 측면을 고려하여 Personality Assessment Inventory(PAI)를 개발하였다. 이 검사는 총 344문항으로 타당성척도(4개), 임상척도(11개), 치료고려척도(5개), 대인관계척도(2개)로 구성하고 있다. 특히 이 중 10개 척도는 해석을 조금 더 용이하게 하며, 복잡한 구성개념을 포괄적으로 다룰 수 있도록 3~4개의 하위척도로 구성되어 있다. 자기보고식 검사로 공군사관학교, 경찰대학 및 일선 경찰서에서 많이 사용하는 검사도구이다.

PAI의 질문 예시는 다음과 같다.

문항번호 및 구성 내용	전혀 그렇지 않다	약간 그렇다	중간이다	매우 그렇다
66. 부질없이 두려움을 느낀다.	0	1	2	3
67. 내 자신이 가치 없다고 느껴질 때가 있다.	0	1	2	3
68. 나는 다른 사람들에게는 없는 매우 특별한 재능을 가지고 있다.	0	1	2	3

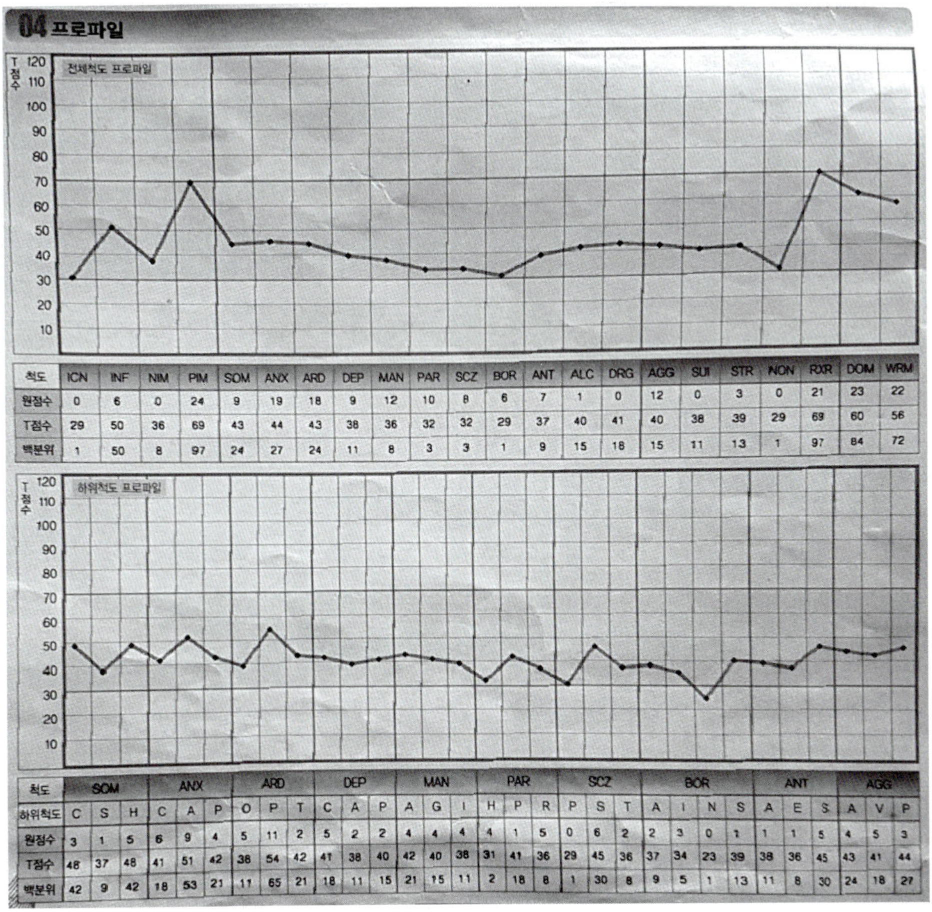

04 프로파일

전체척도 프로파일

척도	ICN	INF	NIM	PIM	SOM	ANX	ARD	DEP	MAN	PAR	SCZ	BOR	ANT	ALC	DRG	AGG	SUI	STR	NON	RXR	DOM	WRM
원점수	0	6	0	24	9	19	18	9	12	10	8	6	7	1	0	12	0	3	0	21	23	22
T점수	29	50	36	69	43	44	43	38	36	32	32	29	37	40	41	40	38	39	29	69	60	56
백분위	1	50	8	97	24	27	24	11	8	3	3	1	9	15	18	15	11	13	1	97	84	72

하위척도 프로파일

척도	SOM			ANX			ARD			DEP			MAN		
하위척도	C	S	H	C	A	P	O	P	T	C	A	P	A	G	I
원점수	3	1	5	6	9	4	5	11	2	5	2	2	4	4	4
T점수	48	37	48	41	51	42	38	54	42	41	38	40	42	40	38
백분위	42	9	42	18	53	21	11	65	21	18	11	15	21	15	11

척도	PAR			SCZ			BOR				ANT			AGG		
하위척도	H	P	R	P	S	T	A	I	N	S	A	E	S	A	V	P
원점수	4	1	5	0	6	2	2	3	0	1	1	1	5	4	5	3
T점수	31	41	36	29	45	36	37	34	23	39	38	36	45	43	41	44
백분위	2	18	8	1	30	8	9	5	1	13	11	8	30	24	18	27

그림 12-3 PAI 프로파일

2) 투사형 검사

투사형 검사(Projective Techniques)는 피검사자의 글이나 그림, 이야기 속에 그 사람의 성격이 투사되어 있다고 보고, 그 글이나 그림, 이야기를 분석하여 성격을 알아내는 방법으로서 머레이와 모간(Murray & Morgan)에 의하여 개발된 주제통각검사(TAT: Thematic Apperception Test), 로샤가 개발한 로샤검사(Rorschach's Ink-blot Test), 벤더가 개발한 벤더형태검사(BGT: Bender Gestalt Test) 등이 있다.

투사형 검사는 그 실시와 해석상의 어려움 때문에 임상 장면을 제외하고는 별로 사용되지 않는다.

(1) 주제통각검사(TAT: Thematic Apperception Test)와 아동용 통각검사(CAT: Children's Apperception Test)

주제통각검사는 욕구 이론을 펼친 모레이와 모간에 의해 1935년에 개발되었다. 31장의 그림판으로 구성되어 있고, 11장의 그림판은 모두에게 사용되는 공통적인 그림으로 사용된다. 그리고 성인 남자용 9장, 성인 여자용 9장, 소년용 9장, 소녀용 9장으로 각 내담자는 모두 20개의 그림판을 보게 된다. 이 그림판의 뒷면에는 숫자와 알파벳이 적혀있고, 숫자는 도판의 제시 순서를 의미하며, 알파벳은 피검자의 성별과 연령 수준을 제시한다. 또한 이 그림이 어떤 상황인지, 과거에 어떤 일이 있어서 이러한 상황이 되었는지 파악한다. 그리고 앞으로의 일이 어떻게 진행되어 갈 것인지에 대해 상상력을 최대한 동원하여 이야기를 꾸며 보라고 지시한다.

주제통각검사는 여러 가지 해석방법이 사용되고 있으나 '욕구-압력 관계 분석법'이 가장 많이 사용된다. 분석 내용은 주인공의 주요한 욕구, 갈등, 불안, 주위 인물에 대한 지각, 방어기제, 초자아의 적절성, 자아의 강도 등이다. 검사자들 간에도 의견 차이가 많아 심리측정학적 근거가 명확하지 않다.

또한 아동용 통각검사는 벌락(Bellak)과 벌락(Bellak)이 개발한 3~10세의 아동용 검사이다. TAT와 다른 점은 그림판에 동물이 등장한다는 점이며, 표준 그림판 9장, 보충 그림판 9장, 총 18장의 그림판으로 구성되어 있다. 그림 12-5에 제시된 것과 같이, 그림판 내용과 기본 반응은 아래와 같다.

내담자의 독특한 성격을 파악하기 위해서 평범반응의 내용이나 각 카드의 기본적인 성질이 무엇인지 먼저 파악을 해야 한다.	
도판 1 그림제시	**질문내용**
	한 소년이 바이올린 앞에서 무엇인가 골똘이 생각을 하고 있다.
어린 소년이 부모에 의해 바이올린 공부를 하거나 연주를 강요받고 있다(권위에 대한 복종과 자립 / 자립에 대한 죄책감 파악).	
도판 12F 그림제시	**질문내용**
	젊은 여자가 있고 그 뒤에 머리에 숄을 걸친 섬뜩하게 생긴 늙은 여자가 얼굴을 찡그리고 있다.
그림에 나타난 두 여자가 서로 어떤 관계가 있는 것으로 보는 경우가 많으며, 뒤에 있는 여자가 죽은 사람으로 보여짐(갈등 관계나 충고하고 있는 것으로도 이야기됨, 젊은 여자는(self), 늙은 여자는(양심)을 나타내기도 함. 선과 악의 이야기, 피검사자의 어머니 개념도 나타남).	

그림 12-4 주제통각검사

(2) 로샤 검사(Rorschach's Ink-blot test)

투사적 심리검사 가운데 가장 대표적인 심리검사 도구로 손꼽히는 검사가 로샤 검사(Rorschach's Ink-blot test)이다. 1920년 스위스의 정신과 의사인 헤르만 로르샤흐(Herman Rorschach)의 유명한 논문(Psychodiagnostik)에서 최초로 소개되었다. 로샤 검사(Rorschach's Ink-blot test)는 개인의 지각과 성격이 관계가 있다는 기본적인 근거를 두고 검사한다. 개인이 자기의 지각을 형성함에 있어 잉크반점을 조직화 또는 구조화하는 방법은 자기의 심리적 기능의 기본적 측면을 고려한다. 이러한 잉크반점은 비교적 추상적이고, 비구성적이기 때문에 자극자료로서 적합하고, 즉 학습된 특정 반응을 일으키는 것이 아니라 가능한 여러 가지 반응을 살펴본다. 끝으로 처음부터 투사적 성격검사를 개발하려고 한 것이 아니었고, 우연히 잉크 반점에 대한 정신분열증 환자의 반응이 정상인의 반응과 차이가 있다는 점을 발견하고, 그것을 검증하기 위해 출발한 검사이다. 10장의 대칭형 그림이 있는 카드를 사용한다.

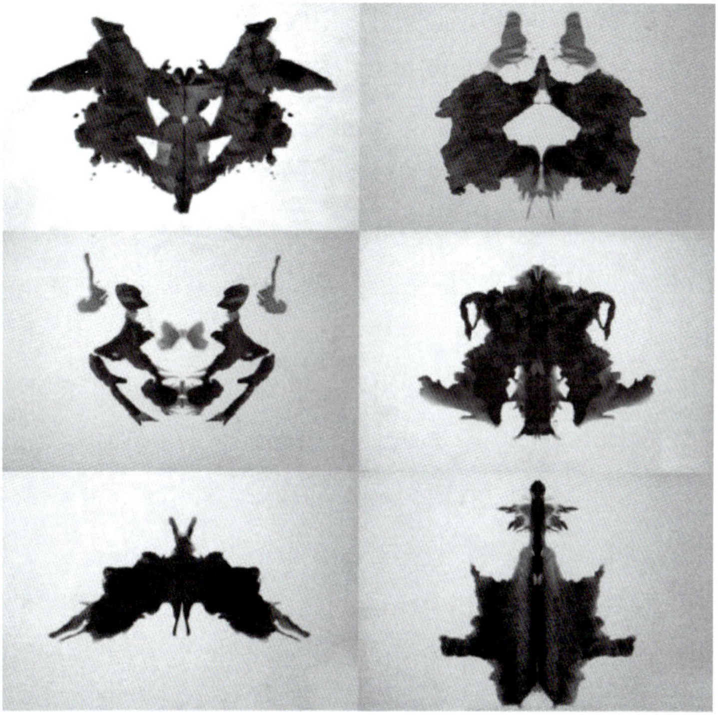

그림 12-5 로사 측정 검사

(3) 문장완성검사(SCT: Sentence Completion Test)

문장완성검사는 연상검사(Association Test)의 응용에서 발전하고, 골턴(Galton)에 의해서 자유연상법(Free Association Test)이 연구되었다. 이후 분트와 캐틀(Wundt & Cattll)에 의해 다시 단어연상법(Word Association Test)으로 연구가 진행되었고, 크래펠린과 융(Kraeoelin & Jung)의 임상적 연구에 이어 라파포트(Rapaport)와 그의 동료들에 의하여 단어연상법이 투사법으로서 성격진단의 유효화 방법을 발전시켰다. 이후에 단어연상법이 문장완성검사로 발전되어 WUSCT(Washington University Sentence Completion Test)로 성장되었다.

상담자가 내담자에게 불완전한 문장을 제시한 후, 자신의 머릿속에 떠오르는 최초의 단어를 이용하여 완전한 문장을 만들도록 하는 심리검사이다. 즉, 내담자가 작성하는 단어를 해석하여 내담자의 심리적인 부분을 확인하는 기법이다. 그리고 내담자 개개인에 따라 차이가 있더라도 많은 자료를 종합적으로 분석하여 내담자의 감정 및 반응을 도출할 수 있다는 가정이 전제된다. 제시된 문장이 나에게 이상한 일이 생겼을 때 _____ 밑줄에 내담자가 작성하면 이 문장이나 어법이 정확하지 않더라도 자신이 생각하는 단어를 적게 한다.

내담자의 심리적 태도를 중심으로 해석하면, 지적능력 측면, 정의적 측면, 가치지향적 측면, 정신역동적 측면에 대해 해석하고, 결정적 요인으로는 신체적 요인, 가정적 및 성장적 요인, 대인적·사회적 요인에 대해 분석하며 내담자의 개인적 성격이나 적응상태를 이해한다. 끝으로 문장의 주어를 가능한 한 3인칭으로 설정하는 것이 보통이다. 1인칭이나 2인칭은 응답자의 심리적 저항을 가져올 가능성이 높기 때문이다.

문장완성검사를 실시하기 전에 우선적으로 해야 할 일은 첫째, 정답이나 오답이 없으니 솔직하게 작성하도록 해야 한다. 그리고 가장 먼저 머릿속에 떠오르는 것을 작성하면 된다. 둘째, 구체적인 문장으로 작성하도록 한다. 셋째, 생각 안 나는 경우는 동그라미 친 후 나중에 완성하여도 된다. 넷째, 쓰다가 지울 때는 두 줄 긋고 다음 빈 공간에 작성한다. 다섯째, 시간제한은 없으나 가급적 빨리 완성하도록 한다.

문장완성검사(성인용)

이름: ______ 성별: 남 / 여 연령: ___세 실시일: ___년 ___월 ___일 ( )요일

다음 기술된 문장은 뒷부분이 빠져 있습니다. 각 문장을 읽으면서 맨 먼저 떠오르는 생각을 뒷부분에 기록하여 문장이 완성되도록 해주십시오. 시간제한은 없으나 될 수 있는 대로 빨리해주십시오. 만약 문장을 완성할 수 없으면 표시를 해두었다가 나중에 완성하도록 하십시오.

1. 나에게 이상한 일이 생겼을 때
2. 내 생각에 가끔 아버지는
3. 우리 윗사람들은
4. 나의 장래는
5. 어리석게도 내가 두려워하는 것은
6. 내 생각에 참다운 친구는
7. 내가 어렸을 때는
8. 남자에 대해서 무엇보다 좋지 않게 생각하는 것은
9. 내가 바라는 여인상(女人像)은
10. 남녀가 같이 있는 것을 볼 때
11. 내가 늘 원하기는
12. 다른 가정과 비교해서 우리 집안은
13. 나의 어머니는
14. 무슨 일을 해서라도 잊고 싶은 것은
15. 내가 믿고 있는 내 능력은
16. 내가 정말 행복할 수 있으려면
17. 어렸을 때 잘못했다고 느끼는 것은
18. 내가 보는 나의 앞날은
19. 대개 아버지들이란
20. 내 생각에 남자들이란
21. 다른 친구들이 모르는 나만의 두려움은

☞ 뒷면으로 계속

22. 내가 싫어하는 사람은
23. 결혼 생활에 대한 나의 생각은
24. 우리 가족이 나에 대해서
25. 내 생각에 여자들이란
26. 어머니와 나는
27. 내가 저지른 가장 큰 잘못은
28. 언젠가 나는
29. 내가 바라기에 아버지는
30. 나의 야망은
31. 윗사람이 오는 것을 보면 나는
32. 내가 제일 좋아하는 사람은
33. 내가 다시 젊어진다면
34. 나의 가장 큰 결점은
35. 내가 아는 대부분의 집안은
36. 완전한 남성상(男性像)은
37. 내가 성교를 했다면
38. 행운이 나를 외면했을 때
39. 대개 어머니들이란
40. 내가 잊고 싶은 두려움은
41. 내가 평생 가장 하고 싶은 일은
42. 내가 늙으면
43. 때때로 두려운 생각이 나를 휩쓸 때
44. 내가 없을 때 친구들은
45. 생생한 어린 시절의 기억은
46. 무엇보다도 좋지 않게 여기는 것은
47. 나의 성생활은
48. 내가 어렸을 때 우리 가족은
49. 나는 어머니를 좋아했지만
50. 아버지와 나는

성인용 SCT 해석 분류표

피검자:__________ 성별:________ 나이:________ 검사일:__________ 상담자:________

* 부적절한 반응이나 발현된 갈등 등의 요소를 고려하고 검사자의 판단에 근거하여 다음 척도에 따라 아래 범주에 대해서 평점한다.

2. 심한 손상: 이 영역의 정서적 갈등을 다루기 위해서 치료적 도움이 있다고 보임
1. 경미한 손상: 이 영역에 정서적 갈등이 있는 것으로 보이지만 치료적 도움 없이 이를 다룰 수 있을 것으로 보임
0. 이 영역에서 유의한 손상이 발견되지 않음

x. 확인 불능: 충분한 증거가 부족함

구분	번호	제시 문구	작성 내용	평점
① 어머니에 대한 태도	13	나의 어머니는		
	26	어머니와 나는		
	39	대개 어머니들이란		
	49	나는 어머니를 좋아했지만		
해석요약				
② 아버지에 대한 태도	2	내 생각에 가끔 아버지는		
	19	대개 아버지들이란		
	29	내가 바라기에 아버지는		
	50	아버지와 나는		
해석요약				
③ 가족에 대한 태도	12	다른 가정과 비교해서 우리 집안은		
	24	우리 가족이 나에 대해서		
	35	내가 아는 대부분의 집안은		
	48	내가 어렸을 때 우리 가족은		
해석요약				
④ 여성에 대한 태도	9	내가 바라는 여인상은		
	25	내 생각에 여자들이란		
해석요약				
⑤ 남성에 대한 태도	8	남자에 대해서 무엇보다 좋지 않게		

		생각하는 것은		
	20	내 생각에 남자들이란		
	36	완전한 남성상(男性像)은		
해석요약				
⑥ 이성, 결혼에 대한 태도	10	남녀가 같이 있는 것을 볼 때		
	23	결혼 생활에 대한 나의 생각은		
	37	내가 성교를 했다면		
	47	나의 성생활은		
해석요약				
⑦ 친구나 친지에 대한 태도	6	내 생각에 참다운 친구는		
	22	내가 싫어하는 사람은		
	32	내가 제일 좋아하는 사람은		
	44	내가 없을 때 친구들은		
해석요약				
⑧ 권위자에 대한 태도	3	우리 윗사람들은		
	31	윗사람이 오는 것을 보면 나는		
해석요약				
⑨ 두려움에 대한 태도	5	어리석게도 내가 두려워하는 것은		
	21	다른 친구들이 모르는 나만의 두려움은		
	40	내가 잊고 싶은 두려움은		
	43	때때로 두려운 생각이 나를 휩쓸 때		
해석요약				
⑩ 죄책감에 대한 태도	14	무슨 일을 해서라도 잊고 싶은 것은		
	17	어렸을 때 잘못했다고 느끼는 것은		
	27	내가 저지른 가장 큰 잘못은		
	46	무엇보다도 좋지 않게 여기는 것은		

해석요약			
⑪ 자신의 능력에 대한 태도	1	나에게 이상한 일이 생겼을 때	
	15	내가 믿고 있는 내 능력은	
	34	나의 가장 큰 결점은	
	38	행운이 나를 외면했을 때	
해석요약			
⑫ 과거에 대한 태도	7	내가 어렸을 때는	
	33	내가 다시 젊어진다면	
	45	생생한 어린 시절의 기억은	
해석요약			
⑬ 미래에 대한 태도	4	나의 장래는	
	11	내가 늘 원하기는	
	16	내가 정말 행복할 수 있으려면	
	18	내가 보는 나의 앞날은	
	28	언젠가 나는	
해석요약			
⑭ 목표에 대한 태도	30	나의 야망은	
	41	내가 평생 가장 하고 싶은 일은	
	42	내가 늙으면	
해석요약			
일반적 요약			

(4) BGT(Bender Gestalt Test)

임상심리학자, 상담심리학자 등에게 널리 알려져 있고, 많이 활용되고 있는 투사적 심리검사로 Rorschach(로샤검사), TAT(주제통각검사), DAP(인물화검사) 그리고 BGT 검사이다. 1938년 벤더(Bender)가 개발한 것으로서 본래 벤더-게스탈트검사(Bender Visual-Motor Gestalt Test)이던 것을 1940년에 BGT로 개정하였다. 형태주의심리학의 창시자인 베르타이머(Wertheimer)가 형태지각 실험에 사용한 여러 기하학적 도형 중 9개를 선택하였다(도형 A, 도형 1~8, 11.1×10.4cm). 이들은 내담자에게 한 장씩 차례로 보여주고(시각적 visual), 이것을 종이 위에 그리도록 한 다음(운동기능 drawing: motor function), 그 결과에 대하여 형태심리학 이론을 기초로 개인의 심리적 과정을 분석하고 해석하는데 목적이 있다.

- 지시: "9개의 도형을 보여 줄 테니 가능한 한 그림과 똑같이 그려 보세요." 자, 첫 번째 그림이 있습니다. 꼭 이 그림처럼 그립니다. 그리고 지시내용 이외의 내담자가 질문을 하는 경우, 이 점들을 세어야 합니까? 몇 장의 용지를 사용합니까? 지우개를 사용해도 됩니까?라고 질문을 할 경우에 상담자는 내담자 당신이 좋을대로 하세요. 혹은 당신 마음대로 하세요라고 답변만 하고 그밖에 내담자에게 어떠한 암시를 줄 만한 말을 하지 않는 것이 좋습니다. 혹시 내담자가 모사 용지(A4 용지)를 더 요구할 경우에 미리 준비해 둔 모사용지를 더 줄 수 있습니다. 그리고 자나 그 외의 보조도구는 사용하지 못하도록 합니다.
  또 연필 필압을 통해서 불안과 욕구좌절 등과 관련된 내용으로 해석하고, 지우개로 지우고 고칠 수 있다는 것을 시사하는 것이지만, 지우거나 고칠 때에는 지우개를 사용하라는 지시를 하지 않아야 함과 지우는 질문에 대한 질문에는 마음대로 하라고 상담자는 답변을 해야 한다.

검사도구	내용	검사도구	내용
도형 A	원과 방방형의 결합 	도형 5	19개의 점으로 된 곡선에 7개의 점으로 된 선이 달려있는 모형 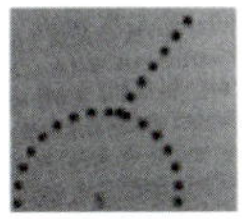
도형 1	12개의 점 	도형 6	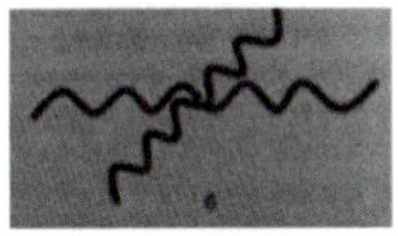
도형 2	11개의 원이 3열로 구성 	도형 7	
도형 3	장방형에 종 모양의 곡선 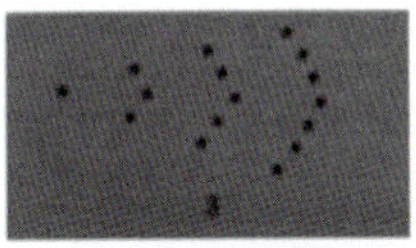	도형 8	
도형 4	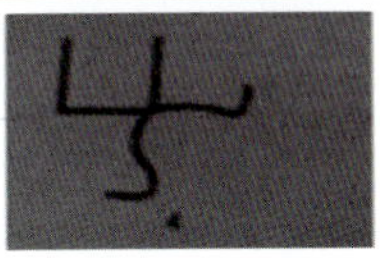		

(5) 집, 나무, 사람 검사(HTP: House, Tree, Person Drawing Test)

1922년 하이델베르크 심리학자 한스 프린츠호른(Hans Prinzhorm)은 정신질환자의 그림이라는 저서를 출판하였다. 이 책을 중심으로 환자의 심리상태로 미술작업을 하는 통로가 되었고, 오늘날에 심리학과 정신병리학적 관점에서 살펴보았다. 1919년부터 1921년까지 스케치, 콜라주, 조각품 등 정신질환자의 작품 5,000점까지 수집하여 큰 호평을 얻었다. 이후에 정신분석가 헤르만 로르샤흐(Hermann Rohrschach)와 안나 프로이트(Anna Freud)는 1910년경에 환자들의 그림을 분석하였고, 1920년과 1930년에는 융(Jung)의

제자들인 분석심리학자들이 병원 진료에서 그림 치료를 도입하였다. 그 후 1948년 벅(Buck)이 투사적 그림이라는 용어를 처음 제창하며, 이와 함께 단일과제의 그림보다는 집-나무-사람이라는 그림을 제시하여 내담자의 성격을 이해하는데 보다 효과적이라고 생각하여 투사적 도구를 연구하였다. 또 1949년 마코버(Machover)가 그림은 상징적인 의미와 구조적인 요인을 모두 고려해야 하며, 성격검사 도구에서 정서적 이해를 돕는 인물화를 주장하였다. 이후 1958년 햄머(Hammer)에 의해 크게 발전되었다. 집, 나무, 사람은 누구에게나 친밀한 주제인데, 이것을 그리게 하여 환경에 대한 적응적인 태도, 무의식적 감정과 갈등을 파악한다.

한편, 1970년에 번스(Burns)와 카우프만(Kaufman)은 동적 가족화(KFD: kinetic family drawing)는 홀스(Hulse)의 가족그림검사에서 나타나는 비운동성으로 인한 단점을 보충하기에 충분하였다. 그리고 가족구성원들이 각각 무엇인가를 하는 모습을 그리도록 하고 가족들의 행동이나 상호작용을 하는 가족 역동성을 파악할 수 있다. 해석은 가족의 그림을 정신분석에 기반을 둔 심리적 투사로 보며, 정적인 인물 자체보다는 그림 내 인물의 행동이나 움직임에 초점을 두고 관찰한다. 가족 간의 분위기 및 정서적인 밀착, 소외, 고립, 외로움, 갈등 등 가족에 대한 다양한 정보를 수집할 수 있다. 이와 같이 KFD(동적 가족화)와 HTP검사는 임상현장에서 매우 많이 활용하는 측정검사이다.

Thema 13

영화로 만나는 대인관계와 의사소통

학습목표

* 영화를 볼 때는 자신의 관점 포인트에서... 왜? 이 영화를 보는지... 또한 등장하는 인물들을 바탕으로 서론, 본론, 결론, 느낀점, 교사의 눈, 학생의 눈, 메시지의 눈 감독의 눈으로...

인간관계론	학과:	학번:	이름:	제출일:
인물소개				
서 론				
본 론				
결 론				
느낀 점				
교사의 눈				
학생의 눈				
메시지 눈				
감독의 눈				

[견본]

제목: 패치 아담스(Patch Adams, 1998)

인간관계론	학과: □□□□	학번: ☆☆☆	이름: ○◇◇	제출일: ○월 ○일

인물소개	헌터 패치 아담스 역(로빈 윌리엄스, Robin williams) 자살미수로 스스로 정신병원에 입원한 뒤 그 병원에서 환자들과 이야기하고 들어주며 그 사이에서 가슴 따뜻해짐을 느끼고 환자와 통하는 의사가 되겠다고 결심하고 늦은 나이에도 불구하고 의과대에 들어가 딱딱하고 위엄 있는 기계적인 어려운 의사가 되기보다는 환자를 웃게 만들어 주고 그들이 꿈꾸는 이야기를 들어주며 친구가 될 수 있는 의사가 되기 위해서 노력하는 사람이다. 옳다고 생각하는 것은 상대가 누구든 다 말하는 성격이며 과거에 얽매이지 않는 개방적인 사고를 가진 사람이다. 캐린 피셔 역(모니카 포터, Monica Potter) 패치가 의과대에 다니며 첫눈에 반하는 여인으로 의과대에서 살아남아 흰 가운과 의사라는 타이틀을 위해 열심히 공부에 매진하는 학생, 그래서 공부에는 관심 없고 늘 실없는 소리와 엉뚱한 행동들을 하는 패치를 이해하지 못하여 남성에게 심한 증오를 느끼게 되어 패치에게 쉽게 마음을 열지 못한다. 시간이 흐르면서 패치의 진심을 알게 되어 마음을 열고 그와 함께 가난한 사람들을 위한 가정 진료소를 운영하게 되나 우울증 환자인 래리에 의해서 죽게 된다. 트루먼 쉬프 역(다니엘 런던, Daniel London) 캐린에게 데이트 신청에 바람을 맞은 패치와 캐린을 대신해 데이트를 하면서 친해진 사이로 처음에는 그도 패치의 이상한 행동을 이해할 수 없어 정신이 이상하다고 생각하지만 그와 여러 실험을 함께 하면서 그를 이해하고 그의 말에 공감하여 그와 가난한 사람들을 위한 가정 진료소를 운영하게 된다. 미치 로만 역(필립 세이무어 호프만, Philip Seymour Hoffman) 패치와는 의과대 룸메이트로 집안이 의사 집안이여서 자기 또한 재능이 있으며 꼭 의사가 되어야 된다고 생각하는 남자. 항상 공부는 하지 않고 밖으로만 나도는 패치가 자신보다 성적이 높게 나오자 그를 시기 하지만 시간이 지나 패치에게 뛰어난 의과 기술보다 자신과 다른 사람을 대하는 재능이 있음을 깨닫고 그를 좋아하게 된다.

	딘 월콧 역(밥 건튼, Bob Gunton) 패치가 다니는 의과대의 학과장으로 패치와는 정반대의 성격과 가치관을 가진 사람으로 환자를 사람이 아닌 환자로만 대하고 환자에게는 약물과 의사가 필요하지 사람이나 친구가 필요하지 않다고 생각한다. 패치가 하는 일마다 맘에 들지 않아 계속 그를 퇴학시키려고 하지만 매번 실패하게 된다. 그가 운영하는 가난한 사람들을 위한 가정 진료소도 무면허 진료라고 고발하여 심판을 받게 된다.
서 론	자살미수로 헌터 아담스는 스스로 정신 병동에 입원하게 된다. 병원에서 여러 환자들과 이야기하며 지내면서 그는 환자들에게 약물이나 치료, 의사보다는 대화하는 이야기를 경청해 주는 친구가 필요하다는 것을 느끼고 그들에게 도움이 될 수 있는 친구 같은 의사가 되겠다고 결심하고 병원에서 나와 2년 뒤에 의과대학에 입학하게 된다.
본 론	의과대에 입학한 패치는 룸메이트로 미치로만을 만나게 되고 첫 강의 시간에 같은 수업을 듣던 캐린에게 첫 눈에 반하게 된다. 그리하여 첫 강의가 끝나고 그녀에게 데이트 신청을 하지만 바람을 맞고 트루먼을 만나 그와 데이트를 하게 된다. 그와 함께 이야기를 나누고 길에서 사람들을 만나 안녕 실험을 하고 그들이 3학년이 되어야 갈 수 있는 학교 병원에 몰래 들어가 병원에 입원한 사람들을 만나게 된다. 무력하고 힘없이 누워만 있는 환자들을 보고 패치는 안타까움을 감출 수 없었다. 학과장 월콧의 눈을 피해 우연히 들어가게 된 어린이 병실에서 그는 의료 기구인 관장 고무를 사용하여 삐에로의 빨간 코를 만들어 우울하게 누워만 있던 아이들에게 웃음을 선물해 주었다. 아직 1학년이기에 병원에 환자들을 만나면 안 되는 교칙이 있었지만 점차 웃음이 늘어나는 환자들을 보면서 처음엔 그를 이상하게 생각했던 간호사들도 그의 행동을 이해해 주고 그를 응원해 주었다. 공부는 하지 않고 매일 밖으로 나도는 패치가 성적이 높게 나오는 게 이상하다고 생각한 룸메이트인 미치로먼은 시기하게 되고 캐린 또한 의과대에서 살아남기 위해 죽을 만큼 공부를 하면서 지내고 있는데 패치의 엉뚱하고 알 수 없는 행동에 화가 나기 시작한다. 그러나 점차 패치의 진심에 캐린은 마음을 조금씩 열어 그와 함께 병동에 같이 가서 환자들에게 웃음을 주고 온다. 그 일이 있은 후 캐린은 패치에게 더 마음을 열게 된다. 계속 그렇게 몰래 병원에 찾아가 환자들에게 웃음을 주는 일을 하던 중 월콧에게 걸려 퇴학할 위기에 처하지만 환자들을 자주 찾아가지 않는 조건으로 퇴학을 모면하게 된다.

결 론	3학년이 된 패치는 병원에서 문서 작성 절차에 밀려 위급한 딸아이를 보지 못하는 어머니의 모습을 목격한 뒤에 그런 것들이 필요없는 가난한 환자들을 돌볼 수 있는 병원을 만들고자 캐린과 트루먼을 설득하여 셋은 뜻을 모아서 작은 가정 진료소를 운영하기 시작한다. 학업과 진료소 운영을 열심히 하던 중 의약품이 다 떨어져 월콧의 병원에 패치와 트루먼이 의약품을 훔치러 간 사이 진료소에 혼자 있던 캐린은 우울증 환자인 래리가 이야기 나눌 사람이 필요하다고 자기의 집에 와달라는 메시지를 듣고 밤에 그의 집에 찾아가 래리에 의해서 살해되었다. 같은 시각 패치는 총장의 부름을 받고 월콧의 병원에서 의약품을 몰래 훔쳐 나온 것이 발각된 줄 알고 총장에게 가서 왜 부르셨는지 안다고 그것에 대해서 이야기하려 했으나 총장은 그의 말을 끊고 안 좋은 소식이 있다며 어제 밤에 캐린이 래리의 집에서 장총에 맞아 살해되었다고 그러고 나서 래리는 자살했다고 이야기를 했다. 걷잡을 수 없는 충격에 패치는 래리가 위험하다 느끼고 있었다고 그런데 자신은 왜 그걸 느끼지 못했을까 자책하며 가정 진료소도 그만두고 의과 대학도 그만 두고 떠나려고 하자 트루먼과 미치 로만은 그를 설득한다. 그들의 설득에도 패치는 짐을 싸서 떠나게 된다. 그가 도착한 곳은 캐린과 병원을 짓겠다고 약속했던 그 넓은 대지였다. 그곳에서 혼자 독백을 하던 중 패치는 가방에 앉아 있던 나비를 발견하고 나비를 보면서 무엇인가를 깨닫고 다시 병원으로 돌아왔고 무면허 진료 시술에 대한 퇴학 처분 판결에서도 성적도 우수하고 패치의 행동이 잘못된 것이 없음이 밝혀져서 퇴학을 면하고 무사히 의과대를 졸업하여 그의 바람에 따라 환자들에게 친구같은 의사가 되어주고 무료 진료소를 운영하는 등 훌륭한 의사가 된다.
느낀 점	영화를 보면서 정말 큰 감동을 받았다. 첫 장면인 정신 병동에서 일어나는 일들을 보면서 또 일반 병원에서 환자와 의사들의 행동을 보면서 많은 것을 느낄 수 있었다. 단지 환자들이 몸이 아프다고 해서 약물과 치료가 필요한 것이 아니라 몸이 아픈 만큼 마음이 허약해지고 아파지기 때문에 약물과 치료뿐 아니라 그들의 마음을 들어줄 친구가 필요하다는 것이다. 요즘 병원에서는 그렇게 심각하지는 않지만 영화에서 나왔던 한 장면에 참 가슴이 아팠다. 회진을 도는 의사들이 환자를 둘러싸고 서서 인사도 하지 않고 이름을 부르지도 않고 병명으로 그 사람을 부르며 환자 앞에서 환자의 상태를 서슴없이 얘기하고 자기들끼리 차트만 보고 이야기하다 다른 환자한테 이동한다. 나는 그 장면에서 너무 화가 났다. 환자도 사람인 것을 아프지 않은 사람보다 더 많은 관심이 필요하고

사랑이 필요할 것인데 너무 기계적으로 대하는 것 같아서 슬펐다. 그런 면에서 패치는 내가 원하는 많은 환자들이 원하는 의사인 것 같다. 환자를 그저 몸만 아픈 환자로 보지 않았고 그들은 이야기 나눌 친구를 찾고 있는 사람으로 생각한 듯 했다. 그는 사람 다룰 줄 아는 의사이다. 이 얼마나 유능한 의사인가 그리고 내가 영화를 보면서 느꼈듯이 처음에는 그에게 반감을 가지고 있던 캐린도 트루먼도 미치 로만도 그것을 느끼고 그를 인정하고 좋아하게 된 것이다. 안타까운 점은 캐린이 래리에 의해서 죽게 된 것이다. 그날 그녀가 패치를 기다렸다 같이 갔더라면 혼자서 래리를 찾아가지 않았다면 패치와 함께 정말 좋은 의사가 될 수 있었을 텐데 너무 안타까웠다. 패치가 환자들을 너무 믿고 처음 보는 그들을 친구처럼 대해 준 것이 잘못된 것일까? 라는 의문이 생긴다.

친구처럼 환자의 이야기를 들어주고 즐겁게 해 주었는데 그 돌아오는 대가가 죽음이라면 패치의 행동이 무조건 옳다고 볼 수 없을 것 같다. 나는 이 영화를 보면서 그냥 명예와 돈과 탐욕에만 눈이 멀어 의사가 되고 싶어 하는 사람들에게, 꼭 의사가 아니더라도 물질 만능주의에 사로 잡혀 있는 모든 사람들에게 보여주고 싶단 생각을 했다. 이 세상에는 그런 명예와 돈과 탐욕보다 중요한 것이, 소중한 것이 많이 있다고…….

상담가의 눈

상담가의 눈으로 봤을 때 이 영화는 아주 유익한 영화인 것 같다. 이 영화에서 패치가 환자들을 대하는 태도가 상담가가 내담자를 대하는 태도와도 유사하기 때문이다. 처음 패치가 정신 병동에 들어갔을 때 담당 의사가 패치의 말을 듣는 태도에 중점을 둘 필요가 있는데 그 의사는 패치와의 면담에서 그의 말을 전혀 들어주지 않았다. 상담에서 중요한 것이 경청인데 그 의사는 "너는 말해라, 난 내 일한다."라는 식으로 자기 일에만 집중하는 모습을 보였다. 상담에서 접수면접이 중요하듯이 정신 병동에서 의사와의 면담에서도 그것이 중요하게 적용될 것인데 담당 의사는 그것을 가볍게 여기고 있다.

상담 시에 상담자는 내담자와의 신뢰 형성을 위해서 적극적인 경청기술을 사용하여야 하며 내담자의 감정과 비언어적 행동에도 주의를 기울여야 한다. 이것은 의사가 환자와 면담을 할 때도 마찬가지로 적용되는데 영화에서 패치의 담당 의사는 그 것을 실행하지 않고 있었고 패치는 그런 의사를 보고 환자들의 이야기를 많이 들어주는 것이 치료에 많은 도움이 될 것이라는 생각을 하고 훗날 그것을 실천에 옮겨 많은 사람들의 마음의 병을 고치고 그들을 즐겁게 만들어 준다. 영화에서는 이렇듯

	상담에서의 초기 단계인 접수면접의 중요성에 대해서 언급해 주고 있는 것 같다.
학생의 눈	학생의 눈으로 봤을 때 이 영화는 청소년 상담이란 과목을 내가 배우고 있어서 였는지 모르겠지만 무의식적으로 그 쪽의 관점으로 영화에 더 다가간 것 같다. 환자를 친구처럼 대하는 패치의 모습이 감동적이었고, 반면 몸이 아픈 환자들이라고 약물과 의술만이 필요한 것이라 생각하는 월콧의 행동과 사고에 화가 났다. 상담이나 면담에서 상담자와 의사는 모두 환자의 말에 경청해야 하고 그들의 심리 상태를 살펴야 하는데 월콧은 사람이 먼저가 아니라 그저 병을 고치는 것이, 아픈 사람을 치료하여 오래 살게 하는 것이 의사가 할 일이라고 생각하였다. 패치는 죽음이 슬픈 것이 아니라고 말했다. 나 역시도 그렇게 생각한다. 죽음을 두려워하지 않고 우울하게 힘들게 오래 사는 것보다 짧게 살더라도 마지막 순간까지 행복하게 사는 것이 훨씬 행복할 것이다. 그리고 상담에서 초기 단계인 접수면접이나 의사와 환자의 면담에서 중요하게 생각하는 경청 기술과 심리 상태 파악 등이 중요하듯이 지금 나와 같은 학생이나 직장인들도 사회생활에서 친구와 동료, 직장 상사 등과 같이 여러 모르는 사람들과 처음 만나 관계를 맺고 함께 지내게 되기 때문에 경청 기술은 어디에서나 중요하다고 생각한다. 이 영화를 통해 패치의 행동을 관찰하면서 더욱 확실하게 그 것에 대해 깨달을 수 있었다.
메시지 눈	영화에선 인간 중심 사상이 중심으로 전개되고 있는 것 같다. 최근에 우리 사회에서는 돈이 사람의 목숨보다 중요시 여겨지고 있는데 이는 물질만능 중심 사회의 폐해라 할 수 있겠다. 패치는 그런 인간 중심 사상을 잘 실천하는 인물로 돈이나 의사의 명예, 권력보다는 환자와의 대화와 그들의 웃음이 더 값지다고 생각한다. 영화에서 나왔던 장면으로 한 딸아이의 어머니가 위독한 딸아이를 만나게 해달라고 울면서 부탁하지만 간호사는 문서를 작성해야 볼 수 있다며 문서를 작성하라고 말 한다. 정신이 없는 어머니는 울면서 딸아이를 만나야 한다고 꼭 만나게 해달라고 같은 말만 계속 반복하고 있었다. 이와 같은 목적전치현상으로 환자가 죽어 가는데 문서 작성을 먼저 하라고 하는 현실에 슬퍼하며 패치는 그것들이 필요하지 않은 가정 진료소를 운영하게 된다. 그는 인간 외에 그 어떤 것도 우선시 될 수 없다는 것을 보여주는 인물이다. 그래서 이 영화는 물질만능중심의 사회에서 소외되는 우리들에게 물질만능주의의 비판과 함께 목적전치현상의 안타까움이 내포되어 있는 것 같다.

감독의 눈	감독의 눈으로 본 이 영화는 우리 시대의 화이트칼라라 불리는 고소득 직업을 가진 의사의 모습을 대조적인 월콧이란 인물과 패치란 인물로 표현한 것 같다. 월콧 학과장은 의사는 위엄이 있는 높은 사람이며, 환자에게는 친구가 아닌 병을 치료해 줄 의사만이 필요하다는 고지식한 가치관을 가지고 있는 인물이며 옛날 것을 지키려는 보수적인 성격을 가지고 있고, 패치는 환자는 단지 몸이 아픈 사람이 아니라 마음의 병을 가진 사람이고 의사는 어렵고 위엄 있는 사람이 아니라 그들에게 웃음을 주는 친구 같은 사람이라고 생각하며 과거 병원의 규칙이나 규율 의사에 대한 고정관념을 바꾸려는 개방적, 개혁적인 사람이다. 두 사람의 대조적인 모습을 엿볼 수 있는 장면이 환자를 회진할 때의 장면이다. 병명으로 환자를 부르며 환자에게 인사도 건네지 않는 월콧, 반면에 환자의 이름을 부르며 인사를 먼저 나누는 패치 그리고 갈 때도 다른 의사들에게 다른 병명의 환자를 부르며 그리로 가자고 말하고 그냥 떠나지만 패치는 환자의 이름을 부르며 마지막 인사도 빼놓지 않는다. 이렇게 두 사람을 대조적으로 비교하면서 정말 환자들에게 중요한 것이 무엇인가 정작 우리 사회에서 환자들에게 중요한 것이 단지 몸이 아픈 치료를 목적으로 하는 의료 시술이고 약물인지 반성하고 생각하게 하며 가정에서도 줄어들고 있는 대화의 중요성을 부각시키고 싶었던 것 같다.
나의 관점	나의 관점은 상담자의 눈과 학생의 눈과 일치하는 내용이 많다. 패치는 정말 환자들을 위하는 환자들의 외상뿐만 아니라 그들의 마음까지 치료해 주는 그런 따뜻한 자상한 의사였다. 패치가 정신병원에 입원했을 때 의사와의 면담에서 의사는 그의 말을 전혀 들어주지 않았다. 특히 몸이 아파서 입원한 환자도 아니고 마음의 병을 가진 정신병원의 의사가 상담에서 중요한 것이 경청인데 환자의 말은 들어주지도 않고 자기 일에만 집중하는 모습을 보였다. 아무리 정신 이상의 행동을 보이는 자기 기준에 모자라 보이는 사람일지라도 저마다 자신들이 하고 싶은 이야기가 있고 누군가 그 이야기를 들어주기 바라고 있는데 의사는 듣고 그 내면의 상처나 고민을 찾아서 치유해 주기보다는 그냥 형식적으로 면담하는 것 같았다. 식물인간이라 말을 못하니까 하고 싶은 말도 없을 것이라고 그렇게 단정 짓는다. 그러나 패치는 그도 무언가 말하고 싶어 할 것이라며 그와 대화를 시도한다. 상담과 마찬가지로 의사가 환자와 면담을 할 때도 환자와의 신뢰 형성을 위해서 적극적인 경청기술을 사용하여야 하며, 감정과 비언어적 행동에도 주의를 기울여야 한다. 그런 점에서 담당 의사의 행동은 비판받아 마땅하며 현재 우리 사회에도 저런 의사가 있다

면 반성하고 자신의 행동을 고치려고 노력해야 할 것이다.

내가 만약 몸이 아파서 월콧에게 치료를 받는다면 다만 약을 먹고 의료 시술만 받는 병명으로 불려지는 환자로의 상태라면 일반적인 속도를 보이며 회복할 것이다. 아니면 더 더디게 회복할지도 모르겠다. 그러나 내가 패치에게 치료를 받는다면 그와 대화를 하면서 병으로 병들었던 마음까지 치료되어 빠른 속도로 회복할 수 있을 것 같다는 생각이 든다.

참고문헌

강문희 외(1999). 인간관계의 이해. 서울: 학지사.

강민구(1992). 인간관계훈련이 아동의 자아수용 및 대인관계 지향성에 미치는 효과. 충남대학교 교육대학원 석사학위논문.

고정민(2003). Holland의 직업성격유형에 따른 고등학생의 의사소통 유형 분석. 서강대학교 교육대학원 석사학위논문.

곽기상(1999). 심리학의 이해. 서울: 제동문화사.

권석만(1997). 인간관계의 심리학. 서울: 학지사.

______(2003). 현대이상심리학. 서울: 학지사.

권중돈(2005). 인간행동과 사회환경. 서울: 학지사.

김건태(1995). 조직행동론. 서울: 금문사.

김경중(2002). 자기개방 및 피드백 추구행위가 리더십 유효성에 미치는 영향. 국방대학원 국방관리대학원 석사학위논문.

김계현(1999). 상담심리학. 서울: 학지사.

김미란(2002). 청소년의 친구관계와 자아존중감. 전남대학교 대학원 석사학위논문.

김미숙 외(2002). 가족의 사회학적 이해. 서울: 학지사.

김상원(2000). 성교육 / 성상담의 이론과 실제. 서울: 교육출판사.

김영애(2004). 사티어 의사소통 프로그램. 서울: 김영애가족치료연구소.

김영한(2005). 청소년 문제행동 종합대책 연구. 서울: 청소년개발원.

김정옥(2001). 청년 성교육. 경기: 양서원.

김정희 외(1998). 현대 상담·심리치료의 이론과 실제. 서울: 중앙적성출판사.

김중술(1997). 신사랑의 의미. 서울: 서울대학교.

김진호 외(2006). 유아정신건강. 서울: 동문사.

김춘경 외(2006). 청소년 상담. 서울: 학지사.

김현경 외(1999). 성지식·성 태도에 관한 우리나라 연구 분석. 한국보건 학회지.

김형태(2000). 상담의 이론과 실제. 서울: 동문사.

김혜련 외(2001). 정신건강론. 서울: 학지사.

김혜숙 외(2002). 인간관계론. 경기: 양서원.

노안영 외(2003). 성격심리학. 서울: 학지사.

류기현(1982). 인간관계론. 서울: 무역경영사.

민유선(2007). 청소년들의 성의식 실태와 성교육의 필요성에 관한 연구: 부산지역 남·

여 고등학생들을 중심으로. 호서대학교 벤처전문대학원 석사학위논문.

민중서림 편(2004). 민중 엣센스 국어사전. 서울: 민중서림.

박문태 외(2003). 정신건강. 울산: 울산대학교 출판부.

박선영(2002). 대학생들의 성의식과 성행동에 관한 연구. 동아대학교 교육대학원 석사학위논문.

박선환 외(2001). 정신건강론. 경기: 양서원.

박연호(1968). 인간관계론의 이론과 실제. 서울: 한국생산성본부.

______(1981). 인간관계론. 서울: 박영사.

박종환(2003). 사랑에 대한 Sternberg의 세모꼴 이론과 성인 애착 유형의 상관관계에 관한 연구. 연세대학교 연합신학대학원 석사학위논문.

방선욱 외(2003). 심리학의 이해. 서울: 교육과학사.

배용우(2004). 생산적인 인간관계를 위한 신앙적 접근. 장로회신학대학교 신학대학원 석사학위논문.

서동인(1992). 청소년의 친구관계. 한국청소년연구, 15(12). pp. 5-17.

서미례(2007). 대학생의 의사소통 유형에 따른 이성관계 만족도의 차이 연구. 건양대학교 대학원 석사학위논문.

설기문(1997). 인간관계와 정신건강. 서울: 학지사.

송명자(1995). 발달심리학. 서울: 학지사.

송운석(1999). 인간관계의 이해. 서울: 학현사.

송정아 외(2002). 가족치료의이론과 기법. 서울: 하우.

신재은(1999). 청소년의 애착 및 우정관계와 또래 괴롭힘 간의 관계. 이화여자대학교 대학원 석사학위논문.

신희숙(1995). 인간관계 훈련 집단 상담이 초등학교 아동의 친 사회적 행동에 미치는 효과. 부산대학교 교육대학원 석사학위논문.

안범희(1984). 대인관계 적절성과 성향검사의 타당도 연구. 연세대학교 대학원 박사학위논문.

안영진(2007). 현대인의 정신건강. 경기: 양서원.

양옥남(2000). 현대 사회의 성·사랑. 경기: 강남대학교출판부.

양창삼(1999). 인간관계론. 서울: 경문사.

우중하(2000). 인간심리의 이해. 서울: 교육과학사.

원호택 외(1999). 인간관계와 적응. 서울: 서울대학교 출판부.

_________(2003). 인간관계와 적응. 서울: 서울대학교 출판부.

유수현(1998). 인간관계훈련 프로그램. 서울: 한국청소년연맹.

윤기현(1991). 인간관계론. 서울: 무역경영사.

______(2001). 성문화와 심리. 서울: 학지사.

이미경(2004). 대학생의 취업스트레스와 진로 자기효능감에 관한 연구. 한일장신대학교 국제신학대학원 석사학위논문.

이숙 외(2002). 훈련중심 부모교육. 서울: 학지사.

이순영(2002). 초등학교 보건교육내용의 국제비교분석. 한국교원대학교 교육대학원 석사학위논문.

이은해 외(1999). 대학생의 친구에 대한 만족감과 친구의 기능 및 친구 관계망의 일반적 변인간의 관계. 교육학연구, 37(3), pp. 201-219.

이재림 외(2002). 이성교재에서의 남녀 차이 이해 증진 프로그램 개발 및 평가. 한국가정관리학회지.

이재창 외(2000). 인간관계론. 경기: 문음사.

이정은(2002). 미혼 남녀의 심리경향에 따른 사랑의 유형 분석. 대한가정 학회지 40권.

이종목(1989). 직무스트레스의 원인, 결과 및 대책. 서울: 성원사.

이주용(2005). 대인관계능력 향상프로그램개발. 국방대학교 국방관리대학원 석사학위논문.

이춘재 외(1994). 청년심리학. 서울: 중앙적성출판사.

_________(2000). 학교에서의 집단따돌림. 서울: 집문당.

이태연 외(2006). 생활 속의 정신건강. 서울: 신정.

_________(2006). 인간관계의 이해. 서울: 집문당.

이한검(1996). 현대적 인간관계론. 경기: 형설출판사.

이현림 외(2003). 현대진로상담. 서울: 학지사.

이형득(1982). 인간관계훈련의 실제. 서울: 중앙적성출판사.

임승권(1991). 정신위생. 경기: 양서원.

임영식(2000). 청소년 심리의 이해. 서울: 학문사.

임칠성(1995). 대인관계와 의사소통. 서울: 집문당.

장동운(1997). 갈등관리. 서울: 무역경영사.

장선철(2005). 인간의 이해. 서울: 태영출판사.

장성화(2009). 쉽게 풀어쓴 인간관계론. 서울: 동문사.
장성화 외(2007). 교육학개론. 서울: 동문사.
장성화 외(2020). 교양으로 읽는 심리학개론. 서울: 동문사.
장옥분(2005). 청년심리학. 서울: 학지사.
장휘숙(1996). 여성심리학. 서울: 장승.
______(1999). 청년심리학. 서울: 학지사.
전대양(2000). 신종 10대 매매춘의 실상과 대책-원조교제를 중심으로. 형사정책연구.
정수자 외(1987). 기독교 가정교육학. 서울: 엠마오서적.
정연집(1997). 현대인의 정신건강. 서울: 학지사.
______(2006). 사회정서발달. 서울: 학지사.
정재학(1984). 군대조직에서의 인간관계에 관한 연구. 경희대학교 경영대학원 석사학위논문.
정현숙 외(2001). 가족관계. 서울: 신정.
조성경(1979). 사회사업교육에 있어서의 대인관계론의 중요성. 한국사회사업학회 창간호.
조수환(2001). 건전한 삶을 위한 정신건강. 서울: 동문사.
지용근 외(2004). 인간관계론. 서울: 박영사.
차배근(1988). 커뮤니케이션학개론. 서울: 세영사.
최민(2005). 경호업무의 직업의식이 직무만족에 미치는 영향. 용인대학교 대학원 석사학위논문.
최애경(2002). 인간관계의 이해와 실천. 서울: 무역경영사.
최영실(2005). 융의 심리유형론의 관점에서 본 사티어 의사소통 유형 이론의 재고찰. 이화여자대학교 대학원 석사학위논문.
최외선 외(2003). 결혼과 가족. 서울: 정림사.
추정선(2003). 정신위생과 심리치료. 서울: 교육과학사.
______(2005). 상담교육을 위한 이상심리학의 이해. 서울: 교육과학사.
태연 외(2006). 인간관계의 이해. 서울: 신정.
하영신(2007). 초등학생의 정신건강 수준. 한국교원대학교 교육대학원 석사학위논문.
한국청소년개발원(2000). 청소년문제론. 서울: 교육과학사.
한국청소년연맹(2001). 인간관계훈련의 이론과 실제. 경기: 양서원.

한규석(1995). 사회심리학의 이해. 서울: 학지사.
함인희(1998). 사랑을 읽는다. 출판: 출판시대.
홍대식(1998). 현대심리학개론. 서울: 청암미디어.
홍용기 외(2003). 인간관계론. 서울: 한울.

Abound, F. E. & Mendelsom, M. J.(1996). Freendship selection and quality. In W. W. Bukowski, A. f. Newcomb, & W. W. Hartup(Eds), *The company they keep: Friendship in childhood and adolescence*(pp. 87-1112). New York: Cambridge University Press.

Adams, J.(1965). Inequity in social exchange. In L. Berkowitz(Eds.) *Advances is experimental social psychology*, Vol. 2, NY: Academic press.

Adler, M. J.(1976). *Some questions about language.* La Salle, I11., Open Court.

Allport, G.(1954). *The nature of prejudice*. Reading. MA: Addison-wesley.

________(1961). *Pattern and growth in personality.* New York: Holt Rinehart & Winston.

Anderson, J. R.(1988). *The Role of Hope in Appraisal, Goal-Setting, Expectancy about Future Success, and Coping.* Doctoral Dissertation. University of Kansas.

Anderson, N.(1968). Likableness ratings of 555 personality-trait words. *Journal of Personality and Social Psychology*, 9, 272-279.

Ansbacher, C. D. & Ansbacher, R. B.(Edit).(1956). *The individual psychology of Alfred Adler.* New York: Harper & Row.

Argyle, M. & Furnham, A.(1982). The ecology or relationships: Choice of Situations as a function of relationship, *Birtish Journal of Social Psychology*, 21. 259-262.

Bandura, A.(1982). The Self-efficacy Mechanism in Human Agency; *American, Psychologist.*

________(1997). *The Self-efficacy: The Exercise of Control*', New York: W. H. Freeman and Company.

Baumrind, D.(1982). Are androgynous individuals more effective persons and parents? *Child Development*, 53, 44-75.

Baumrind, D. & Black A. E.(1967). Socialization practices association with dimensions of competence in preschool boys and girls. *Child Development*, 3892, 291-327.

Beck, A. T. & Freeman, A. M.(1990). *Cognitive Therapy of personality Disorders*. New York: Guilford Press.

Bernard, M. B.(1981). Stogdill's Handbook of leadership: A study of theory and differences in perceptions of fairness. *Journal of Cross-Cultural Psychology*, 16, 55-67.

Berne, E.(1964). Games People Play. *The Psychology of human relationships*. New York: Grove Press.

Berndt, T. J.(1982). The features and effects of friendship in early adolescence. *Child Development*, 53, 1447-1460.

__________(1996). Exploring the effects of friendship quality on social development. In W. M. Bukowski, A. F. Newcomb, & W. W. Hartup. The company they keep: *Friendship in childhood and adolescence*(pp 346-365). New York: Cambridge University Press.

Bernstein, J. M. & Lacy, S.(1992). Contextual coverage of government by local television news. *Journalism Quarterly*, 69, 329-340.

Berkowitz, L.(1974). Some Determinants of Impulsive Aggression, *Psychological Revies*, 81. 165-176.

Brinkman, R. & Kirschner, R.(1996). Dealing With People you Can't Stand: *How to Bring Out the Best in People at their WORST*. McGraw-HILL. 골치 아픈 사람 다루는 법. 전상길 외 역. 서울: 청현출판사.

Buhrmester, D.(1990). Intimacy of friendship, interpersonal competence, and adjustment during preadolescence and adolescence. *Child Development*, 61, 1101-1111

Buhrmester, D & Furman, W.(1987). The development of companionship and intimacy. *Child Development*, 58, 1101-1113.

Burns, M.(1978). *Leadership*. NY: Harper & Row.

Conger, J. J.(1984). *Adolescence and Youth*, New York: Haper & Row Publishers, Inc, 15.

Cowgill, D. O. & Holmes, L. D.(1972). *Aging and modernization.* NY: Appleton Century Crofts.

Davis, K.(1972). Human Behavior at Work: *Human Relations and Organizational Behavior*. New York: McGraw-Hill.

Davis, K. E. & Todd, M. J.(1982). Friendship and love relationships. In KE. Davis, *Advances in descriptive Psychology*. Greenwich, CT: JAI Press.

Deacon, R. E. & Firebaugh, F. M.(1975). *Home management context and concepts*. Boston: Houghton Mifflin Co. 가정관리학 연구회 역(1991). 가족자원 관리: 원리와 적용. 한울출판사.

Dickens, W. J. & Perlman, D.(1981). Friendship over the life-cycle. In S. W. Duck & R. Gilmour(Eds.). Personal relationships 2: Devel*oping personal relationships.* New York: Academic Press.

Douvan, E. & Adelson, J.(1966). *The adolescent experience*. New York: Wiley.

East, P. L.(1991). Peer status groups. In R. M. Lerner, A. C. Petersen, & J. Brooks-Gunn(Eds.). *Encyclopidea of adolescence*(vol. 2). New York: Garland.

Elkins, L, E. & Peterson, C.(1993). *Gender differences in best friendships*. Sex roles, 29. 497-508.

Ellis, A.(1962). *Reason and emotion in psychotherapy*. New York: Lyle Stauart.

Ellis, A. & Dryden, W.(1987). *Practice of the Racional-Emotiva Therapy*. Bilbao. Desclee de Brouwer.

Erikson, E. H.(1963). *Childhood & Society*(2nd ed), New York: Norton.

____________(1968). *Identity and the life cycle Psychological Issue*. Monograph 1. No. 1, New York: International Universities Press.

____________(1986). *Vital Involvements in Old Age in Our Time*. Boston: W. W. Norton.

Fehr, B. & Russell, J. A.(1991). The concept of love viewed from a prototype perspective. *Journal of personality and Social psychology*, 60(3), 425-438.

Fehr, B.(1996). *Friendship Processes*. Thousand Oaks: Sage.

Fromm, E.(1976). 인간의 마음. 황문수 역. 문예출판사.

_________(1989). 사랑의 기술. 김진욱 역. 서울: 서음출판사.

Furman, W.(1996). The measurement of friendship perceptions: Conceptual and methodological issues. In W. M. Bukowski, A. F. Newcomb, & W. W. Hartup. The company they keep: *Friendship in childhood and adolescene*(pp 41-65). New York: Cambridge University Press.

Gage, N. L. & Berliner, D. C.(1991). *Education psychology*. Boston: Houghton Mifflin Company.

Galvin, K. M. & Brommel, B. J.(1986). *Family Communication Cohesion and change*. 2nd ed. Illinois: Sott, Foresmand and Company.

Ginzberg, E.(1972). *Toward a theory of vocational choice*. A restatement. Vocational Guidance Quarterly, 20, 169-176.

__________(1984). Career Development. In Brown, D. & Brooks, L.(Eds.). *Career Choice and Development*. San Francisco: Jossey-Bass.

Harris, T. A.(1969). *I'm OK - You're OK: Practical guide to transactional analysis*. Harper & Row. New York.

Herr, E. L. & Crammer, S. H.(1979). *Career Guidance Through the Life Span*. Boston: Little, Brown.

Hartup, W. W.(1983). Peer relations. In Hetherington(Eds.). *Handbook of Child Psychology: Socialization, social development and personality*. New York: Wiley.

Hartup, W. W.(1995). The company they keep: Friendships and their developmental significance. *Child Development*, 67(1), 1-13.

Hartup, W. W. & Stevens, N.(1997). Freindships and adaptation in the life course. *Psychological Bulletin*, 121(3). 335-370.

Holland, J. L.(1973). *Making vocational choices: A theory of careers Englewood Cliffs*, NJ: Prentice-Hall.

__________(1985). Making Vocational Choice: *A Theory of Vocational Personalities. and Work Environments. Englewood Cliffs*, NY: Prentice-Hall. Behavior, 10, 91-98.

Johnson, D. W.(1970). *Social Psychology of education. Edina*, MN: Interaction Book.

Jones, G. & Dembo, M.(1989). *Age and sex role difference in intimate friendships during childhood and adolescence.* Merrill-Palmer Quarterly, 35, 445-462.

Jourard, S. M.(1958). Some Factors in Self-Disclosure, *Journal of Abnormal and Social Psychology*, Vol 34, 91-98.

__________(1971). Self-disclosure. *An Experimental Analysis of the Transparent Self.* New York: Wiley.

Jung, C. G.(1945). The relations between the ego and the unconscious(R. F. C. Hull, trans.). The collected works of C. G. Jung(Vol. Ⅶ). *Two essays in analytic psychology*. Princeton; Princeton University Press.

Kandel, D.(1978). Similarity in Real-life adolescent friendship pairs. *Journal of Personality and Social Psychology*, 36. 306-312.

Katz. R. L.(1955). *Skills of an effective administrator*, Harvard Businness Review, 33(1). 33-42.

Kelley, H. H.(1983). Love and commitment In Kelley et al. *Close relationships*, 265-314.

Kerckhoff, A. C. & Davis, K. E.(1962). Value consensus and need complementarity in mate selection. *American Sociological Review*, 27, 295-303.

Kerckhoff, A. O. & Neugarten, B. L.(1984). Age and the life course. In R. H. Binstock, & E. Shanas(Eds.), *Handbook of aging and the social sciences*(2nd ed.). New York: Van Nostrand Reinhold Co.

Killer, H. H. & Stahelski, A. J.(1970). Social interaction basis of cooperators and competitors beliefs about others. *Journal of Personality and Social Psychology*, 16, 66-91.

Knapp, M. L. & Hall, J. A.(1997). *Nonverbal Communication in Human Interaction*. New York: Holt Rinehart and Winstion.

Krech, D. et al.(1962). *Individual in Society*. New York: Mc Graw Hill Book Co. Inc.

Lasswell, M. & Lobsenz, N. M.(1980). *Styles of loving*. New York: Doubleday.

Lazarus, A. A.(1985). *Martial mvtha. San Luis Obispo*, CA: Impact.

Leary, T.(1957). *Interpersonal Diagnosis of Personality*. New York: The Ronald

Press Co.

Lee, J. A.(1977). *A typology of styles of love. Personality and Social Psychology Bulletin*, 3, 173-182.

Lewin, K.(1938). The conceptual representation and measurement of psychological forces Contr. *psychology Theory*, 1(4).

Lewin, K. & Brooks. J.(1978). Self-knowledge and emotional development. In M. Lewis and L. Rosenblum(Eds.). *The development of affect*. NY: plenum.

Lipsitz, J. S.(1984). *Successful Schools for Young Adolescents*. New Brunswick. NJ: Transaction.

Lurt, J.(1961) The Johari Window. *Human Relations Training.* Vol. 5, NO, 1, 6-7.

Lurt, J. & Ingham. H.(1969). *Human interaction. Palo Alto*. CA: National Press Books.

Lynch, J.(1977). *The broken heart*. NY: Basic.

Maccoby E. & Martin, J.(1983). Socialization in the context of the family: praent-child interaction. In E. M. Hetherington(Ed.) *Handbook of child Psychology: Socialization, personality and social development*, Vol4 (1-102). New York: Willey.

Maccoby E. E.(1991). Discussant, symposium on the development of gender and relationships. *Symposium presented at the biennial meeting of the Society for Research in Child Development*, Seattle, Washington.

Maslow, A.(1954). Motivation and personality. New York: Harper.

__________(1970). *Motivation and Personality.*

Mayer, G. E. & Mayers, M. T.(1988). *The Dynamics of Human Communication*. NY: McGraw-Hill.

Miller, C. T. & Rothblum. E. D.(1969). Felicio, D. and Brand, P.(1995). Compensating for stigma: Obese and nonobese women's reactions to being visible. *Personality and Social Psychology Bulletin*.

Miller, K. E.(1990). Adolescents same-sex and opposite sex peer relations: sex differences in popularity, perceived social competence, and social cognitive skils. *Journal of Adolescent Research*, 5, 222-241.

Miller, J. G.(1984). Culture and the development of everyday social explanation. *Journal of Personality and Social Psychlolgy*, 46. 961-978.

Mischel, W.(1986). *Introduction to Personality*: 손정란(역1997). 성격심리학. 서울: 교육과학사.

Myers, G. E. & Myer, M. T.(1973). *The dynamic of human comminication laboratory approach*, McGrow Hill Inc.

Murstein, B.(1986). *Paths marriage*. Beverly Hills: Sage.

Okun, M. A.(1977). Implication of Older Adults, *Adult Education*, 27, 139-156.

Olson, D. H., Sprenkle, D. H. & Russell, C. S.(1979). Circumplex model of mar-ital and family system I: cohesion and adaptability dimension, family type clinical applications. *Family Process*, 18, 3-28.

Olson, D. H. & DeFrain, J.(2003). *Marriages and families: Intimacy, diversity, and Strengths.* New York: McGraw Hills.

Parker, J. G. & Asher, S. R.(1993). Beyond group acceptance: Friendship quality as distinct dimensions of children's peer adjustment. In D. Perman & W. H. Jones (Eds.). *Advances in personal relationships*(vol, 4, pp. 261-294). London: Kingsley.

Roe, A.(1956). *The Psychology of Occupation*. NY: John Wiley.

Rogers, C. R.(1951). *Client-centered therapy: Its current practice, implications, and theory*. Boston: Houghton Mifflin Company.

____________(1975). Empatbic: an unappreciated way of being. *The Counseling Psychologist*, 5, 2-10.

Rose, S. M.(1984). How friendships end: Patterns among young adults. *Journal of Social and personal Relationships*, 1. 266-277.

Satir V.(1972). *People-making: Alto Califonia*. Science and Behavior Book. Inc.

Satir. V., Banman. J., Gerver. J. & Gomoti. M.(1991). 사티어 모델 가족치료의 지평을 넘어서. 한국 버지니아 사티어 연구회 역. 서울: 김영애 가족치료연구소(2004).

Schutz, W. C.(1976). FIRO-B & FIRO-F, In J. W. Pferffer, R. Heslin, & J. E. Jones. *Instrumentation in human relational training*(2nd ed). La Jolla,

Calif; university Associates.

Schward, O.(1956). *The Psychology of Sex*, Baltimore: Penguin Book Inc. 18.

Schwartz, M. A. & Scott, B. M.(1994). *Marriage & Fmilies: Diversity and Change*. NJ: Prentie Hall.

Sehnert, K. W.(1985). Stress / Unstress: How You Can Control Stress at Home and on the Job. 스트레스의 극복, 보이스사.

Selye, H.(1956). *The Stress of Life*, New York: McGraw-Hill Book Company.

Smith, L. G. & Clanton, G.(1977). *Jealousy. Englewood Cliffs*, NJ: Prentice Hall.

Sternberg, R. J.(2002). 사랑의 기술. 류소 역. 서울: 사군자.

Sternberg, R. J. & Barnes, M.(1985). Real and idel others in romantic relatianships: Is four a crowd?. *Journal of Personality and Social Psychology*. 49, 1589-1596.

Sternberg, R. J.(1986). *A. triangular theory of love. Psychological Review.* 93. 119-135.

Stinnett, N. & Sauer, K. H.(1977). Relationship characteristics of strong families. *Family Perspectives.*

Stinnett, N., Stinnett, N., DeFrain, J. & DeFrain, N.(1997). *Good familles*. New York: Doubleday.

Sullivan, H. S.(1953). *The interpersonal theory of psychiatry*. New York: Norton.

Tennov, D.(1979). *Love and limerence*. New York: Stein & Day.

Udry, R.(1971). *The social context of marriage*. New York: Lippincott.

Wallance, M.(1956). Future Time Perspective in Schizophrenia, *Journal of Abnormal and Social Psychology*, 52. 240-245.

Wallerstein, J. S. & Blakeslee, S.(1989). *Second chances: Men, woman and children a Decade after Divorc*e. New York: Tichnor & Fields.

Warren, N. C.(1992). *Finding the love of your life Focus on the Family*. Colorado: Colorado spring.

Yalom, I. D.(1985). *The Theory and Practice of Group Psychotherapy*, 3rd. NY: Basic Books.

Young, J. E.(1986). A Cognitive-Behavioral Approach to Friendship Disorders, Derlega and B. winstead(eds.), *Friendship and Social Interaction.* NY: Springer-Verlag: 147-276.

Youniss, J.(1980). *Parents and peers in social development: A Sullivan-Piaget perspective.* Chicago: University of Chicago Press.

찾아보기

INDEX 찾아보기

ㅈ

ㅊ

저자소개

장성화

건국대학교(학사) 동 대학원 교육학과에서 교육심리 전공으로 석·박사학위를 받았고, 침례신학대학교 신학대학원(M.Div)에서 공부를 하였다. 건국대학교, 경북대학교, 청주대학교, 대전대학교, 배재대학교 등 현장에서 상담이론과 실제를 겸한 강의를 하였고, 육군통신학교, 용인대학교 학생상담센터, 전북과학대학교 학생상담센터 등에서 상담 실무 경험을 쌓았다. 현재는 공군사관학교 심리학 교수로 재직 중이며, 이전에 전북과학대학교 교수, 사이버대학교 상담심리학과 교수, 한국상담심리교육복지학회 학회장 및 수련감독, 한국상담학회 수련감독, 한국상담심리치료학회 수련감독, 한국청소년상담학회 수련감독 등 다수의 자격증과 『내가 직접 실행해보는 SPSS·AMOS 통계분석』(동문사, 2016), 『쉽게 풀어 쓴 인간관계론』(동문사, 2009), 『리더십개론』(교육과학사, 2019), 『학교폭력 예방의 이론과 대책』(동문사, 2013), 『집단상담』(동문사, 2013), 『수업심리학』(학지사, 2010), 『교육심리학』(정민사, 2015), 『진로상담 및 진로교육』(동문사, 2011), 『상담심리학』(정민사, 2016), 「대안학교 학생들의 학교적응 관련변인들의 인과적 구조분석」(열린교육학회, 2010), 「사관생도의 소명의식이 학교생활적응에 미치는 영향: 심리적 안녕감의 매개효과」(학습자중심교과교육연구, 2019), 「대학생이 지각하는 심리적 독립과 진로신념이 진로준비행동에 미치는 영향: 진로결정자기효능감의 매개효과」(상담심리교육복지, 2019), 「초등학교 고학년이 지각한 또래관계와 스마트폰 중독의 관계: 자기통제력을 매개변인으로」(아동교육, 2019) 등의 20편의 저·역서 및 62편의 논문이 있다.

대인관계와 의사소통

초판 1쇄 발행 / 2021년 3월 4일
초판 2쇄 발행 / 2021년 8월 5일
초판 3쇄 발행 / 2024년 9월 10일

•

저 자 / 장 성 화
발행인 / 이 중 수
발행처 / **동 문 사**

•

서울특별시 서대문구 홍제원 1길 12
(홍제동 137-8)
Tel : 02)736-3718(대), 736-3710, 3720
Fax : 02)736-3719
등록번호 : 제9-17호
가격 : 22,000원

•

ISBN : 979-11-6328-231-0 (93330)
E-mail : dong736@naver.com
www.dongmunsa.com